MÉMOIRE

PRODUIT

AU CONSEIL D'ÉTAT DU ROI,

PAR TROPHIME-GERARD, COMTE DE LALLY-TOLENDAL, Capitaine de Cavalerie au Régiment des Cuiraſſiers, dans l'Inſtance en caſſation de l'Arrêt du 6 Mai 1766, qui a condamné à mort le feu Comte DE LALLY ſon pere, Lieutenant Général des Armées du Roi, &c.

ET SIGNIFIÉ POUR DÉFENSE

A Monſieur LE PROCUREUR GÉNÉRAL *du Parlement de Normandie, dans l'Inſtance renvoyée en cette Cour par l'Arrêt du Conſeil, qui a prononcé la caſſation; à la requête dudit Comte* DE LALLY-TOLENDAL, *nommé Curateur à la mémoire de ſon Pere, par l'Arrêt de la Cour du 21 Décembre 1778.*

Signifié à M. le Procureur général du Parlement de Dijon où le Procès avait été renvoyé après la cassation des arrêts de Rouen. Lacéré et brulé par le Bourreau, en vertu de l'arrêt de Dijon du 23 août 1783. Et reproduit au Conseil du Roi avec la Requête en cassation présentée contre cet arrêt.

A ROUEN,

Chez la Veuve BESONGNE & FILS, Imprim.-Lib. de Mgr le Garde des Sceaux & de M. le Prem. Préſident, rue Ganterie.

M. DCC. LXXIX.

MÉMOIRE

PRODUIT

AU CONSEIL D'ÉTAT DU ROI,

PAR TROPHIME-GERARD, COMTE DE LALLY-TOLENDAL, Capitaine de Cavalerie au Régiment des Cuiraſſiers, dans l'Inſtance en caſſation de l'Arrêt du 6 Mai 1766, qui a condamné à mort le feu Comte DE LALLY ſon pere, Lieutenant Général des Armées du Roi, &c.

ET SIGNIFIÉ POUR DÉFENSE

A Monſieur LE PROCUREUR GÉNÉRAL *du Parlement de Normandie, dans l'Inſtance renvoyée en cette Cour par l'Arrêt du Conſeil, qui a prononcé la caſſation; à la requête dudit Comte* DE LALLY-TOLENDAL, *nommé Curateur à la mémoire de ſon Pere, par l'Arrêt de la Cour du 21 Décembre 1778.*

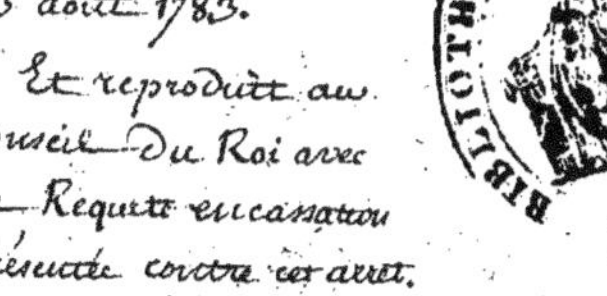

Signifié à M. le Procureur général du Parlement de Dijon où le Procès avait été renvoyé après la cassation des arrêts de Rouen. Laceré et brulé par le Bourreau en vertu de l'arrêt de Dijon du 23 août 1783. Et reproduit au Conseil du Roi avec la Requête en cassation présentée contre cet arrêt.

A ROUEN,

Chez la Veuve BESONGNE & FILS, Imprim.-Lib. de Mgr le Garde des Sceaux & de M. le Prem. Préſident, rue Ganterie.

M. DCC. LXXIX.

(Ed. diff. de 1°837 et 346(5))

Dubitabitis etiam, Judices, quin illud, quod initio vobis proposui, verissimum sit, aliud per hoc Judicium nihil agi, quàm ut Marco Fonteio oppresso, testimoniis eorum, quibus multa, Reipublicæ causâ, invitissimis imperata sunt, segniores post hâc ad imperandum cæteri sint, cùm videant eos oppugnari, quibus oppressis, Populi Romani Imperium incolume esse non possit....... Quare, si etiam monendi estis, Judices, à me, quòd non estis, videor hoc leviter, pro meâ auctoritate, vobis præcipere posse, ut ex eo genere homines, quorum cognita virtus, industria in re militari sit, diligenter vobis retinendos existimetis........ Age verò nunc, introspicite penitùs in omnes Reipublicæ partes: utrùm videtis nihil posse accidere, ut tales viri desiderandi sint.

Ciceron. Orat. pro M. Fonteio.

MÉMOIRE PRODUIT AU CONSEIL D'ÉTAT DU ROI,

PAR TROPHIME-GERARD COMTE DE LALLY-TOLENDAL, Capitaine de Cavalerie au Régiment des Cuiraſſiers, &c.

LA Cauſe d'un infortuné eſt celle de tous les hommes, la Cauſe d'un innocent eſt celle de tous les ſiècles : je viens aujourd'hui préſenter l'une & l'autre au Tribunal de l'Univers. Citoyen du monde ; deſtiné à nommer ma patrie le lieu qui m'offrira un aſyle ; retenu juſqu'ici dans celle que j'habite, par les bontés de ſes Maîtres, & par l'eſpoir qu'elles m'ont donné d'y remplir le plus ſacré de mes devoirs ; j'adresse le récit de mes malheurs à l'humanité toute entière, mais sur-tout, à l'Europe qui les a plaints, à la France qui les a produits, à son Roi qui peut les réparer, à la Postérité qui doit les juger.

Guerriers, Magistrats, Citoyens, Hommes qui que vous soyez, pourvu que vous soyez justes, vous plaiderez avec moi pour la fidélité noircie, pour la vertu calomniée, pour l'humanité outragée.

Vous, sur-tout, Fils religieux & soumis, qui remplissez avec ardeur les devoirs d'un titre si sacré ; vous, Pères tendres & sensibles, qui goûtez avec transport les délices d'un nom si doux, vous plaiderez avec moi pour un père opprimé sans avoir pu se défendre de l'oppression, pour un fils malheureux avant même d'avoir pu sentir le malheur.

Un Etranger, sans autre appui que son mérite, sans autres sollicitations que ses services, parvient aux premiers grades militaires de France. Toute sa vie a été une épreuve continuelle de fidélité & même de dévouement pour les intérêts de la France, de haine & presque de fanatisme contre les Ennemis de la France. Il est choisi, à cinquante-quatre ans, pour aller, à six mille lieues, régir les possessions de la France, & détruire les possessions rivales de celles de la France. On l'envoie, avec des promesses qui ne sont point exécutées, avec des pouvoirs qui sont méconnus ; & cependant, dénué de tous moyens, traversé par mille manœuvres, abandonné d'un côté, trahi de l'autre, il crée d'abord des ressources & des succès, il remporte des victoires, il fait des conquêtes pour la France. Réduit bientôt à se défendre, il lutte seul contre la disette & la rébellion ; il immole son repos, sa fortune, sa santé ; il brave la pauvreté, la faim, le poison, l'assassinat, pour servir la France. Obligé enfin de ſuccomber ſous la néceſſité, il eſt tourmenté par une moitié de ſes vainqueurs, admiré par l'autre, à l'inſtant même de ſa chûte; & à ſon retour, il eſt diffamé, calomnié, accuſé en France. Il invoque la juſtice du Miniſtère contre ces calomniateurs, c'eſt-à-dire, contre un ramas de ſubalternes coupables, qui ne cherchent à flètrir ſa réputation, que parce qu'il a, le premier, dénoncé leurs prévarications; & pour toute réponſe, le Miniſtère, qui voudrait éviter la honte d'être criminel, mais qui ne ſe ſent pas le courage d'être juſte, le preſſe de quitter la France. Il ſe refuſe avec indignation à ce projet révoltant d'une fuite déshonorante; il demande des fers & des Juges; le Miniſtère lui donne ſur-le-champ des fers; quinze mois après, le hazard lui donne des Juges, & l'on imagine de le pourſuivre comme *ayant pu* voler & trahir la France. Ces premiers Juges ſont trouvés incompétens: une Commiſſion eſt créée, & l'on ſe hâte de la rendre auſſi incompétente que le Tribunal qu'elle remplace; on ne travaille qu'à lui faire perdre de vue ce qu'elle doit examiner, & à lui faire examiner ce qu'elle ne peut entendre; on lui prépare enfin une inſtruction formée par tout ce qu'il y a de plus vil & de plus coupable en France. On aſſemble d'abord cette Commiſſion quatre ou cinq fois, dans le cours de deux ans, pour ôter à cet Etranger captif juſqu'à la faculté de défendre cette vie, qu'il a tant de fois expoſée pour la France. On l'aſſemble enſuite deux fois par jour, pour ne pas laiſſer aux parents de ce Captif le temps de produire ſes pièces juſtificatives, & pour lui ravir ainſi juſqu'aux faibles moyens de juſtification, que laiſſent à un accuſé ce qu'on appelle les Loix criminelles de France. Enfin, on lit rapidement à cette Commiſſion des dépoſitions fauſſes, des pièces fabriquées, des extraits infidèles; on écarte d'elle tout ce qui eſt ſuſpect de vérité; on fait décider par cette Commiſſion de Judicature, qu'un Général d'armée a mal ordonné une bataille, a mal ſoutenu un ſiége, a mal capitulé; on lui fait forger un délit, dreſſer un Arrêt, prononcer une condamnation; & ce Général d'armée, après avoir inutilement démontré ſon innocence, après avoir inutilement confondu ſes calomniateurs dans le ſecret d'une procédure impénétrable; après avoir inutilement imploré la Juſtice, contre la vexation, la tirannie, la fureur, dont il a été victime pendant toute cette procédure, eſt tiré du fond de la priſon, où il languit depuis quatre ans dans la miſère, dans les tourmens & dans l'opprobre, pour ſubir le dernier ſupplice; & cet Etranger, dévoué, preſqu'en naiſſant, au ſervice de la France, meurt à ſoixante & cinq ans ſur un échafaud dreſſé dans la Capitale de la France, vainement défendu dans ſes derniers momens par les murmures impuiſſans de tous les Guerriers de France, mais inſulté, outragé, bourrelé arbitrairement par le deſpotiſme ſanguinaire d'un Juge de France! ..... Hommes juſtes, fils religieux & ſoumis, que j'ai invoqués tout-à-l'heure, telle eſt la faible annonce de l'horrible tragédie que je vais développer à vos yeux! Voilà ce père oprimé, dont la Cauſe doit être plaidée par vous! voilà la première victime, ſur laquelle j'appelle vos regards & votre intérêt!

Et moi, car il faut bien parler de mes maux perſonnels, puiſque ces maux, puiſque les ſeuls adouciſſemens qu'ils aient reçus, font partie de mes droits & même de mes preuves! Et moi, ſeconde victime, pas plus innocente que la première, il eſt vrai, mais peut-être plus à plaindre, parce qu'à tous mes autres ſupplices a été ajouté le supplice de vivre ; quel tableau, grand Dieu, à offrir, que celui de ma destinée !

Condamné, pendant mes premieres années, à m'ignorer moi-même, jusqu'à l'instant fixé par la prudence de mes parents ; à peine sorti de la plus tendre enfance, je desirais, je cherchais, j'appellais les auteurs de mes jours, tandis que ma mere expirait dans une terre étrangere, & que mon pere était jetté dans une prison cruelle. Instruit de mon sort, lorsqu'il m'importait le plus de l'ignorer, je n'ai appris le nom de ma mere que plus de quatre ans après l'avoir perdue ; je n'ai appris celui de mon pere qu'un jour, un seul jour avant de le perdre. J'ai couru pour lui porter mon premier hommage & mon éternel adieu ; pour lui faire entendre du moins la voix d'un fils, parmi les cris de ses Boureaux ; pour l'embrasser du moins sur l'échaffaut où il allait périr, & peut-être aurais-je eû le bonheur d'y périr avec lui : j'ai couru vainement ; on avait craint la clémence, ou plutôt la justice du Souverain ; on avait hâté l'instant du supplice ; je n'ai plus trouvé mon pere, je n'ai vu que la trace de son sang. Aussi-tôt j'ai été atteint des éclats de la foudre, que l'erreur & le crime venoient de lancer sur cet innocent. Mon éxistence a été impitoyablement attaquée, quoiqu'irrévocablement scellée. Les titres les plus sacrés qui déposent de l'état des Citoyens, ont été calomniés ou ensevelis, parce qu'ils renfermaient un nom qu'on voulait proscrire, ou qu'on n'osait avouer ; & je me suis vu, pendant quelques instants, seul dans la nature, déjà haï par le crime qui tremblait d'être dévoilé, méconnu par la politique qui craignait de déplaire, oublié même, abandonné par l'amitié, qui ne songeait qu'à pleurer, ou qui, en pensant à moi, ne faisait que répandre quelques larmes de plus; objet d'horreur, d'effroi, d'indifférence ou de pitié!.... Hommes justes, peres tendres & sensibles, que j'ai encore invoqués, telle est l'ébauche imparfaite des horreurs, au milieu desquelles j'ai traîné ma déplorable vie : voilà ce fils malheureux, qui ose croire que sa Cause deviendra la vôtre. Sans doute, à ce seul récit, votre cœur s'est déjà ému, toutes les puissances de votre ame se sont soulevées en ma faveur; vous haïssez, vous détestez déjà mes boureaux : connaissez, chérissez avec moi mes bienfaiteurs.

Un Roi vint à mon secours. Un Roi, dont la religion pouvait être surprise, parce qu'il était homme; mais dont rien n'a jamais pû étouffer la sensibilité, parce qu'il était bon, daigna étendre vers moi sa main protectrice, & me tirer de l'abyme où tout conspirait à m'engloutir. Une voix, une seule voix, s'était élevée jusqu'à lui : une seule parente avait réclamé pour les restes misérables de son parent immolé. Fidelle dans tous les temps, au sang, à l'amitié, à la vérité, à la vertu; choisie par mon pere pour être, *après sa mort*, la dépositaire de ses derniers sentiments & de ses intentions dernieres, elle avait porté le vœu de la nature jusqu'au cœur du Souverain lui-même : ce vœu fut exaucé. *J'aurai soin de cet enfant, je m'en charge* : telle fut la promesse formelle qu'un Roi gémissant, lors même qu'il était encore trompé, traça de sa propre main. Bientôt cet engagement qu'il avait d'abord crû n'accorder qu'à l'humanité, il sçut qu'il le devait à la justice. Désabusé, mais trop tard, il baigna de ses larmes l'Arrêt qui avait fait répandre, sur un échaffaut, les dernieres gouttes d'un sang, qu'il avait vu couler aux champs de l'honneur. Il s'écria *qu'il avait*

[Mademoiselle Dillon, fille du Général, & sœur du Lord Dillon, cousine issue de germain de mon Pere.

Lettre du feu Roi à Mademoiselle Dillon.

avait été trompé & que ce ne serait pas lui qui en répondrait. Il reprocha publiquement cette funeste erreur, à un de ceux qui en avaient été les principaux artisans. Il pleura enfin *ce pauvre Lally*, & dès-lors ses bontés redoublerent pour ce qui éxistait encore de ce malheureux sur la terre. Il voulut que toutes mes demandes lui fussent *adressées directement*; il marqua lui-même la personne, qui devait lui présenter mes vœux & m'annoncer ses bienfaits, & les cris de l'infortune acquirent encore une nouvelle force en passant par l'organe de la vertu. Sous son nom, l'on m'avait enchaîné, l'on m'avait enseveli dans une nuit profonde, éloigné de tout ce qui avait appartenu à mes parents, inconnu au monde entier : par son ordre, ces chaînes barbares furent brisées, ou du moins leur poids fut allégé; cette nuit cruelle fut dissipée, ou du moins son horreur fut adoucie. Lui-même écrivit pour qu'il me fût permis de connaître, de bénir, de voir ma bienfaitrice; & je pus enfin pleurer mon pere en sûreté, en attendant qu'il me fût possible de le venger. Sous son nom, les premiers fondements de mon éxistence avaient été ébranlés : par son ordre, ils furent à jamais consolidés. Des Lettres-Patentes, dressées sous ses yeux, annullerent celles qui avaient voulu me proscrire; attesterent mon extraction, qu'on avait cherché à obscurcir, me rendirent un nom, dont on m'avait dépouillé. Lui-même se fit remettre une portion des biens de mon pere, & la déposa pour m'être restituée un jour. Lui-même voulut me placer au Service, sous ses yeux. J'eusse oublié, j'eusse chéri mes malheurs, s'ils n'eussent frappé que sur moi. Je goûtais du moins le seul adoucissement, dont ils fussent susceptibles. Je pouvais jouir,

Propres paroles du feu Roi. Plus de vingt témoins éxistent, qui les ont entendues, parmi lesquels un Maréchal de France, tout prêt à les attester.

M. le Prince de Beauveau.

Autre Lettre du feu Roi, à Mademoisel. Dillon.

je jouiſſais de tant de bontés, en calculant dès-lors l'heureuſe influence, qu'elles devaient avoir tôt ou tard, pour la gloire de mon Pere. Je rapportais tout à ce Pere ſi injuſtement ſacrifié. J'étais comblé des bienfaits de mon Maître ; je ne méritais rien, je ne pouvais rien mériter par moi-même, & l'on ne cultive pas avec tant de complaiſance le rejetton dangereux d'une ſouche infecte & empoiſonnée.

Je l'ai perdu, ce Roi, qui *avait ſoin* de moi. Je l'ai perdu, lorſque déjà j'approchais de l'âge, où libre de mes actions & ſûr de ſon aveu, j'allais entreprendre le grand ouvrage de la réhabilitation de mon Pere. Mais en apprenant ſa perte, je n'ai eu que des larmes à répandre & point de craintes à concevoir. La même ſenſibilité, la même bienfaiſance ſont aſſiſes ſur le Trône, & me promettent les mêmes ſuccès. Non, je ne changerai point de patrie, & en demandant juſtice à tout l'univers, j'ai du moins la conſolation de penſer, que la France ſera la premiere à me la rendre.

Déjà le Monarque auguſte, qui préſide au bonheur de ce grand Royaume, avait été inſtruit, au commencement de ſon régne, de mes malheurs & de mes droits. Déjà je lui avais écrit, *que je devais le jour à un homme juſte, égorgé par la calomnie avec le glaive des Loix; que j'oſais le lui dire, que j'oſerais un jour lui demander à le prouver*, & il avait daigné me répondre par *les aſſurances de la même protection ſpéciale & ſuivie, dont le feu Roi m'honorait*. Déjà, voyant que la Loi du dépôt avait été violée, & que les ordres réitérés de ſon Aïeul, pour aſſurer ma fortune, n'avaient pas été accomplis, il les avait renouvellés; & pour cette fois, ils n'avaient pas été infructueux.

parce que l'exécution en avait été confiée à des Miniſtres vertueux & ſenſibles, qui honorent & chériſſent l'humanité tout à la fois. Déjà, enhardie par le ſpectacle, tant deſiré, d'un Roi juſte environné d'une Adminiſtration non moins juſte elle-même, la vérité avait oſé ſe montrer de toutes parts: des dépoſitaires plus fidèles que ceux à qui ma fortune avait été remiſe, s'étaient hâtés de m'annoncer, de me communiquer, de me remettre une foule de pièces, autrefois confiées à leur religion, également précieuſes pour mon père & pour moi. Prêt à demander juſtice pour ce père infortuné, j'ai porté de nouveau mes vœux au pied du Trône. Mon Maître *a approuvé mes projets;* il a voulu qu'on *me le mandât de ſa part;* c'eſt *de ſa part* que je ſuis autoriſé à *me pourvoir devant les Tribunaux.* Qui pourrait prétendre à me les fermer, quand la bienfaiſance, quand l'équité royale elle-même me les a ouverts?

Voudrait-on m'en éloigner, parce que je n'y traîne pas après moi le cortège impoſant d'une nombreuſe famille? & ferait-on jaloux de donner au monde l'idée d'une légiſlation, où les droits, dès qu'ils ſeraient ſeuls, ne ſeraient rien, où les conſidérations ſeraient tout, & où l'on dirait: « ce n'eſt qu'un » malheureux de plus »?

Oui, ſans doute, je ſuis ſeul dans l'Univers, & je ne connais d'égal à mes peines que mon courage. La mort m'a enlevé ſucceſſivement mère, père, & juſqu'au dernier parent de mon nom. S'il m'en reſte encore quelques-uns, ce ſont de ceux auxquels je ne tiens plus que par les faibles nœuds d'une alliance, ſouvent importune quand elle unit à des malheureux. Impuiſſans ou indifférens, ils forment des vœux ou attendent des ſuccès; & je n'ai pour moi que moi, je n'ai pour ma Cauſe que la ſainteté de ma Cauſe. Mais parce que ma voix s'élève ſeule, doit-elle être étouffée? Parce qu'en moins de quatre-vingts ans, les huit derniers rejetons de ma famille ſont tous morts au ſervice de France, ne puis-je obtenir juſtice pour l'un d'eux aſſaſſiné au ſein de cette même France? Parce que le ſang des miens a été preſqu'entièrement épuiſé par le fer des Ennemis, ne puis-je prétendre à venger celui qui a injuſtement coulé ſous le fer du Bourreau (1)?

Je m'attends bien à quelques-unes de ces conſidérations perfides, à quelques-uns de ces paradoxes monſtrueux, qu'enfanta de tout temps une politique auſſi coupable qu'extravagante. Il ſe trouvera, je n'en doute pas, des êtres quelconques, qui oppoſeront de ſang froid à la juſtice de mes demandes *l'honneur de la Juſtice.* La même voix qui criait autrefois: *il y a plus de Magiſtrats que de Calas*, va crier aujourd'hui à bien plus forte raiſon: *il y a plus de Magiſtrats que de Lally.*

Mais le même Tribunal qui a jugé Calas, va juger Lally;

---

(1) Depuis ce Mémoire écrit, & avant qu'il fût connu, les plus proches parens de mon père, MM. Duvivier-Defay-Solignac & M. O-Donnel, ſe ſont empreſſés de joindre leur réclamation à la mienne, & ont partagé conſtamment mes efforts, mes travaux, mes combats, mes ſuccès. Il ſerait inutile d'obſerver que cette même parente, à laquelle j'ai tout dû quand tout périſſait pour moi, n'a pas, dans cette nouvelle criſe, preſqu'auſſi intéreſſante que la première, démenti ſa bienfaiſance & ſa généroſité. Enfin, une dernière branche de mon nom reſtée en Irlande, & que j'ignorais (*Lally de Miltown*), mes parens maternels (*Crafton*), d'autres plus éloignés mais non moins zèlés (*Crump*, *Jordan*, *Caſtelo*, *Nugent*) n'ont ceſſé de m'adreſſer leurs vœux, leurs encouragemens, tous les ſecours qui pouvaient dépendre d'eux, pour le triomphe d'une cauſe devenue leur cauſe à tous. Parens généreux & ſenſibles, vous ne voulez pas être loués, je le ſais: mais vous ne pouvez vous refuſer ni à l'effuſion de ma reconnaiſſance, ni aux hommages de la vénération publique.

& les mêmes Juges, qui n'ont entendu le premier cri qu'avec horreur, n'entendront sûrement pas le second avec complaisance & avec docilité. Ils sentiront que l'*honneur de la Justice* est d'être purifiée de tout ce qui la souille. Ils sentiront que tout individu, qui voudrait n'être soumis ni à aucune réforme ni à aucune peine, prétendrait dès-lors nécessairement, ou à l'infaillibilité, ou à l'impunité; que la première prétention serait insensée, que la seconde serait coupable, que dès-lors toutes deux devraient être proscrites; & qu'enfin, ce qui est vrai d'un seul individu pris en particulier, ne l'est pas moins de plusieurs individus réunis en corps. Ils sentiront les conséquences effrayantes d'un sistême, qui, s'il avait toujours existé, comme on veut l'introduire aujourd'hui, n'aurait été à rien moins qu'à dévaster la société entière; qui aurait dévoué à un supplice & à un opprobre éternels, les *Montaigu*, les *Enguerrand*, les *Chabot*, les *Montécucully*, les *Coucy*, les *Biez*, les *Coligny*, les *de Thou*, les *Grandier*, les *Vaniny*, les *Gaufredy*, les *Saint-Preuil*, les *Marillac*, les *Langlade*, les *Sirven*, les *Fourré*, les *Montjoly*, tant d'autres victimes innocentes, dont la liste, déjà si étendue, dès longtemps n'aurait plus de bornes. Ils sentiront enfin, ces Juges respectables, qu'ils ont eux-mêmes, ainsi que tous les autres Tribunaux, l'*honneur de leur propre Justice* à conserver & à défendre; & pour moi, je ne croirai jamais que dans ce dernier asile de l'infortune & de l'innocence, que dans ce Conseil suprême, placé, pour ainsi dire, à la source de toutes Loix & de toute équité, il puisse exister des Magistrats qui, à l'instant où ils s'assembleront pour me juger, se disent à eux-mêmes dans le for de leur conscience: « je vais être in-» juste pour l'*honneur de la Justice.* »

M'objecterait-on le laps du temps? En avouant que l'innocence de mon père eſt certaine, & que ſon Arrêt a été injuſte, dirait-on que j'ai perdu le droit de publier l'une & de faire annuller l'autre ? En appliquant aux matières criminelles une Loi faite pour mettre un terme aux procès civils, oſerait-on bien prononcer que la victime d'une condamnation illégale peut attaquer une injuſtice de *ſix mois ;* mais qu'elle eſt NON-RECEVABLE à attaquer une injuſtice qui dure depuis *dix ans ?*

Mais, ſans m'arrêter aux réflexions involontaires que fait naître, à l'horreur ſoudaine qu'inſpire cette idée ſeule d'une *fin de non-recevoir* en matière criminelle, d'une preſcription contre l'innocence, la vérité & la juſtice, ne me ſuffit-il pas d'invoquer cet axiome de Juriſprudence ſi connu, que *la preſcription ne court point contre celui qui ne peut agir* (1) ? Mineur juſqu'à ce jour, j'étais enchaîné par une impuiſſance abſolue. Un fils peut & doit ſe ſacrifier pour ſon père : mais ce ſentiment ſi naturel dans ſon cœur, il ſerait injuſte de l'exiger d'un tuteur, d'un étranger. Je verrais aujourd'hui un abyme ouvert ſous mes pas, je m'y précipiterais plutôt que que de trahir la mémoire de celui à qui je dois le jour : mais je devais attendre l'inſtant où je pourrais m'y précipiter ſeul. Il y a plus : indépendamment de l'axiome général, j'ai pour moi une Loi préciſe, particulière à la douloureuſe poſition dans laquelle je me trouve placé. Elle parle, cette Loi, du délai que met un fils à venger la mort de ſon père ; elle en parle, pour en faire un crime aux enfans, lorſqu'il eſt volontaire, & non pour leur en faire un obſtacle, lorſqu'il a

(1) *Contrà non valentem agere non currit præſcriptio.*

été involontaire ; elle défend, en un mot, *qu'aucun délai ſoit imputé aux enfans mineurs* (1). Ainſi, majeur depuis deux mois, c'eſt de cette époque ſeule qu'on doit commencer à compter pour moi, l'intervalle qui ſépare la mort de mon père de ma réclamation. Ainſi mon droit eſt encore évidemment en ſon entier.

M'oppoſera-t-on les nuages qui ont été répandus ſur mon état, le voile du miſtère qui eſt reſté long-temps étendu ſur mon exiſtence? Mais ſi ces nuages, aujourd'hui diſſipés, ſi ce miſtère, aujourd'hui révélé, ont été l'effet inévitable de l'injuſtice contre laquelle je réclame ; ſi je puis demander raiſon au bras qui a frappé mon père, du coup qui a penſé frapper mon état ; ſi cette *reddition de comptes*, qu'il avait fixée pour l'époque à laquelle il publierait ſon mariage, long-temps éludée par les manœuvres les plus criminelles, a été enfin terminée par la cataſtrophe la plus horrible ; ſi la néceſſité à laquelle on l'a réduit, de chercher d'autres appuis, d'autres défenſeurs que la juſtice & la vérité, l'a obligé de tenir ſecret un engagement dont la publicité lui eût laiſſé un appas de moins à offrir à l'intérêt ; ſi la liberté qui lui était néceſſaire pour conſommer l'ouvrage de ſa tendreſſe paternelle, lui a été ravie par la détention la plus injuſte ; ſi l'animoſité avec laquelle on le traînait à ſa perte, lui a fait craindre de dénoncer *une victime* en nommant un fils ; ſi ſa voix, enchaînée dans ſes derniers momens, n'a pu que murmurer tout bas le cri de la nature ; enfin, ſi j'ai été obligé de ſouffrir & preſque d'épaiſſir moi-même, pendant quelque

(1) *Minoribus viginti-quinque annis, crimen inultæ mortis obeſſe non placuit.*

temps, la nuit qui couvrait une existence dévouée à l'anathême, & de préparer dans l'ombre les armes avec lesquelles je devais un jour combattre la calomnie; qui osera, de l'objet même de ma réclamation, faire un obstacle à ma réclamation? & quel être aura l'absurde barbarie de me dire: » vous » n'avez pas droit de réclamer contre l'oppression, car vous » avez été opprimé? »

Qu'on m'objecte, tant qu'on voudra, ce mistère, ces défauts de formes, s'il en existe, pour me ravir ce qui reste de la succession de mon père: je suis prêt, s'il le faut, à donner la renonciation la plus formelle. Occupé de son honneur seul, je ne parlerai de sa fortune, que pour montrer qu'elle a été le prix de ses services & de son sang; & j'appellerai en témoignage jusqu'à l'Arrêt cruel qui, même lorsqu'il l'a envahie, n'a osé en flétrir la source. Que j'en établisse la pureté, & que d'autres en recueillent le fruit. Qu'elle reste ensevelie, s'il le faut, sous les débris de cette Compagnie, qui a passé tout le temps qu'elle a vécu à se plaindre du crime & à sacrifier la vertu, à contracter des obligations & à les nier, & dont la chûte n'a excité d'autre regret que celui de n'avoir pas été assez prompte, parce qu'il y eût eu bien des malheurs de moins. Mais qu'on n'attende pas de moi d'autres sacrifices. Quand il s'agira de mon intérêt, je laisserai les Jurisconsultes peser tranquillement quelle est ma qualité dans l'ordre civil: quand il s'agira de mes devoirs, mon cœur m'apprend celle que je tiens de la nature. Il peut être des Loix qui empêchent un fils de succéder à son père, mais s'il en était une qui empêchât un fils de venger son père, elle ne mériterait pas le nom de Loi, ou les hommes qui l'adopteraient ne mériteraient pas le nom d'hommes.

Tranchons

Tranchons les discussions. La *légitimité* n'est rien ici ; la *filiation* fait tout. Il s'agit de ce droit naturel, divin, éternel, immuable, contre lequel rien ne prescrit (1). Il s'agit de cet intérêt du sang, qu'aucun homme ne peut méconnaître, qu'aucune institution ne peut détruire (2), que la persécution avec toutes ses fureurs, que les Tribunaux eux-mêmes avec tout leur pouvoir ne peuvent jamais m'enlever (3). Le jour que je respire, voilà le titre de la demande que je forme ; j'existe, voilà ma qualité pour venger celui de qui je tiens l'existence. On me contesterait vainement mon état, parce qu'il repose sur des fondemens inébranlables : on me le contesterait gratuitement, parce que dans tous les cas mon droit resterait toujours le même pour l'action que j'intente (4). Je n'avais à présenter aujourd'hui que l'acte de ma naissance ; si je produis ceux qui établissent, qui attestent & mon état de fils lé-

---

(1) *Naturalia quidem jura divinâ quâdam providentiâ constituta, semper firma atque immutabilia permanent.* L. 1. ff.

(2) *Jura sanguinis nullo jure civili dirimi possunt.* L. 8. ff. de Reg. Jur.

(3) *Nec enim naturalis ratio autoritate Senatûs commutari potuit.* L. 2. ff. de usufr.

(4) *Nihil interest inter filium naturalem & legitimum in his quæ meram naturam tangunt.... Filii naturales non-solùm possunt super nece eorum patris accusare, verùm etiam in accusando cœteris aliis consanguineis præferuntur.* Bartol. *Leg. Jul. de adult.* Farinac. *q. 13. n. 68.* Jul. Clar. *q. 58. n.* 26. Bald. *de Leg. his accusat.* J. Sainson. *Consüet. Tur.* Bacquet, *pages* 103, 105, 106, 2e. *Trait. 1re. partie.* Louet, *let. D. p. 361, 362, let. H. p. 750.* Traité du Domaine, 2e. *vol. p.* 307. Traité de la Justice criminelle, *tom. 3, pag. 540, 541, 542.* Denisart, *tome 1, pag. 543.* Arrêt du 15 Décembre 1608, sur les conclusions de M. Servin. Tronçon, Ignée, Tiraqueau, &c. &c. Voyez toutes les Loix & tous les Auteurs.

gitime, & le mariage de mon père, c'eſt qu'il en eſt parmi eux où ſont gravées en traits de feu & ſon infortune & ſon innocence. Ames juſtes, ames ſenſibles, liſez & frémiſſez.

L'original eſt dépoſé chez M. Gueſpereau, Notaire à Paris.

» Jugé, condamné, innocent, je déclare que Trophime-» Gerard de Lally de Tolendal eſt mon fils légitime.... » Comme l'iniquité monſtrueuſe ſous laquelle je ſuccombe, » m'a ſeule empêché de faire connaître ſon état en France, » j'eſpère que ce billet, joint à mon contrat de mariage & à » mon codicille, qu'il aura un jour, le prouvera décidément, » & qu'il n'y aura pas deux victimes. La crainte de le per-» dre m'empêche de parler aujourd'hui. JE LUI RECOMMAN-» DE MA MÉMOIRE, ET JE MEURS SANS REPROCHE. » LALLY.

Juges de mon père, car il en eſt, parmi eux, qui ſont peut-être plus à plaindre encore que moi, & c'eſt à ceux-là que je m'adreſſe; je leur crie à ceux-là du fond de mon cœur : Pardonnez, ſi, en arrachant le bandeau qui a été mis ſur vos yeux, je les oblige à ſe fixer ſur le tombeau dans lequel vous avez précipité un innocent. Je fais mon devoir, & vous connaiſſez le vôtre. Sans doute la vérité ne pouvait pas ſe faire voir alors, puiſque, vous, vous ne l'avez pas vue. L'ordre des choſes avait été abſolument interverti. Les Miniſtres des Loix s'étaient vus transformés en Juges des combats. Des ſiéges, des batailles, étaient devenues la matière de vos diſcuſſions. Le bruit des armes retentiſſait de toutes parts dans le Sanctuaire de la Juſtice. Du milieu de ce tumulte, parmi tant d'objets confus, le ſeul cri qui pût pénétrer juſqu'à vous, était celui d'une cabale acharnée & d'un public prévenu; la ſeule idée qui pût frapper diſtinctement vos eſprits, était celle de l'Inde perdue. Vous avez cru que c'était à l'homme chargé de ſon ſalut à répondre de ſa perte. Une voix ſeule pouvait impoſer ſilence à toutes ces clameurs, pouvait ordonner à la lumière de ſortir du ſein des ténèbres & d'éclairer votre erreur. Cette voix s'eſt fait entendre, & les clameurs ont redoublé, & la lumière a fui, & vous avez été aveuglés plus que jamais. La main deſtinée à vous conduire, vous a égarés. On s'eſt armé contre vous de vos vertus mêmes. C'eſt votre équité, c'eſt votre ſageſſe, c'eſt votre ſenſibilité, qu'on a ſollicitées contre un innocent. Le fanatiſme de la Patrie, ce *crime de la vertu*, dont parle l'immortel d'Agueſſeau, voilà votre mobile, vos guides, peut-être votre excuſe, lorſque vous avez ſigné l'Arrêt de mort de cet innocent. Ah! ſans doute, aujourd'hui que cette illuſion cruelle va être diſſipée, vous ſerez les premiers à déchirer cet Arrêt. Vous pleurerez avec moi, & ce ne ſera ni les larmes dangereuſes de l'orgueil, ni les larmes ſtériles de la compaſſion, qu'on vous verra répandre. Vous ſavez, Juges intègres, qu'il n'a pas été donné à l'homme de ne pas ſe tromper; mais vous ſavez auſſi qu'une erreur reconnue néceſſite un hommage public; vous ſavez que c'eſt la ſeule reſſource qui reſte à l'honnêteté ſéduite, pour conſerver encore des droits à l'eſtime, & pour montrer que ſi elle a été égarée, du moins elle n'a pas voulu l'être.

Pour vous, machinateurs ténébreux, ſi la vengeance divine laiſſe encore ſubſiſter quelques reſtes de votre monſtrueuſe peuplade; vous, qui ſans paraître dans le procès, ou en y paraiſſant ſous le voile dangereux d'une modération perfide, avez été les moteurs, les inſtigateurs, les artiſans ſecrets d'une cataſtrophe à jamais effrayante; vous qui, convaincus autant que moi-même de l'innocence d'un malheureux Commandant, avez employé, pour le noircir & pour le perdre, tout ce que le menſonge a de plus artificieux, tout ce que la calomnie a de plus noir, tout ce que la brigue & le crédit ont de plus imposant; vous, qui avez fait trafic de l'iniquité, tour à tour vendant & achetant le crime; également habiles à corrompre tous ceux qui pouvaient l'être, & à tromper tous ceux que vous ne pouviez corrompre; goûtez en paix, s'il se peut, une impunité qui vous a coûté si cher. Je dévoue vos cœurs aux remords, & vos noms à l'oubli. Mais songez que je mets mon silence au prix du vôtre. Je déclare que je ne veux rien voir, du procès de mon père, que ce qui est dans le procès. Mais après une déclaration aussi formelle, si vous osiez encore persécuter sa mémoire; si trop peu assouvis par l'effusion de son sang, vous veniez encore troubler ses cendres, sachez que j'ai sondé l'abyme d'horreurs, dont il a été la victime; que j'en ai pénétré toute la profondeur; qu'il n'en est pas un seul parmi vous, dont je ne puisse dévoiler, & dont je ne dévoile les forfaits à la face de l'univers. Sachez que ni menaces, ni dangers, que la mort même ne pourra m'arrêter. Il est aisé de concevoir, qu'un être, qui croit n'exister que pour venger son père, tiendrait bien peu à cette existence, du moment où il ne pourrait la consacrer à l'accomplissement de ses devoirs. Mon dernier cri serait un cri en faveur de l'innocence; il s'adresserait au Ciel, si les hommes ne voulaient pas l'entendre; tôt ou tard nous serions vengés, & la postérité rapprochant un jour le trépas du père de celui du fils, dirait : « l'un a péri pour n'avoir pas voulu » trahir son Roi; l'autre a péri pour n'avoir pas voulu trahir » son père. »

Il est temps d'entrer en matière. J'ai payé l'hommage que je devais à la reconnaissance. J'ai tracé le récit que je devais à la vérité. J'ai écarté les objections que je pouvais attendre de l'injustice & de la mauvaise foi. J'ai prouvé mes droits, j'ai établi ma qualité. J'ai parlé de moi une ſeule fois, pour n'en plus jamais parler. Soyons déſormais tout entiers à la juſtification d'un père.

PROUVONS qu'il n'a pas été coupable.

PROUVONS qu'eût-il été le plus coupable des hommes, il a été mal jugé.

PROUVONS que, d'après l'état du procès, il ne pouvait pas être bien jugé.

Au reſte, quel que ſoit mon deſir de ne pas m'écarter de l'ordre que je me preſcris ici, & de claſſer exactement, ſous ces trois propoſitions, tout ce qui appartient à chacune d'elles, peut-être m'arrivera-t-il plus d'une fois d'interrompre cet ordre. Peut-être confondrai-je plus d'une fois l'homme condamné injuſtement, l'homme condamné illégalement, l'homme condamné incompétemment. Mais dans le procès que je vais examiner, il eſt tant de parties qui offrent ce triple caractère! & d'ailleurs, comment ne me pardonnerait-on pas quelque confuſion dans l'immenſité d'un travail qui doit, à chaque minute, porter le trouble & l'égarement dans mon ame? On pourra encore y rencontrer des longueurs, des répétitions, je ne m'en défends pas. Il en ſera d'inévitables; il en ſera même de néceſſaires. Mais, dans tous les cas, ceux qui voudront connaître la vérité, ceux qui voudront protéger l'innocence, me liront, & je n'écris pas pour les autres.

PREMIERE PARTIE.

MON PERE N'A PAS ÉTÉ COUPABLE.

SI, pour établir cette premiere vérité, j'invoquais d'abord ces protestations multipliées, qu'il n'a cessé de réitérer jusqu'au pied de son échaffaut; cette voix, qui, malgré la précaution la plus barbare, qu'on ait jamais inventée, pour assurer le triomphe de la calomnie, s'est cependant fait entendre assez, pour qu'on reconnût le cri de l'innocence opprimée; ces écrits, déjà rapportés, qu'une main mourante a tracés, dans les derniers instants d'une vie, dont ils attestent la pureté; & si je disais: » l'homme vertueux, qui a eu un moment d'erreur, la » pleure & la confesse, lorsqu'il subit l'expiation de son » égarement. L'homme criminel, qui a passé toute sa vie » à outrager la vertu, ne songe pas à se parer de ses de» hors, lorsqu'il porte la peine de ses forfaits. Mon pere, » au sein de la liberté, dans l'horreur des fers, sur le bord » du tombeau, a protesté qu'il n'était pas coupable, donc » il ne l'était pas; « qui oserait le nier, & que pourrait-on opposer au cri de cette conscience, qui ne se ment jamais à elle-même, & qui n'est jamais coupable sans le savoir?

Si, à ce témoignage que mon pere s'est rendu lui-même, j'en ajoutais un autre, qui lui a été rendu par des garants non suspects, par ses Juges; qui a été consigné dans un acte non équivoque, dans son Arrêt : si je faisais sortir sa justification du sein même de sa condamnation, & si je disais : » où il n'y a point de délit, il n'y a point de coupable. Parcourez-le, cet Arrêt ; tout le monde y voit une » peine, trouvez-y un crime. Des phrases vagues, inintelligibles ; des équivoques ; nulle dénomination de ce que » les Loix punissent ; nulle trace d'un délit ; tout y présente une victime, rien n'y annonce un coupable ; donc » mon pere ne l'était pas ; « qui oserait le nier, & qui pourrait nommer criminel celui que son Arrêt même démontrerait innocent ?

Si je cherchais ensuite la cause d'une constance aussi inébranlable dans un malheureux qui est condamné, d'une impuissance aussi absolue dans des Juges qui condamnent, & si je la trouvais dans l'éxamen d'une conduite irréprochable : si, parcourant rapidement tout le cours d'une vie, qui avait paru toujours assez glorieuse ; m'arrêtant sur les dernieres années, qu'on a voulu ternir ; opposant des faits à des allégations, des preuves écrites à des témoignages achetés ; parlant froidement, plutôt historien qu'apologiste ; je montrais que mon pere, honoré plusieurs fois du suffrage de son Maître & des applaudissements de sa Patrie, n'en fut jamais plus digne que dans ses revers, & si je disais : » cet homme, qu'on vous a représenté comme » un homme également incapable & dangereux, avoit passé » trente ans à avoir le secret des Cours & à mériter leurs » graces. Cet homme, qu'on a imaginé de vous représenter comme ayant *trahi vos intérêts*, parce qu'on n'a pas » osé vous le représenter comme vous ayant trahi vous-» même, est peut-être celui, qui pour servir ces intérêts, » a embrassé le plus de travaux, affronté le plus de dan-» gers,

» gers. Il ne s'eſt pas formé une ſeule entrepriſe contre » vos rivaux, qu'il n'en ait été l'inſtrument & ſouvent l'au- » teur. Il a été leur ſuſciter des ennemis, chez les Puiſ- » ſances voiſines, juſques dans les glaces du Nord, au ſein » de leurs propres foyers. C'était pour ruiner leur com- » merce, qu'il avait propoſé d'aller les combattre à ſix » mille lieues. C'était lui & lui ſeul qui avait projetté cette » expédition, à laquelle tout le Gouvernement avait ap- » plaudi, pour laquelle tout lui avait été promis, & pour » laquelle tout lui a manqué. Vos Agents l'ont trahi, vos » Miniſtres l'ont abandonné, vos Citoyens l'ont calom- » nié, vos Juges l'ont flétri, vos Boureaux l'ont immolé, » vos Ecrivains ont inſulté à ſes cendres : mais ſes ac- » tions, que rien ne peut anéantir; mais ſon ſang ré- » pandu pour vous dans les combats; mais tous ſes biens » verſés dans votre Tréſor, pour nourrir & payer vos » ſoldats, dépoſent en ſa faveur; mais les ennemis, qu'il » avait combattus, plus généreux, plus équitables que les » concitoyens qu'il avait défendus, lui ont rendu la juſtice » qui lui était due. Quoiqu'ils aient vu, en lui *un homme » haut & ſauvage, donnant des preuves journalieres de ſa » haîne mal fondée pour leur nation*, ils n'y ont pas moins » vu *un Officier auſſi ſavant qu'intrépide, & joignant une » grande étendue d'eſprit & de bon ſens, avec tous les talents » militaires...... un des meilleurs hommes de guerre de tou- » te la France..... un homme étonnant..... un grand homme* » Ils ont glorifié le Colonel Coote *d'avoir pris Pondichery, » malgré la longue & vigoureuſe réſiſtance du brave Lally*. Ils » l'ont remercié *d'avoir délivré la nation Anglaiſe de l'ennemi » le plus formidable qu'elle ait jamais eu dans l'Inde*. Ils ont » avoué que *ſa défenſe obſtinée avait ſauvé l'Iſle de France*.

» Ils ont avoué qu'*elle eût sauvé Pondichery, sans l'intrépi- » dité de leurs braves Marins, qui au mépris des ouragans, » au péril de leurs vaisseaux & de leurs vies, ont persisté » dans le blocus.* Ils ont écrit enfin, qu'*il n'y avait qu'un » homme, dans l'Inde entiere, qui pût tenir aussi long-temps » sur pied une armée sans paie, sans secours, & que cet hom- » me était le Général Lally* (1); donc il n'a *trahi* ni vous » ni *vos intérêts*, donc il n'était pas coupable; » qui oserait le nier? & quelle preuve resterait-il encore à exiger, pour la justification d'un homme, que sa conscience, son Arrêt, & sa conduite, déclareraient innocent?

Arrêtons-nous au dernier de ces trois moyens. Le premier n'a besoin que d'être présenté; le cri de la conscience ne demande point de discussion. Le second appartient naturellement à la seconde partie de ce Mémoire; il est dans l'ordre que l'analyse de cet Arrêt inouï termine celle de la procédure non moins inouïe, qui l'a préparé, & qu'il était digne de couronner. Reste la conduite, dont nous allons offrir le tableau.

I. Abrégé historique des services de mon pere en Europe.

On ne sera pas sans doute étonné de me voir remonter jusqu'à la naissance de mon pere. Une génération s'est renouvellée, depuis la premiere époque de ses infortunes. La vérité enchaînée & tremblante n'a plus osé parler de ce qui les avait précédées. On ne le connaît presque plus

(1) Voyez *Transactions of the Year 1758, 1759, 1760, 1761, Annal Register, or a View of te History, Politiks and litterature of the Year 1761. An account of the War in India, between the English and French, on Coast of Coromandel. The universal Musæum for June 1766.* Lettres de plusieurs Officiers Anglais, imprimées à Londres 21 Juillet 1761, & 13 Décembre 1762. Lettres du Colonel Coote, &c., &c.

aujourd'hui que par ses dernieres années; les uns y voient peut-être encore des crimes, les autres y voient au moins des malheurs, & combien il est petit, le nombre de ceux, qui savent apprécier le mérite, autrement que par les succès; qui, lorsqu'ils jugent, savent s'élever au-dessus de cet événement, qu'un Historien Philosophe appellait la regle des insensés ! (1) En voyant ce qu'avait déjà fait mon pere en Europe, on verra ce qu'il eût dû faire dans l'Inde; & l'on trouvera pourquoi il ne l'a pas fait. En s'instruisant de ses actions, on s'instruira aussi de ses principes; & s'il est vrai que le crime ait ses degrés; s'il est vrai qu'un homme, du sein de la vertu, ne s'élance pas tout à coup jusqu'aux forfaits les plus monstrueux; le contraste étonnant qui éxistera, entre mon pere, tel que la France entiere l'avait vu pendant plus de cinquante années, & mon pere, tel qu'une partie de l'Inde l'a voulu faire croire métamorphosé en moins de deux ans, fera juger du degré de foi qu'on devait à des calomniateurs; qui, engagés dès long-temps dans les routes du crime, avaient apparemment oublié qu'on y faisait un premier pas, & ne se souvenaient peut-être plus de l'instant où ils y étaient entrés.

Sir Gerard Lally de Tolendal, mon grand-pere, avait suivi la fortune de ses Rois détrônés. Proscrit; dépouillé de ses possessions (2); poursuivi même particulierement

(1) *Stultorum Magister est eventus.* Tit. Liv.

(2) James Lally, son frere aîné, mort sans enfants, & aux biens duquel il était substitué, est porté sur le Registre des forfaitures, imprimé à Dublin en 1703, par ordre du Gouvernement, à la page 70, pour onze terres confisquées, telles que *Tolendal*, *Ballymote*, *Drim*, *Niard*, *Ballinrushel*, &c. mon pere, en prévenant le temps de la prescription, & en renonçant au service de France, pouvait les re-

jusqu'au sein de la France, par l'animosité des Anglais; les premiers sentiments, qu'il versa dans le cœur de son fils, furent ceux d'une fidélité inviolable pour le sang de ses anciens Maîtres, & d'une haine éternelle pour les Rebelles qui avaient banni ses Souverains, & qui avaient dépouillé son pere. Attaché au service de France, comblé des bontés de Monsieur le Régent, il ne s'appliqua pas moins à lui inspirer la reconnaissance & le zèle dûs à la nouvelle Patrie qui les adoptait, & au nouveau Maître qu'ils servaient.

Sir Thomas Lally de Tolendal, connu depuis sous le nom du Comte de Lally, fut soldat presqu'en naissant. Elevé au milieu des camps, il n'y contracta peut-être pas cette souplesse insinuante, plus utile qu'honorable; ce poli brillant, qui si souvent sert à couvrir la fausseté: mais il y acquit cet amour de son métier, source de tout bien; cette franchise inaltérable, & cette austérité de principes, qui furent long-temps comptées au rang des vertus, & qui semblaient alors ne devoir effrayer que le crime. Peut-être les a-t-il quelquefois portées à l'excès, car il est un excès même dans le bien. Peut-être, trop rassuré sur la droiture de ses intentions, sur la pureté de ses sentiments, n'a-t-il pas toujours assez songé qu'il faut se faire pardonner d'être juste, & que le talent de faire chérir les vertus devient presqu'une vertu lui-même. Peut-être connu de ceux qui l'approchaient, par mille traits d'humanité, de sensibilité, de bienfaisance, a-t-il

---

couvrer. Il faut convenir que c'eût été une démence bien étrange, de sacrifier une fortune considérable & légitime à son zèle & à sa fidélité, pour sacrifier ensuite son zèle, sa fidélité, son honneur, sa sûreté à l'appas d'une fortune modique & honteuse.

trop négligé de présenter, à ceux qui ne le connaissaient pas, l'extérieur des sentiments dont son ame & ses actions étaient empreintes. Peut-être enfin, lorsque cette négligence a été encore augmentée par l'âge, lorsqu'il a été encore aigri par les malheurs de l'Etat, lui est-il arrivé quelquefois de se calomnier, pour ainsi dire lui-même, en laissant échapper des propos durs, que son cœur & sa conduite démentaient constamment, & que jusqu'à sa bouche désavouait, un instant après les avoir proférées. Nous conviendrons, si l'on veut, de la justice de ces reproches, les seuls qu'on puisse lui faire, qui lui ont été faits par ses plus intimes amis, qu'il s'est faits lui-même avec eux, & qui lui sont communs avec le plus vertueux des Romains. Mais on conviendra aussi, que c'est une étrange raison, à donner, du sort qu'on lui a fait subir. Nous ne lisons pas, dans l'Histoire, que Caton ait été condamné par le Sénat, à perdre la tête, parce qu'on l'accusait *d'avoir oublié de sacrifier aux graces.*

Il ne tarda pas à montrer ce qu'on devait attendre de son zèle pour ses Maîtres, de la haine implacable qu'il portait à leurs ennemis, & il ne négligea rien pour se mettre en état de satisfaire l'un & l'autre. Doué par la nature d'une constitution vigoureuse, d'une imagination vive, d'un coup d'œil surprenant, d'une facilité & d'une mémoire prodigieuse, actif, laborieux, pénétrant, il joignit à tous les exercices du corps tous ceux de l'esprit; il joignit à l'étude de son métier celle de presque toutes les sciences; il voyagea pour s'instruire; il apprit presque toutes les langues de l'Europe; il connut les mœurs, les intérêts & l'histoire de tous les Peuples. Un travail était pour lui le délassement d'un autre travail. Ceux qui l'ont vu ſavent combien il réuniſſait de connaiſſances, & de plus, combien il ſavait rendre la ſcience agréable.

On le vit, jeune encore, faiſant les fonctions de Major Général, dans un camp tenu près de Spire, commander ſucceſſivement, en Anglais, en Allemand, & en Italien, aux Troupes de ces différentes Nations; leur faire éxécuter les mouvements les plus compliqués, avec autant de juſteſſe que de célérité, & étonner par ſa préciſion & ſon activité, les Officiers Généraux témoins de ſes manœuvres.

On le vit ſervir, au ſiege de Kell en 1733; à l'attaque des lignes d'Etlengen, au ſiege de Philisbourg en 1734; à l'affaire de Clauſen en 1739; on le vit, dans une de ces Campagnes, ſe précipiter au devant de ſon pere bleſſé & prêt à ſuccomber, le couvrir de ſon corps, foncer ſur les ennemis pour détourner leur attention & leurs coups, & ſauver tout à la fois la vie & la liberté de celui à qui il devait le jour. L'on eut bientôt jugé qu'il avait autant de courage pour éxécuter, que de capacité pour entreprendre.

On vit enſuite qu'il joignait, à des connaiſſances militaires, des connaiſſances politiques: dès-lors il devint précieux pour le Miniſtere. Il ne le fut pas moins pour cette Maiſon, la plus malheureuſe de celles qui ont jamais régné. Elle lui donna toute ſa confiance, & il ne ſe forma plus, contre la puiſſance rivale, aucun projet, dans aucun coin de l'Europe, dont mon pere ne fût l'ame & ſouvent l'auteur. Si plus de ſuccès n'ont pas couronné ſes efforts, qu'on ſonge à la diſette abſolue de moyens, à la multiplicité infinie d'intérêts ligués contre un ſeul, & ſur-tout au peu de ſincérité dans les promeſſes, & au peu de vivacité dans les ſecours.

En 1737, il fut chargé d'une négociation secrette en Pologne & en Russie. Il ne fut pas de moyens qu'il n'imaginât, point de dangers qu'il n'affrontât pour réussir, & il réussit. Le Maréchal de Belle-Isle avait été au fait de cette négociation, & pendant tout le reste de sa vie, quand il voulait citer un modèle de dépêches, il citait *les dépêches de M. de Lally*.

En 1742, il servit à la défense de la frontiere de Flandres. Il combattit à Dettingen en 1743, Aide-Major-Général de l'Armée. Après le désastre de cette journée, où la victoire avait paru fixée par un des plus grands Généraux que la France ait eus, & où la témérité d'un seul homme, aussi imprudent que courageux, fit perdre le fruit des plus belles dispositions, ce Général délibéra, avec son Etat Major, sur les mesures à prendre & sur la position qu'il fallait donner à l'Armée. Au milieu du tumulte & de la précipitation, inséparables d'un tel événement, on était sur le point d'embrasser un avis spécieux, mais qui couvrait le plus grand danger. Mon Pere s'y opposa fortement. Il finit par persuader. On revint à son opinion; & ce Général, que le Maréchal de Saxe appellait *son maître*, rendit hautement à mon Pere le témoignage glorieux, *qu'il avait sauvé l'Armée*. M. le Duc de Choiseul, qui avait été témoin de ce trait, étant alors employé, comme mon Pere, dans l'Etat Major, ne l'avait jamais oublié, & le jour même de la mort de cet Infortuné, à l'instant même du supplice, étant avec M. le Chevalier de Listenay, il lui a dit avec amertume & en levant les yeux au Ciel : » l'homme à qui l'on va trancher la tête a sauvé » l'Armée Françoise à Dettingen ! « Je n'ai pas cru devoir balancer un seul instant à citer ce trait, dont je suis certain. Ce ſerait offenſer un homme vertueux, que de lui demander la permiſſion de publier un hommage qu'il a rendu à la vertu.

Aide-Maréchal-Général des Logis de l'Armée de Flandres, en 1744, il ſervit aux ſieges de Menin, d'Ypres, de Furnes; marcha de Flandres en Alſace; combattit à l'affaire d'Auguenum, ſe montra par-tout, avec tant de diſtinction, que les Généraux ſe diſputerent à qui l'aurait ſous ſes ordres. Le Comte de Segur le demanda inſtamment pour Maréchal-Général des Logis de l'Armée qu'il allait commander en Baviere, & le Maréchal de Noailles déclara *qu'il ne s'en ſéparerait pas.* Au mois d'Octobre de la même année, on créa pour lui un Régiment de ſon nom.

Il le diſciplina en quatre mois, & le mena au ſiege de Tournay en 1745. Lors de la bataille de Fontenoy, on l'avait d'abord déſigné pour reſter dans les lignes. Il ſe jetta aux genoux du Maréchal de Saxe, pour obtenir la révocation de cet ordre. Il l'obtint, & l'on n'eut pas lieu de s'en repentir.

Fontenoy.

La veille de l'action, il rendit un ſervice, qui, ſans être éclatant, était ſans doute un des plus importants qu'on pût rendre. Il y avait, d'Anthoin à Fontenoy, un chemin creux, pendant environ quatre cens toiſes. Le Maréchal de Saxe, qui n'en avait viſité que le commencement, & à qui l'on avait dit que la totalité en était impratiquable, avait fait ſes diſpoſitions en conſéquence de cet avis. Mon pere voulut le reconnaître par lui-même. Il découvrit que ce chemin, d'abord creux & profond, devenait bientôt très-uni, qu'il continuait à l'être juſqu'à Fontenoy, & que l'Armée ſerait infailliblement percée

cée par cet endroit. Il le fit voir à M. de Cremilles & courut, avec lui, avertir le Maréchal de Saxe. Le Maréchal y alla lui-même : » Vous avez des yeux qui voient, « dit-il à mon pere, & sur le champ il y fit construire trois redoutes, auxquelles le Maréchal de Noailles joignit un redan; y fit placer seize pieces de canon, & changea entierement ses premieres dispositions.

Quant aux détails de cette fameuse journée, on les connaît tous. On sait que les troupes Irlandaises déciderent la victoire; que plusieurs de leurs Chefs la scellerent de leur sang; que mon pere eut le bonheur d'y contribuer spécialement. On connaît l'avis qu'il ouvrit dans l'instant le plus critique, qu'il communiqua d'abord au Lord Clare & à la Brigade de Normandie, qu'il adressa ensuite à un des Généraux courant de rang en rang, & qui fut adopté. On n'a pas oublié cette harangue qu'il fit à ses Soldats : » Songez que ce n'est pas seulement contre les ennemis de la » France, que c'est contre vos propres ennemis que vous » allez combattre, & ne tirez pas un coup de fusil, que » vous n'ayez la pointe de vos bayonnettes sur leur ven- » tre. « On sait qu'aussi-tôt il fondit, en chantant, sur le le flanc de cette fameuse colonne Anglaise, & pénétra si avant, qu'un grand nombre de ses Soldats fut tué par les Carabiniers Français. Après la bataille, il était environné des restes mutilés de son Régiment, entre son Lieutenant-Colonel, qui avait un œil presque fendu, & son Major, qui avait un genouil fracassé; blessé lui-même, quoique légérement, étendu, avec eux, sur ses tambours, & ayant à ses côtés quelques Officiers Anglais, qu'il avait faits prisonniers, & qu'il avait secourus après les avoir blessés de sa main. Monsieur le Dauphin accourut à lui, & se hâta de lui annoncer les bienfaits du Roi. A l'inſtant même, le Roi le fit appeller à la tête de l'Armée, & le nomma Brigadier ſur le champ de bataille. Qu'on rapproche ce ſpectacle de celui qu'a donné ce malheureux, au moment de ſa mort.

Du champ de Fontenoy, il retourna auſſi-tôt à la tranchée de Tournay. Voici ce qu'on lit dans une lettre qu'il écrivait de ce dernier poſte : » J'ai devancé l'Armée ce » matin, pour monter la tranchée, d'où je vous écris. Hier » une bataille & une bleſſure; aujourd'hui quatre lieues, » & vingt-quatre heures de tranchée : cinq jours ſans quit- » ter mes bottes & mon habit; trois nuits à la belle étoile; » deux jours au pain ſec & à l'eſcubac pour toute nourri- » ture; voilà ma ſituation, & cependant je vous écris deux » pages, que je vous prie de lire à nos amis, en leur di- » ſant que nous aurons la ville dans huit jours *; que l'in- » fanterie Anglaiſe & Hanovrienne ont tout ſouffert dans » la bataille; que le Roi & le Dauphin ont marqué beau- » coup de courage & de fermeté, & qu'enfin je me ſuis » tranſporté de paſſion pour eux. En voilà aſſez pour cette » fois, le bruit du canon me diſtrait, & je ne ſuis pas » aſſis à mon aiſe, pour vous donner un auſſi long détail que » je le deſirerais. « Au reſte, ſi cette lettre annonce un Sujet zèlé, ne reſpirant que le ſervice & l'amour de ſon Maître; ſi elle annonce un Guerrier intrépide, jouiſſant de toute ſa tranquillité au milieu du danger le plus imminent; elle annonce auſſi un homme ſimple & modeſte au ſein de la gloire. Le compte qu'il y rend des diſtinctions dont le Roi l'avait honoré, ſe réduit à cette ſeule phraſe : » Le Roi a témoigné à la Brigade Irlandaiſe, &, » en particulier, à Milord Clare, & à votre Serviteur,

* Il écrivait le 11, & Tournay s'eſt rendu le 19.

» qu'il était content de nous, & vous ne feriez pas mal, » en m'écrivant, d'adresser, *à M. de Lally Brigadier des » Armées du Roi.* « Dans cette même lettre enfin, à côté du Sujet zèlé, du Guerrier intrépide, & de l'Homme modeste, on voit encore une ame sensible, à qui son triomphe ne peut faire oublier la perte d'un parent, d'un ami tué dans cette journée, en combattant à la tête de son Régiment : » Ma joie ne peut être parfaite. La mort du Cheva- » lier Dillon y mêle une amertume, que je sentirai long- » temps «.

Prince Edouard. Projets de mon pere contre les Anglais.

Un mois après cet événement mémorable, dans le temps où le petit-Fils de Jacques II abordait en Ecosse, & tentait de remonter au Trône de ses Ancêtres, mon pere imagina d'envoyer une Armée de dix mille Français à son secours. Employé aux Siéges d'Oudenarde, de Dendermonde, d'Ath, tous les moments de liberté que lui laissa son service, il les consacra sans réserve à rédiger son nouveau projet. Dès que la Campagne fut finie, il courut le proposer à Versailles, & ne se donna point de repos, jusqu'à ce qu'il l'eût fait adopter par la Cour. L'exécution en fut arrêtée entre lui, le Ministre de la Guerre, & celui des Affaires Etrangeres. L'embarquement fut fixé au mois de Janvier de l'année suivante. Le 20 Décembre, le Duc de Richelieu fut nommé Général, & mon pere Maréchal-Général des Logis de l'Armée qui devait passer en Angleterre. Jamais projet n'avait été suivi avec plus d'ardeur. Presqu'au même instant, mon pere parut à Versailles, à Boulogne, à Calais, en Flandres; faisant toutes les dispositions, pressant les travaux & les préparatifs, y présidant lui-même. On connaît aujourd'hui les causes secrettes qui firent échouer, tout-à-coup, cette entreprise

M. de Voltaire.

dont le succès était infaillible. On sait aussi que cet homme célèbre, avant lequel il n'avait pas été donné à l'esprit humain de réunir tant de connaissances, avait travaillé, dans cette occasion, avec mon pere, pendant plus d'un mois, par ordre du Gouvernement. Ce Philosophe pénétrant jugea le Colonel Lally comme l'avait Jugé le Ministere. *Des mœurs douces, un courage d'esprit opiniâtre, un zèle, une audace capables d'éxécuter de grandes entreprises*, tels furent les traits caractéristiques, qu'il reconnut en lui, & auxquels il n'a jamais cessé de rendre hommage.

Siecle de Louis XV. Fragments sur l'Inde.

Trompé dans son espoir, mais résolu de servir, à quelque prix que ce fût, la Cause de ses anciens Maîtres, il passa seul en Espagne pour y solliciter les secours que la France avait promis & refusés. Il alla ensuite, déguisé, jusqu'à Londres, travaillant par-tout à grossir le parti, & à applanir les routes du Prince Edouard. On le découvrit; il eut ordre de sortir du Royaume dans trois jours. A peine l'ordre était-il donné, que des Messagers d'État vinrent le prendre, & le conduisirent jusqu'à Porstmouth. Il osa retourner à Londres. On le découvrit encore. Sa tête fut mise à prix. La maison qu'il occupait fut de nouveau assiégée par les Messagers d'État. Il s'échappa par une porte de derriere, habillé en matelot; fut arrêté au milieu de la campagne, par une troupe de Contrebandiers qui avaient besoin d'un matelot; entendit l'un d'eux, au bout de soixante pas, proposer à ses camarades de chercher le Colonel Lally, pour gagner la somme promise à qui le livrerait. Heureusement, l'avis ne fut pas adopté. Ils le forcerent de s'embarquer avec eux, furent pris par un bâtiment Français, & conduits à Boulogne, où il fut reconnu,

Mon pere à Londres.

Sa tête est mise à prix.

& arraché au danger qu'il courait depuis ſi long-temps.

On avait conſervé de ſon projet, l'idée d'inquiéter les Anglais, par la montre continuelle d'un armement prêt à fondre ſur eux, & par l'apparence d'une deſcente, qu'on ne ſongeait nullement à éxécuter. En conſéquence, les troupes qui avaient été deſtinées à s'embarquer, étaient laiſſées ſur les côtes, & mon pere reſtait avec elles, gémiſſant de demeurer oiſif, pendant qu'ailleurs on faiſait la guerre; accablé par la ſituation déplorable d'un Prince que tout trahiſſait, & dévoré du deſir de le venger. On l'aſſura *qu'il ſerait employé, s'il y avait une bataille*; & cette idée ſeule le ſoutint au milieu des tourments qu'il éprouvait. Tous ces divers ſentiments ſont encore peints dans ſa correſpondance d'alors, que j'ai ſous les yeux. » J'ai eu mes moments de ſouffrance «, écrivait-il de 21 Mai 1746.
Calais, » par la crainte de ne pas faire la Campagne. » Ils ſont un peu diſſipés; mais j'en ai de terribles ſur la » ſituation du Prince Edouard, qui fait horreur à enviſa- » ger. « — » Nos Régiments feront la Campagne, s'il y » a une bataille «, mandait-il dans une autre lettre. » Les 6 Juin.
» affaires du Prince ſont totalement perdues en Ecoſſe: » Songeons donc à battre les Anglais de ce côté-ci de » l'eau, puiſqu'on ne peut les battre chez eux «. Son vœu fut rempli par la victoire de Raucoux, remportée quatre mois après: mais ſon ardeur ne put être ſatisfaite. La saiſon étant trop avancée, lors de cette bataille, pour qu'on pût changer la diſpoſition des Troupes, il ne s'y trouva pas.

Vers la fin de cette année, il accompagna à Dreſde, ainſi que M. de Viomeſnil, le Duc de Richelieu chargé d'aller faire la demande de la Princeſſe de Saxe, pour

Monſieur le Dauphin. Il plût à cette Cour, & y reçut des diſtinctions flatteuſes. Mais, telle était ſa haine pour l'oiſiveté ; telle était pour lui la néceſſité de s'occuper & de s'inſtruire, qu'au milieu des fêtes continuelles, qui remplirent tout le cours de cette Ambaſſade, il trouva moyen de conſacrer la plus grande partie de ſon temps au travail. Il avait diſtingué, à la Cour, un homme de lettres, connu depuis par des ouvrages où l'on voit briller une ame, tout à la fois, forte & ſenſible, une philoſophie ſage, & une profonde connaiſſance du cœur humain. Souvent il s'échappait du milieu d'un ſpectacle ou d'un bal, pour aller s'enfermer avec lui, & ſe livrer à l'étude. La politique, la légiſlation, la morale, la littérature de tous les temps & de tous les pays étaient le ſujet de leurs recherches & de leurs entretiens. L'homme de lettres philoſophe voyait avec étonnement une érudition auſſi vaſte, & un goût auſſi ſûr dans un homme nourri au milieu des armes. Mais il cherchait, en même-temps, à lire dans ſon cœur ; il ſuivait avec intérêt le développement d'un caractere qui lui paraiſſait digne de toute ſon attention. Il y démêlait cet aſſemblage de traits, dont la plupart avaient paru, juſques là, incompatibles l'un avec l'autre; tout le feu d'une imagination brûlante, & tout le ſang-froid d'une raiſon conſommée; une bonté d'ame inaltérable, & une vivacité de tempérament extrême ; une ſenſibilité compatiſſante aux moindres maux de l'humanité, & une roideur incapable de ſe plier à ſes faibleſſes; le don précieux de ne pas ſavoir farder la vérité ; l'habitude dangereuſe de ne pas vouloir la taire ; & le talent funeſte de la dire en termes qui ne pouvaient s'oublier. Il tremblait, en rapprochant ce portrait, de la ſituation d'un Officier étranger, diſtingué, &

méritant. Il tremblait d'autant plus, que toutes ces différentes passions ou affections de mon pere, étaient toujours dominées, & mues principalement, par un attachement inviolable à ses devoirs & à son Maître, par l'amour de la vertu, par la haine du vice, & que l'envie & l'inimitié, quand elles n'ont point de prise, s'en irritent encore davantage. Plus d'une fois, il l'avertit des dangers qu'il courait; plus d'une fois, il lui répéta que pour être ce qu'il était, il lui fallait chercher un monde où il n'y eût que des gens vertueux. Hélas ! l'Inde, où cet infortuné devait aller dix ans après, n'était pas ce monde; & l'homme aussi juste qu'éclairé, qui lui communiquait alors ses craintes, était encore bien loin de craindre ce qui s'est fait & ce qui s'est vu depuis. C'est de cet homme lui-même que je tiens tous ces détails, qu'il m'a transmis en pleurant, & qu'il m'autorise à rendre publics.

Au mois de Mai 1747, le Duc de Cumberland entreprit de former le siege d'Anvers, & déjà il avait fait faire des facines & avancer son gros canon. Le Marchal de Saxe, qui sentait toute l'importance de cette Place, résolut de ne confier sa défense qu'à des Officiers éprouvés. Le Maréchal de Lowendal fut envoyé, à la tête de huit bataillons, pour commander dans l'intérieur de la Ville, avec le Comte d'Herouville. Mon Pere, à la tête de six bataillons & de quatre autres divisions, fut chargé de couvrir & de défendre la fleche de Lowendal, la fleche de Saxe, la fleche Maréchal, le camp retranché sur le haut Escaut, & généralement toute la droite des ouvrages extérieurs; tandis que le Comte de Vaux & M. de Bombelles garderaient & défendraient, l'un le centre, & l'autre la gauche. Le Duc de Cumberland, effrayé de ces dispositions, 1747.

abandonna ſon projet, & lorſqu'il n'y eut plus à craindre pour Anvers, mon Pere fut rappellé auprès du Maréchal de Saxe, qui, juſqu'au ſiege de Berg-Op-Zoom, ne ceſſa de le détacher pour des opérations particulieres. » DORMONS TRANQUILLES, LALLY EST A L'ENNEMI. « Tel fut le diſcours que tint, dans une de ces occaſions, le Maréchal de Saxe à un de ſes collégues, ſur le même homme que le Conſeil Marchand de l'Inde a taxé depuis *d'incapacité.*

Après la bataille de Lawfeld, où les troupes Irlandaiſes eurent encore l'honneur de contribuer efficacement à la victoire; où le Colonel Dillon fut encore tué, en combattant à la tête de ſon Régiment, comme ſon frere l'avait été à Fontenoy, & où le Régiment de Lally fut encore écharpé; mon Pere fut demandé par le Comte de
Berg-Op-Zoom. Lowendal, pour l'accompagner au ſiege de Berg-Op-Zoom. Jouiſſant de la confiance intime de ce grand homme, Maréchal-Général des Logis de ſon Armée, il fut détaché en avant, pour chaſſer les Ennemis de Santuliet, d'où ils ſe diſpoſaient à inquiéter nos opérations. Après un jour de marche, il battit, avec douze cens cinquante hommes, un
10 Juillet 1747. détachement de dix ſept cens, emporta le Fort, fit élever, ſur la digue de Santuliet, des batteries de canons & de mortiers, qui barrerent entierement l'Eſcaut, & qui couperent toute communication entre la Hollande & les trois forts de Lillo, Frédéric-Henri & la Croix. Quatre jours
14. après, il rencontra un parti de Huſſards, le battit, le tailla en pieces & ne perdit que ſix hommes. Le ſoir, la tranchée fut ouverte; il la monta le ſurlendemain; les Aſſiégés, après avoir fait ſans relâche le feu le plus vif, depuis l'entrée de la nuit juſqu'à une heure du matin, le

ceſſerent

cesserent tout-à-coup, & firent une sortie vigoureuse, pour combler la droite de la parallele; il les culbuta & les mit en fuite, de concert avec MM. de Blet & de Bulou, qui commandaient avec lui. Il fut encore nommé pour monter la tranchée, à cinq différentes reprises; tantôt avec MM. de Blet & de Bulou; tantôt avec MM. de Saint Germain, de Montbarrey, de Perth & de Bombelles; la troisieme fois, il fit diriger les bombes de maniere qu'elles mirent le feu à la ville, & que l'incendie dura toute la nuit. Commandé ou non, il ne passa jamais vingt-quatre heures sans visiter lui-même les travaux. Pendant deux mois, que dura le siege, on le vit, jour & nuit, toujours occupé, toujours agissant, toujours exposé; tantôt à la tranchée; tantôt en détachement; se multipliant pour exécuter, & les différents ordres qu'il recevait du Comte de Lowendal, & les différents projets qu'il lui faisait agréer; se donnant à peine le temps de prendre, à la hâte, un peu de repos & de nourriture. L'assaut résolu, il fit la disposition de l'attaque, que le Comte de Lowendal approuva & ordonna. Ce Général se fit une gloire, pendant tout le cours du siege, de témoigner hautement la confiance qu'il avait en mon pere, & la part qu'il lui avait donnée dans tous ses travaux. Le Ministre de la Guerre s'était fait un loi de le consulter sur toutes les opérations: parmi une foule de lettres, écrites de la main du Comte d'Argenson à mon pere, il en est une dans laquelle on lit ces mots: » Le Roi est » d'autant plus sur du succès du siege, qu'il sait que » vous contribuez à en diriger les opérations; & je n'at- » tends que ce succès pour vous faire part des graces de » Sa Majesté. « Enfin les ennemis de la France se sont ac-

16 Août.

23.

16 Septembre.

cordés avec ses Généraux & ses Ministres, pour rendre à leur ennemi personnel la justice qui lui était due : c'est d'après sa conduite au siege de Berg-Op-Zoom, comme à la Bataille de Fontenoy, qu'ils ont vu, en lui, *un des meilleurs Officiers de toute la France* (1).

Berg-Op-Zoom pris, il fut chargé d'assiéger les Forts Frederic, Lillo & la Croix. Il ouvrit la tranchée devant la premiere de ces trois Places le 28 Septembre, & elle capitula le 6 Octobre. Les Hollandais tenterent vainement d'y faire entrer des vivres par eau; les batteries, qu'il avait placées sur les bords de l'Escaut, forcerent les barques d'arriver à terre, où elles furent prises & conduites à Santuliet.

Comme il se disposait à attaquer les deux autres Forts, & à passer ensuite à des opérations plus importantes, sur deux rapports contradictoires, qui lui furent faits, par ceux qu'il avait envoyés à la découverte, il résolut de reconnaître le pays par lui-même, & d'y aller lui seul, pour ne pas exposer son détachement mal-à-propos. Il se hasarda trop. S'étant approché de Woude, qu'on venait d'abandonner aux ennemis, au sortir d'un défilé, il se vit tout-à-coup environné d'un de leurs partis hussards. Il voulut d'abord se défendre seul contre tous : mais il fut, en un instant, obligé de céder au nombre, désarmé & contraint de se rendre prisonnier de guerre. Le Maréchal de Saxe, qui craignait pour lui

(1) *He behaved very well at the Battle of Fontenoy, and at the siege of Bergen-Op-Zoom, and was taken such notice of as to be esteemed one of the best soldiers in all France.* The universal museum. June 1766. Page 306.

l'animofité des Anglais, envoya fur le champ un Trompette au Général ennemi, menaçant d'ufer de repréfailles fur les prifonniers qu'il avait en fon pouvoir. On lui fit répondre *que M. de Lally était ennemi des Anglais; mais que les Anglais étaient amis du mérite & que par conféquent M. de Lally était au milieu de fes amis; qu'au refte, il ne refterait au camp que le temps qu'il voudrait.* Il eft aifé de juger, d'après cette réponfe, qu'il n'y refta pas long-temps. Il demanda auffi-tôt à être relâché fur fa parole, l'obtint, & fut échangé au commencement de la campagne fuivante.

Il fut employé auffi-tôt qu'échangé; &, après avoir contribué, fous les ordres du Marquis de Contades, à couvrir les deux fameux convois, deftinés pour Berg-Op-Zoom, il fervit au fiége de Maftricht. Il ne dégénéra point de ce qu'il avait toujours été. Il partagea les travaux, les dangers, la gloire, les récompenfes de M. de Crémilles. Le jour même que la Ville fut prife, l'un fut fait Lieutenant-Général, & l'autre Maréchal de Camp. C'eft fans doute un témoignage bien honorable encore pour mon Pere, que celui de l'union qui avait éxifté, dès long-temps avant cette époque, entre M. de Crémilles & lui. Faits tous les deux pour fe connaître, pour s'eftimer & pour s'aimer, rien n'a jamais pu altérer cette union, & jufqu'au dernier inftant, ils ont été conftamment fideles l'un à l'autre. Mon Pere, inftruit par M. de Crémilles, dans la partie qu'il avait pouffée à un fi haut dégré de perfection, l'a toujours appellé *fon cher maître.* Le maître s'eft toujours glorifié de fon difciple. Devenu Miniftre, il n'a oublié, ni l'intérêt qu'il devait à fon ami malheureux, ni la juftice qu'il devait à un brave ferviteur du Roi, perfécuté. Tandis qu'en furprenant la religion des autres par

Avril 1748.

10 Mai.

des fables, on en obtenait des dénis de Justice, des Lettres de cachet, des ordres d'emprisonnement; inébranlable dans une persuasion, fondée sur des faits, M. de Crémilles ne recevait tous ces Mémoires calomnieux, que pour les envoyer à mon pere, pour lui montrer les calomniateurs qu'il avait à combattre, & les calomnies qu'il avait à réfuter.

Le nouveau grade que mon pere venait d'acquérir, avait encore été payé par son sang, comme celui que lui avait valu Fontenoy. Il avait reçu, vers la fin du siege, une blessure, malgré laquelle il avait toujours voulu continuer à servir. Il était loin de soupçonner alors, qu'un jour il aurait presqu'à gémir de son zele & de sa valeur. Les douleurs de cette blessure se sont, tout-à-coup, renouvellées, dans les derniers temps de sa vie, & ont encore ajouté des souffrances cuisantes aux chagrins inséparables d'une longue prison. Je ne puis me refuser à offrir le détail, qu'il en a tracé lui-même dans une lettre, qu'il écrivait secrettement, de la Bastille, trois mois avant sa mort:

A Mademoiselle Dillon. 6 Février 1766.

» J'ai une toute nouvelle maladie; j'en aurai sans doute encore quelques autres; mais voici celle du jour. J'ai été blessé au siege de Mastricht, à la jambe gauche, d'un éclat de pierrier, qui m'a cassé un os du coudepied. J'y sentais des douleurs momentanées, quoique supportables; mais il y a six mois, pour la premiere fois, que j'en sens une très-aigue à la cuisse de cette même jambe, quatre doigts au-dessus du genouil. Ce sont des élancements douloureux, qui se terminent par une espece de fusée, comme s'il me coulait, entre cuir & chair, de l'huile bouillante, depuis le genouil jusqu'au coudepied. J'en ai boité, pendant quinze jours, l'Eté dernier; &, à l'heure

» que je vous parle, je ne marche pas droit, &c. « Je ne sais si je me trompe; mais il me semble qu'un homme brave & intact, qui a reçu une blessure, en combattant pour l'Etat, & qui voit cette blessure se r'ouvrir, enfermé dans une prison d'Etat, doit éprouver des sentiments bien étranges.

La prise de Mastricht termina, tout à la fois, la campagne & la guerre, & mon pere conduisit une division en cantonnement à Hulst. Je ne puis omettre ici une anecdote, qui paraîtra sûrement digne d'être remarquée.

Il avait été fait, mais non pas déclaré Maréchal-de-Camp, le jour de la prise de Mastricht; le brevet seulement lui en avait été expédié. Dans une des opérations de cette derniere campagne, un Officier, qu'il commandait, ayant refusé, à deux différentes reprises, d'éxécuter ses ordres, il l'avait apostrophé & même gourmandé vivement, dans la chaleur de l'action. L'Officier, de retour à Versailles, se plaignit; ses plaintes furent répétées, appuyées, & portées, non pas au Ministre, dont on connaissait la confiance & l'amitié pour mon pere, mais au Roi lui-même. Le Maréchal de Saxe étant allé faire sa cour, au mois d'Octobre; le Roi, presque prévenu, lui témoigna quelque mécontentement de mon pere, en disant cependant que *c'était dommage, parce qu'il était bon Officier.* Le Maréchal défendit & approuva mon pere. » Que faut-il » donc que je fasse « dit le Roi? » que vous le déclariez » Maréchal de Camp, Sire, « répondit le Comte de Saxe », » voilà les Officiers qu'il me faut. « Deux mois après cette déclaration se fit. Qu'on juge si le même trait, arrivé dans l'Inde, n'eût pas grossi le nombre des accusations intentées contre mon pere; qu'on juge si le Maréchal de Saxe, transplanté dans l'Inde, n'eût pas essuyé, à son retour, le même Procès que mon pere, & qu'on apprenne donc enfin à apprécier les choses à leur juste valeur.

Il profita de la premiere année de paix pour faire un voyage en Angleterre, ne désespérant point encore de porter quelques grands coups à la puissance qu'il regardait comme usurpatrice, & ne se fiant qu'à lui seul pour chercher, & pour découvrir les moyens d'y parvenir. Cette fois il se montra à découvert, prétextant l'envie & la résolution de rentrer dans les domaines qui avaient été confisqués illégalement à son pere. Le Roi d'Angleterre voulut le voir, & déjà le jour de sa présentation était fixé : mais le Duc de Cumberland s'y opposa, en représentant fortement, *que c'était un homme trop dangereux*. Le Prince de Galles se déguisa pour l'entretenir, & sous ce déguisement, passa deux jours avec lui à la taverne. On finit par lui signifier le même ordre, qu'il avait déjà reçu autrefois, de sortir du Royaume dans trois jours.

II. Guerre de l'Inde. Projets, mission de mon pere. Départ d'Europe. Arrivée à Pondichery.

1755.

Enfin, après quarante ans de service; après une suite de combats, dans plusieurs desquels il avait versé son sang, & participé à la victoire; après dix-huit sieges, dont il en avait commandé trois en personne; après une multitude de voyages entrepris, de projets formés, de périls affrontés, pour satisfaire sa haine contre les Anglais, il propose à M. de Sechelles, une expédition, qui devait ruiner leur puissance & assurer la nôtre, à jamais, dans les Indes.

Compagnie des Indes.

On sait quelle était alors la situation respective des Français & des Anglais, dans cette partie du monde; quels événements l'avaient précédée & préparée; enfin, quels avaient été l'origine, les établissements, les vicissitudes de cette Compagnie des Indes, ébauchée sous Henri IV, malgré l'avis du grand Sully, qui connaissait le génie de sa nation; formée par le Cardinal de Richelieu, qui voulait le dompter; renouvellée par Colbert, qui croyait pouvoir le changer; trois fois détruite, trois fois rétablie; relevée de nos jours pour mourir à jamais, & qui a eu, pour ainsi dire, quatre âges, plus ou moins longs, plus ou moins brillants, mais tous finissant de même par prouver l'inutilité, pour ne pas dire le danger de son éxistence.

On sait que le premier de ces âges n'avait fait que se montrer, & que, de trois différentes tentatives, la Compagnie n'avait retiré d'autres fruits, que des fortunes renversées, des vaisseaux brisés, des naufrages sur des rives inconnues, que l'on avait quittées sans les connaître davantage. 1604.

On sait que dans le second âge, la Compagnie, avec plus de moyens, n'avait pas eu plus de profit; qu'elle avait cherché inutilement à faire illusion, par des relations fastueuses d'exploits chimériques; qu'à l'expiration de son privilége, toutes ses avances, toutes ses conquêtes, toutes ses forteresses, toutes ses victoires, tout son commerce, avaient fini par se réduire à un capital de vingt mille francs, & n'avaient rapporté à la Nation, que la haine des peuples, qu'on avait été visiter. 1642.

On sait que le troisieme âge, à force de priviléges, de préparatifs, de secours extraordinaires, avait été nécessairement plus long; que les événements y avaient été nécessairement plus variés; que la Compagnie avait jetté, de temps à autre, quelques lueurs éphéméres; mais qu'à 1664.

l'expiration de son octroi, l'on avait fini par compter ses instants de bonheur, tandis que l'on suivait la chaîne de ses revers. On sait qu'elle avait échoué à Madagascar, au Japon, à l'Isle de Ceylan, au Tonquin, à la Cochinchine; qu'elle avait fait banqueroute à Surate; qu'elle avait été chassée de Siam, après y avoir été appellée; qu'elle l'avait été de Saint Thomé, après l'avoir pris; qu'elle l'avait été de Mazulipatam, de Tilseri, de Rajapour, de Bentam, de Bender, après s'y être établie; qu'elle l'avait été de Pondichery même, après l'avoir acheté; qu'après la restitution de cette derniere Place,
1693. à la paix de Riswick, elle lui avait donné le titre pompeux de Capitale de ses établissements, tandis que c'était
1714. le seul établissement qu'elle possédât; qu'enfin, après avoir eu recours à des remedes pires que ses maux eux-mêmes; après avoir cherché inutilement à se soutenir par la prodigalité du Ministere, par le renversement de tous les principes, par la violation de toutes les propriétés; obligée de se décharger, sur des étrangers, d'un fardeau qu'elle ne pouvait plus porter, elle en était venue au point de ces petits brocanteurs ruinés, qui, ne se sentant plus en état de lever un fonds suffisant de marchandises, louent leur privilége, & se mettent aux gages de celui qui tient d'eux le droit de vendre.

1719. On sait quel prestige étonnant avait donné naissance au quatrieme âge; comment la Compagnie avait semblé tout-à-coup renaître de sa cendre, & combien elle avait
Laff. figuré parmi toutes les brillantes chimères, dont Laff repaissait alors la Nation entière. On connaît l'énormité des préparatifs, des priviléges, des sacrifices, accumulés, pour elle; leur inutilité; les nouveaux secours du Contrôleur-Général

Général Orry ; les succès, les revers, qui les avaient suivis : Orry.
la conduite noble, modeste, sage, pacifique & trop peu imitée, de Dumas : les travaux, les prodiges, les victoires, les conquêtes & le cachot de la Bourdonnais : le commerce, les armemens, les succès, les jalousies, les services, les chimères, l'éclat, les désastres, les trésors, la détresse de Dupleix : son administration prudente, utile & glorieuse à Chandernagor ; ses entreprises insensées & ruineuses à Pondichéry : sa belle défense au dedans de ses murs ; ses attaques funestes au dehors : ses efforts pour métamorphoser une Compagnie commerçante en Compagnie belligérante : ses guerres, ses négociations, pour faire Mouzaferzingue Souba du Dékan, & Chandasaëb Nabab du Carnate : ses ruses, pour se mettre lui-même à la place du dernier : ses diplômes, prétendus envoyés par la Cour de Dély, & que les Anglais ont soutenu avoir été fabriqués à Pondichéry, pour se donner l'investiture de cette Nababie : enfin, sa proposition à ces mêmes Anglais, *de le reconnaître pour Prince légitime de tout le territoire d'entre le Krisna & le Cape Comorin.* On ne se souvient que trop des excès, des mensonges, des malheurs nés de ce nouveau sistême : on a apprécié avec indignation & pitié tous ces Subalternes, qui avaient fait servir à leurs projets particuliers l'ambition de leur Chef ; qui, trahissant également lui & la Nation, avaient élevé leurs fortunes particulières sur la ruine publique : ces pillages, ces trahisons, ces assassinats, décorés du nom d'exploits : ces journaux de voyages métamorphosés en journaux de guerre ; ces itinéraires, ces promenades chez des Princes qu'on volait impunément, transformées dans les Gazettes d'Europe en campagnes hérissées de siéges, de batailles, de conquêtes, de victoires : cette foule de Héros, si subitement sortis du néant, & qu'on y avait vu replongés

Dumas. La Bourdonnais. Dupleix.

aussi subitement; qui, dans des Ecrits publics, s'étaient vantés sérieusement *d'avoir forcé des Armées de cinq mille Noirs, dans des postes inexpugnables*, *avec sept Européens éclopés*, & qui, dès l'instant & par-tout où les Anglais avaient paru, s'étaient enfuis, ou s'étaient rendus; qui avaient perdu, abandonné, livré toutes nos places; qui avaient été repoussés, battus, pris deux fois dans le Tanjaour, une fois à Valagonde, trois fois devant Goudelour, quatre fois devant Arcate, une fois dans Chéringham, une fois à Gingy, une fois à Bahour, sept fois devant Trichenapaly. On sait enfin, qu'à l'époque dont nous parlons, la Compagnie, après avoir perpétuellement varié dans ses principes, dans ses ordres, dans ses envois; après avoir tour-à-tour approuvé & blâmé, encouragé & réprimandé, secouru & abandonné Dupleix; effrayée de l'état déplorable des affaires, dont elle était peut-être plus responsable que lui, avait imaginé, selon sa coutume, de rejeter sur lui seul tout le poids des reproches qu'elle pouvait craindre, & l'avait rappellé ignominieusement; que M. Godeheu avait été envoyé pour le remplacer; que le premier soin du nouveau Commissaire avait été de ménager un accommodement avec les Anglais; qu'il venait de conclure avec M. Saunders, Gouverneur de Madras, un traité conditionnel; que la première condition de ce traité était de renoncer à toutes les dignités des Indiens, à leurs gouvernemens, à leurs disputes, à leurs guerres; que les autres articles tendaient à établir une égalité parfaite, même une ligue offensive & défensive, entre les deux Compagnies française & anglaise; & qu'en attendant d'Europe la ratification de ce traité impraticable, les deux Gouverneurs avaient signé une trêve, qui ne s'observait exactement d'aucun côté; chaque parti, comme c'est l'ordinaire, faisant l'éloge de sa

Godeheu.

4 Janvier 1755.

bonne-foi, & taxant son adversaire d'infidélité.

C'était dans ces circonstances que mon pere proposait ses projets sur l'Inde. Il démontrait, d'un côté, l'impossibilité d'y avoir jamais une paix solide avec les Anglais, & par conséquent d'y faire un commerce utile, tant qu'ils y éxisteraient; de l'autre, la nécessité de renoncer à un systême, source funeste de tant de désastres. Mais il voulait sauver, tout à la fois, & notre gloire, & nos intérêts. Il voulait que les Français commençassent par exterminer le nom Anglais dans toute l'Inde; qu'alors ils donnassent au sein de la victoire, l'éxemple d'une modération, qui leur aurait concilié le respect & l'amour de tous leurs voisins; qu'ils rendissent les Provinces usurpées à leurs Souverains légitimes; qu'ils en échangeassent seulement quelques-unes; & que, gardant un juste milieu entre les vues trop rétrécies de l'esprit purement mercantile, & le délire pernicieux d'une ambition follement effrénée, à toutes ces possessions onéreuses, séparées de la Capitale, par deux, trois, quatre cens lieues, divisées en quatre masses, qui ne pouvaient seulement pas s'étayer mutuellement, tant elles étaient éloignées l'une de l'autre, la Compagnie substituât quelques Domaines serrés & contigus, formant, avec Pondichery, une seule masse, ni trop peu solide ni trop étendue, telle enfin, qu'on n'éprouvât jamais, ni le besoin d'attaquer, ni la crainte de l'être.

A peine ces projets ont-ils été vus du Ministere, qu'ils sont agréés. Bientôt M. de Moras, successeur de M. de Sechelles, offre à mon Pere le commandement de l'expédition qu'il a combinée. Mon Pere le refuse d'abord. Nommé, depuis quelque-temps, Gouverneur de Boulogne;

employé, avec le Maréchal de Belle-Isle, sur les côtes de Picardie, il s'occupait encore de lier une nouvelle conjuration, en faveur du Prince Edouard. Il avait été en jetter la premiere semence dans la Lorraine. Le Roi Stanislas était entré dans le projet, il avait écrit au Roi de France, son gendre; le Prince était à Nancy; & mon Pere, de son Gouvernement, voisin de l'Angleterre, espérait y descendre bientôt, les armes à la main.

Il se flattait d'un vain espoir. On le détrompe. On lui
8 Juillet 1756. fait voir la réponse du Roi de France, au Roi de Pologne; celle du Ministre Rouillé au même Monarque. Toutes deux contenaient un refus, exprimé de la maniere la plus honnête, mais en même-temps la plus claire. Obligé de renoncer au projet d'aller combattre les Anglais dans leurs propres foyers, mon Pere adopte alors, avec transport, celui d'aller tarir, à six mille lieues, une des principales sources de leurs richesses & de leur puissance. Il accepte le commandement, que lui offrait M. de Moras.
Août. Le Roi l'y nomme, & il est créé successivement Lieutenant Général, Inspecteur Général, Commandeur, Grand-Croix de l'Ordre de S. Louis.

Mais on ne veut pas qu'il se borne à détruire les établissements Anglais; on le charge de *rétablir l'ordre* dans l'Administration Française, de réformer les abus, dont on lui indique la source; de réprimer les malversations, dont on lui nomme les auteurs. En conséquence, on le crée aussi Syndic de la Compagnie, Commandant-Général de toutes les Indes Orientales, Commissaire pour Sa Majesté. Jamais pouvoirs n'avaient été plus étendus. Mon pere, arrivé à la côte de Coromandel, devait présider dans tous les Conseils, commander à tous les états. Il avait *plein pou-*

voir, & *autorité de généralement faire & ordonner tout ce qu'il jugerait nécessaire, & à propos*, COMME LE ROI LUI-MÊME FERAIT, OU POURRAIT FAIRE, *s'il y était en personne, encore que le cas requît mandement plus spécial*.... les *Maréchaux de Camp, Brigadiers, Colonels, Mestres de Camp, Lieutenants-Colonels, Capitaines, Lieutenants & Enseignes desdites Troupes, ou employés près d'icelles*; les *Commissaires des Guerres, Officiers du Corps Royal d'Artillerie & du Génie, & tous autres qu'il apartiendrait*; les *Gouverneurs, Conseillers, Commandants particuliers, Officiers, Soldats, Gens de Guerre & de la Marine de la Compagnie, Directeurs, Commis & Employés de ladite Compagnie, sous quelque titre & dénomination que ce fût, & tous les Habitants, de quelque qualité & condition qu'ils fussent*, devaient *le reconnaître & faire reconnaître ès qualités de Lieutenant Général, Commandant en chef, de Commissaire pour le Roi, de Commandant Général de tous les Forts & Établissements de ladite Compagnie, aux Indes Orientales & Isles de France, de Bourbon & de Madagascar; lui obéir, en toutes choses concernant ce pouvoir, & en tout ce qui leur serait par lui ordonné, èsdites qualités*, COMME ILS FERAIENT A LA PROPRE PERSONNE DU ROI, *sans difficulté, sans y contrevenir en quelque façon que ce fût*, SOUS PEINE DE DÉSOBÉISSANCE. Enfin, mon pere devait tenir la place du Souverain lui-même. Jusqu'aux instructions qu'on lui donnait, étaient abandonnées à sa volonté, & on le laissait maître absolu de *déterminer sa conduite, d'après les circonstances*. Une seule restriction était mise à ses pouvoirs, laquelle a été levée par la suite; il devait *peu se mêler des Finances*; M. Clouet était nommé Commissaire de la Compagnie pour régir & percevoir ses revenus, conjointement avec le Gouverneur Leyrit. En-

1756. Provision & Pouvoirs. Pieces justificatives. n°. 1.

1756. Instructions.

core avait-il ordre de *se concerter avec* mon pere, *d'avoir recours à lui, & de le consulter sur tout ce qu'il aurait envie de faire.*

Sur le point de partir, au mois d'Octobre de la même année, toujours plein du desir de poursuivre les Anglais, dans toutes les parties du monde, mon pere trouve moyen de pénétrer les desseins de leur Ministere sur l'Amérique. Il parvient à avoir la copie d'une Adresse secrete, envoyée à leur Roi, par une de leurs Colonies. Instruit, par cette Adresse, de la situation de l'Angleterre Américaine, de ses craintes, de ses ressources, il en fait part au Roi lui-même. Il dresse le projet d'une expédition, qui doit écraser nos ennemis, de leur propre aveu, & leur faire perdre toutes leurs Colonies; il avertit qu'eux-mêmes nous écraseront, si nous leur laissons le temps de respirer; qu'il n'y a pas un instant à perdre, si nous voulons sauver nos possessions en Amérique; qu'*au printemps il sera trop tard.* Il est triste, sans doute, d'avoir à justifier les lumieres de son pere par les malheurs de sa Patrie : mais enfin, le fait est, qu'on a cru pouvoir négliger son avis, qu'on a attendu le printemps, & que nos possessions ont été perdues. Le fait est, que, sur le refus du Gouvernement, mon pere a été jusqu'à former, contre ces mêmes Anglais, un projet & un armement particuliers; qu'il y a associé, entr'autres coopérateurs, le Maréchal de Belle-Isle, & M. Michel, Directeur de la Compagnie, que d'une somme de quarante mille écus, qu'il laissait à Paris, il leur en a remis, en partant, vingt mille, pour être employés à ce projet; & qu'une expédition de ce genre étant trop forte pour des particuliers, il a perdu ses fonds, ainsi que tous ceux qui avaient contribué avec lui.

Mémoire adressé au Roi par mon Pere : nouveau projet, pour enlever aux Anglais toutes leurs Colonies d'Amérique.

Est négligé. Ce qui en résulte.

Projet particulier. Mon Pere arme à ses frais contre l'Angleterre.

Quant à l'expédition de l'Inde, les mêmes moyens, ſur leſquels la Bourdonnais avait autrefois établi ſes projets, étaient la baze de ceux de mon pere : ſupériorité & célérité. Il fallait écraſer tous les établiſſements Anglais en Aſie; il fallait prévenir tous les ſecours Anglais d'Europe. On était convenu de lui donner ſix Bataillons d'Infanterie, un Détachement du Corps Royal de l'Artillerie & du Génie, ſix millions, & trois Vaiſſeaux de guerre, joints à ceux de la Compagnie; les ſix Bataillons formés des Régiments de Berry, Lorraine & Lally; le Détachement d'Artillerie commandé par le Chevalier de Villepatour; & la Flotte aux ordres du Vicomte de Choiſeul : mon pere, à ces conditions, répondait du ſuccès. 1756.

A peine ce plan était-il arrêté entre lui & les Miniſtres, qu'on commence à y faire des changements, ſans l'en prévenir. Au Chevalier de Villepatour, qu'il avait demandé avec inſtance, & que le Comte d'Argenſon lui avait formellement promis, on ſubſtitue un Chevalier Dure, qui ne ſoupçonnait pas les premiers éléments de ſon métier. Au Vicomte de Choiſeul, on ſubſtitue le Comte d'Aché. Ce n'était rien auprès de ce qui ſe préparait.

Le tiers des forces convenues avait pris les devants, avec le Chevalier de Soupire, Maréchal de Camp, qui commandait ſous mon pere. Lui-même allait partir avec le reſte. Arrive un ordre de la Cour, qui lui retranche deux millions, deux Bataillons & deux Vaiſſeaux de guerre. Auſſi-tôt lettres de mon pere & du Comte d'Aché, demandants conjointement à être déchargés de l'expédition. Démiſſion formelle du dernier. Injonction à tous deux de partir. Promeſſe particuliere, à mon pere, de lui remplacer, dans ſix mois, ce qu'on vient de lui retrancher. Pa- 30 Décembre. 1757. Lettre de M. de Moras 19 Mars. N° 133.

1757. Lettre de M. de Moras du 29 Mars ibid.

role formelle du Miniſtre : il lui jure *de ne pas abandonner une expédition qui lui eſt chere, & dont il ſent toute l'importance.* Il s'engage à *lui faire paſſer, au mois d'Octobre, des Vaiſſeaux & des Troupes, & à ne ceſſer de lui faire parvenir, ſucceſſivement, dans le cours de cette année, des nouvelles, des vivres & de l'argent.* Parole formelle d'une autre perſonne, jouiſſant de la confiance du Souverain : elle lui mande que *ſi le Roi avait connu un homme plus brave que lui, il l'aurait choiſi pour cette expédition;* elle lui répete *qu'il ne ſera point abandonné.* Promeſſes, paroles, lettres, remplacement, rien n'a été éxécuté. Mon pere a fait la guerre, dans l'Inde, pendant trois années : la premiere, il n'a eu ni Vaiſſeaux, ni argent; la ſeconde, il n'a eu ni hommes, ni Vaiſſeaux, ni argent; & la troiſieme, il n'a eu ni hommes, ni Vaiſſeaux, ni argent, ni vivres. Les Anglais, au lieu de nous être inférieurs, ont fini par nous être vingt fois ſupérieurs. Dès le principe, le premier moyen, ſur lequel mon pere avait fondé le ſuccès de ſes opérations, était détruit.

Lettre de Madame la Marquiſe de P...

On avait dû mettre à la voile en Février; on ne part qu'en Mai. On emploie douze mois à une traverſée, qui n'en demandait que ſept, & qui eût été longue à huit. On en eût même employé dix-neuf, on en eût paſſé ſept dans l'oiſiveté, à l'Iſle de France, ſans la réclamation perſévérante de mon Pere & du Gouverneur Magon. Les Anglais, partis plus de trois mois après la flotte Françaiſe, étaient à la côte de l'Inde ſix ſemaines avant elle. Ils prévenaient au lieu d'être prévenus. Le ſecond moyen, ſur lequel portait le projet de mon Pere, lui était enlevé.

Déjà privé des deux grands objets, qui avaient fondé ſon

son espoir, il est encore accueilli, à son arrivée, par la disette la plus entiere, l'ignorance la plus profonde, la mauvaise volonté la plus caractérisée, l'esprit d'insubordination, de brigandage & de trahison. 1758.

Le Bengale était pris, parce que le Conseil de Pondichery avait voulu le laisser prendre. Le Chevalier de Soupire n'avait rien fait, parce que le Conseil de Pondichery n'avait rien voulu lui laisser faire. Débarqué dans l'Inde, huit mois avant mon pere; à la tête de deux mille hommes, contre un ennemi qui alors n'en avait pas quatre cens à mettre en campagne; il n'avait rien tenté, ni contre Madras encore ouvert, lors de son arrivée, en plusieurs endroits, & gardé tout au plus par trois cens hommes, ni contre Goudelour & Saint David, gardés, l'un par dix, l'autre par soixante Invalides. Il ne s'était pas même opposé aux travaux des ennemis, pour construire ou pour réparer les fortifications de toutes ces Places. Son inaction en était venue au point de *surprendre* ces ennemis eux-mêmes. La prise inutile d'une bicoque nommée Chetoupet, des disputes ridicules & interminables de rang & de prérogatives, avaient rempli le temps le plus précieux, & dont la perte devenait irréparable. L'argent qu'il avait apporté d'Europe était consommé, sans qu'on eût fait le plus léger préparatif, sans qu'on eût songé à former un seul magasin, à construire une seule fortification. Des fossés comblés par les éboulements de la contre-escarpe; un chemin couvert, dont les deux tiers n'étaient que tracés; un mur sec de quatre pieds d'épaisseur, sur lesquels on en avait pris deux, pour former un petit chemin de ronde; des bastions, d'où l'on n'osait pas tirer du canon de huit, dans la crainte de les

Mém. de Renault à la Compagnie.

Lettre de Bouvet. N°. 139.

Mém. de Lawrence. Tom. 1. pag. 197.

1758. faire écrouler; point de glacis; pas une seule palissade; une Place ouverte & sans défense; voilà ce que présentaient les dehors de la Capitale des établissements Français dans l'Inde. La division, la discorde, la haine, mille petites factions jalouses de porter les derniers coups à la Colonie expirante, & se disputant leur proie avec acharnement; tous les crimes, & l'impunité après eux; voilà ce qu'offrait l'intérieur. Le pays qui l'environnait ne formait pas un spectacle plus consolant. Des ennemis de tout côté; peu d'alliés; ceux que l'on avait, retenus uniquement par la crainte & impatients de secouer le joug. Une partie des terres épuisée par quinze ans de ces guerres, aussi ruineuses qu'extravagantes, dont nous avons parlé; plusieurs, graces à nos véxations, & à la haine qu'elles nous avaient méritée, désertes & incultes; le revenu des autres absorbé, & au-delà, par les frais de régie, par les non-valeurs, par le rabaissement perpétuel des baux, les mutations de fermiers, les pots de vin, les nazers ou présents, enfin par toutes les manœuvres que la fraude suggéra, de tout temps, à la cupidité. Le Comptoir de Pondichery devait quatorze millions; il n'avait pas le crédit d'en trouver un à emprunter; il venait d'écrire à l'Administration générale, que, *sans un envoi de dix, tout secours d'hommes & de vaisseaux serait en pure perte.* On ne lui
N° 7.
en envoyait que deux, & ils arrivaient avec peu d'hommes & des vaisseaux *dénués de tout.*
N° 10.

Le premier salut fait à ce Vaisseaux, par la Ville de Pondichery, avait été de tirer sur eux à boulets. Cinq coups de canon avaient été envoyés. Trois avaient percé de part en part le Bâtiment qui apportait mon pere, lui-même avait pensé être atteint d'un boulet, & l'on en est réduit aujourd'hui à gémir de ce qu'il ne l'a pas été. Il se plaint d'un accueil aussi singulier ; on lui répond *que ce n'est qu'une méprise.* Il témoigne son étonnement, sur l'état où il trouve la Place ; on lui répond *qu'il n'y a point d'argent.* Il demande des plans des établissements ennemis ; on lui répond *qu'on n'en a pas.* Des guides, qu'on lui donne, pour conduire des Troupes à quatre lieues de Pondichery, les égarent. Dès la premiere marche, elles manquent de nourriture. Des Soldats tombent morts de chaleur & d'inanition.

III. Expéditions de Goudelour, Saint David, Divicottey.

28 Avril.

Tant d'obstacles ne font qu'allumer son zèle. Il n'y avait pas trois heures qu'il était débarqué, & déjà le Comte d'Estaing avait été dépêché pour investir une Ville ennemie, & l'avait investie le lendemain, malgré l'ignorance des guides, malgré la faim & la fatigue ; après avoir marché toute la nuit ; après avoir passé deux rivieres sans pont ; après avoir mis en fuite les Anglais, surpris d'une marche aussi prompte, & leur avoir enlevé les postes qui couvraient leurs limites. Mon pere le rejoint le même jour, pendant que l'Escadre Anglaise remportait une victoire sur la nôtre. Dès la pointe du troisieme, des Députés de la Ville sont envoyés au camp Français. On les conduit au Général. Ils trouvent un homme couché sur le sable, & qui, tout habillé, prenait à la hâte un peu de sommeil, après avoir passé toute la nuit sur pied. Ils sont saisis de ce spectacle, dans une contrée où le faste & la mollesse régnent au milieu des armes. Ils demandent du temps, pour consulter, sur la capitulation qu'ils doivent faire, le Gouverneur & le Conseil Anglais, enfermés dans Saint David. Mon pere leur don-

Premiere Bataille navale gagnée par les Anglais le 29 Avril.

1758. ne avis *de ne consulter que lui seul*, convient d'une suspension d'armes, mais leur déclare *que si avant la fin du jour ils ne lui apportent pas leur derniere résolution, il ira la leur demander chez eux.* Ces Députés, de retour dans leur Ville, rapportent ce qu'ils ont vu, & ce qu'ils ont entendu. Le jour même, ils viennent remettre leurs clefs. Mon pere entre le lendemain dans Goudelour, délivre cent vingt prisonniers Français, renfermés dans cette Ville, commet deux Conseillers de Pondichery, pour dresser le Procès-verbal de tout ce qui s'y trouve, & médite la conquête de *l'établissement Européen, le plus imprenable de l'Inde.*

Goudelour pris le 4 Mai.

Journal du Cte d'Estaing. pag. 2.

Ibid. page 4. » C'était une chose nouvelle, dans ces contrées, que » l'attaque réguliere d'une Place bien fortifiée ; mais les » difficultés qu'on avait à vaincre n'étaient pas moins » étonnantes.

Ibid. page 2. » Onze jours sont employés en préparatifs, c'est-à-dire, » à achever de se convaincre que l'on manque de tout ce » dont on a besoin, pour assiéger S. David. « Mon pere l'assiége cependant, avec deux mille deux cens hommes, contre une garnison de deux mille sept cens ; » ayant, pour toute

Ibid. page 3. » artillerie, six mortiers, & pour toute espérance, vingt- » deux pieces de canon, retenues par les rivieres, les sa- » bles & le manque de bœufs ou d'hommes, contre cent » quatre-vingt-quatorze bouche à feu, rangées sur des

Pieces justificatives. N° 9. 10. 11. 12. 14. 19. » remparts, que la nature & l'art avoient fortifiés à l'envi. « A chaque pas, il est arrêté : ni fascines, ni gabions, ni poudre, ni boulets, ni mortiers, ni outils ; des fusées d'un calibre & des bombes d'un autre ; des mécomptes de cent, de mille bombes, entre les états de livraison & ceux de recette ; une seule scie dans toute l'artillerie, quatre Forts couvraient la place, dans la seule partie attaquable. Il fallait donner l'assaut à tous en même temps. Il fallait tromper l'ennemi par une fausse attaque, en faisant feu de toutes parts contre le corps de la place. Les dispositions faites, le signal donné, les mortiers & canons se trouvent encloués ; l'ennemi est averti, l'attaque est manquée, mais le courage supplée à tout : mon père, soutenu de cette brillante Noblesse qu'il avait l'honneur de commander, Montmorenci, Crillon, d'Estaing, la Fare, attaque les quatre forts l'épée à la main, les emporte, tue ou prend aux ennemis 240 hommes, ordonne sur-le-champ au Chevalier Dure * de faire ouvrir la tranchée. Nouvelle contradiction ; nouveau sujet d'inquiétudes & d'alarmes ; nouvelle & triste épreuve, nouvelle & terrible annonce de l'ineptie à laquelle il doit s'attendre, & du peu de moyens sur lesquels il doit compter.

1758.

17 Mai.

* Commandant de l'Artillerie & du Génie.

Pour parvenir à l'endroit où il voulait que cette tranchée fût ouverte, il fallait passer une petite rivière, qui était à 300 toises du corps de la place. De l'autre bord de cette rivière, jusqu'à la maison où il était logé avec le Chevalier Dure, & autour de laquelle les troupes étaient cantonnées, il y avait une plaine rase de 900 toises, où le Soldat était vu, du fort, jusqu'à la boucle du soulier. Il avait ordonné à ce Chevalier Dure de faire travailler pendant la nuit à un boyau de communication, qui aboutît à cette rivière, imaginant que cet Officier comprenait, sans doute, qu'à 150 ou 200 toises de cette rivière, le Soldat défilerait en sûreté dans ce boyau, à l'abri des coups de fusil du fort. Le lendemain, dès la pointe du jour, mon père n'a rien de plus pressé que d'aller chercher ce boyau dans la plaine ; il le cherche en vain, & revient sans l'avoir trouvé. Tout-à-coup, en rentrant chez lui par le jardin de sa maison, il apperçoit un retranchement qui prenait de la chambre même du Commandant du génie,

1758. & qui s'étendait à peine à une modique diſtance. Commencer une tranchée, dans l'Inde, à 1200 toiſes d'une place, c'eſt, en Europe, partir du glacis de Douai, pour ouvrir la tranchée devant Lille. Mon père, tout prêt à rire d'une pareille diſpoſition, s'il n'en prévoyait pas les funeſtes conſéquences, ſe détermine à faire monter ſa tranchée de nuit, & à faire conſtruire ſon pont de communication à 300 toiſes de la place, pour commencer l'ouverture à l'endroit qu'il avait déſigné.

On n'avait point aſſez d'Ouvriers. Juſqu'à l'époque du ſiége de Saint-David, ſi l'on excepte celui de Pondichéry par l'Amiral Boſcawen, ſix pièces de canon avaient décidé dans l'Inde du gain d'une bataille, & deux du ſort d'une Ville : il s'agiſſait aujourd'hui de faire un ſiège d'Europe, ſans les moyens qu'on trouve dans les Armées européennes ; il fallait ſe *créer des reſſources en dépit de la nature.* Mon père veut faire travailler les Habitans indiens de Pondichéry ; mais un obſtacle s'y oppoſait. On a peine à concevoir juſqu'à quel point le joug des préjugés héréditaires pèſe ſur ces Peuples. Non-ſeulement leur diviſion en différentes Caſtes aſſervit chaque individu à la vocation de celle où la nature l'a placé : mais une Caſte elle-même eſt ſubdiviſée en pluſieurs Tribus, dont chacune a ſon emploi particulier. Ainſi les unes regardent les offices ſerviles & les travaux durs, comme leur étant abſolument interdits ; & parmi celles qui ſont deſtinées à ces ſortes de travaux, chaque Tribu ſe borne au ſeul pour lequel elle eſt née. La claſſe la plus abjecte n'eſt pas exempte de ces diſtinctions : *le Couli* qui porte un fardeau ſur ſa tête, ne voudrait pas le porter ſur ſon épaule. Quant aux Soldats, le Cavalier laiſſerait ſon cheval périr ſous lui d'inanition, plutôt que de lui couper l'herbe néceſſaire pour le nourrir, & le Fantaſſin ne creuſerait pas un pouce de la tranchée qui doit le mettre à couvert du canon. Mon père entreprend de

Orm's Hiſtory of Indoſtan, vol. 1.

vaincre ce préjugé par un de ces ſpectacles frappans, qui parlent toujours puiſſamment à la multitude. Il veut montrer à ces Peuples que la guerre n'a point de travaux ſerviles. Il ſe rend à la tranchée dans tout l'appareil de ſa dignité, environné de ſon Etat-Major, prend tour à tour la pioche & la pelle, remue la terre, porte des fardeaux, traîne des munitions ſous les yeux des Indiens étonnés. La plupart ſaiſiſſent avec alacrité des outils qu'ils ont vus dans les mains du *Souba de l'Empéreur ſublime de France.* Quelques Européens, devenus Aſiatiques, murmurent que mon père ſe compromet: je ne ſais ſi le ſentiment m'abuſe, mais le Général Lally piochant la terre devant St. David, eſt mille fois plus grand à mes yeux que le Gouverneur Dupleix marchant dans Pondichéry précédé de Gardes, de Pions, de Trompettes, d'Eléphans, du ſigne de *Mamurat*, & s'enivrant de placets dans leſquels on le traitait de Roi. 1758.]

Il ne ſuffiſait pas d'avoir trouvé des Travailleurs, il fallait encore les payer. Dès la première nuit les fonds manquent; mon père y ſupplée de ſes propres deniers. N°. 14.

Plus le ſiége avançait, plus la diſette ſe faiſait ſentir, plus les obſtacles ſe multipliaient.

L'Amiral apprend ces détails, & il mande à mon père: « prenons courage, mon cher Général. Tout ce que je trouve de » terrible, eſt que nous ne puiſſions nous aider réciproquement. N°. 13.

Le Gouverneur de Pondichéry reçoit des reproches, & il mande à mon père: « je vous rendrai compte de ma conduite, » & de la diſette de fonds dans laquelle on m'a laiſſé depuis » deux ans.... *Mes reſſources ſont aujourd'hui épuiſées*, & nous » n'en avons plus à attendre que d'un ſuccès. Où en trouverais-je de ſuffiſantes, dans un pays ruiné par quinze ans de » guerre, pour fournir aux dépenſes conſidérables de votre N°. 20. » Armée, & aux beſoins d'une Eſcadre par laquelle nous

1758. » attendions bien des espèces de secours, & qui se trouve » au contraire *dénuée de tout?* »

Mon père découvre des brigandages, & il mande au Gouverneur : « j'apprends que, dans votre civil & votre militaire, » il se commet des vexations vis-à-vis des gens du pays, qui les » éloignent, & les empêchent de faire les fournitures nécessaires à la subsistance de l'Armée. Je suis bien aise de vous dire, » que j'emploie à présent tous les moyens possibles pour les découvrir, & qu'après les défenses que j'ai fait publier dès le lendemain de la prise de Goudelour, si je parviens à déterrer le » coupable, je n'aurai égard, ni à sa place, ni à son rang, & » que j'en ferai un exemple qui intimidera les autres. »

N°. 20.

Il ne faut que ces trois lettres seules, & il y en a cent au procès de la même espece, pour expliquer la cause & des malheurs publics qui ont entraîné la perte totale de la Colonie, & des malheurs particuliers qui ont entraîné le supplice injuste de mon père.

Malgré les défenses, malgré les menaces, les rapines & les vexations continuaient toujours.

Des Marchands viennent se plaindre, qu'à une demi-lieue du Quartier général, on leur a arrêté deux cents bœufs, pour nantissement des droits excessifs qu'on exigeait d'eux. Le Grand-Prévôt s'y transporte. Il trouve trois Commis de la Compagnie, un Blanc & deux Noirs, environnés de Marchands désolés, qu'ils rançonnaient sans pitié. Ceux qui n'avaient pas assez d'argent monnayé, étaient obligés de livrer leurs bijoux. Hommes & femmes étaient dépouillés de leurs boucles d'oreilles, de leurs colliers ; tout était mis en un monceau. Le Grand-Prévôt saisit tous ces effets, les fait porter dans la tente de mon père, & lui amene les trois Commis garottés. Mon père fait rendre aux Marchands leur argent, leur bétail, leurs bijoux, envoie les trois Commis prisonniers à Pondichéry. Ces Commis étaient les préposés d'un Conseiller, & ce Conseiller était chargé des Fermes de la Compagnie : on les relâche. 1758.

La garnison de Chéringham avait été mandée, partie pour renforcer les Troupes qui assiégeaient Saint David, partie pour défendre Karical, menacé par l'Ennemi. Cette garnison était composée de dix-huit cens hommes ; douze cens quatre-vingt se révoltent pendant la route, & désertent, faute de paiement. Le Régisseur de ce poste n'avait pas songé à satisfaire ces Troupes, mais il avait gagné pour son compte, dans une seule année, 200,000 livres. Ce Régisseur était l'homme de confiance d'un Conseiller de Pondichery : on l'excuse.

Nº 15. 16.

Premiere révolte.

Nº 19.

Les moyens de transport manquaient pour l'artillerie & pour les vivres. On présente à mon pere six passeports pour six Bots *, allant, lui dit-on, chercher des vivres à Karical. Il signe. Trois jours après, il apprend que ces Bots ont été chargés de sucres à Goudelour, par les Employés de la Compagnie. Il écrit à Pondichery pour se plaindre de cette fraude ; on lui répond *que c'est une énigme*.

* Espece de Bateaux.

A toutes ces difficultés, venaient s'en joindre d'autres, contre lesquelles il y avait moins de ressources encore. » Des vents brûlants & périodiques enlevaient un sable » pulvérisé par l'extrême chaleur. Ils détruisaient, pendant » le jour, l'ouvrage de la nuit, & comblaient la tranchée. » La nourriture des Troupes ne consistait que dans du riz, » cuit sans légumes, avec une portion, nullement attrayan- » te, d'un animal appellé Chien maron. Ce mets révoltait » les Soldats : ils regrettaient encore le pain d'Europe » & le biscuit des Vaisseaux. Affaiblis continuellement de » service, on ne pouvait éxiger d'eux, pendant la nuit,

Journal du Cte d'Estaing, pag. 4 & 5.

1758. » qu'un travail médiocre ; ils étaient dans l'impossibi-» lité de rien faire pendant le jour. Les coups de soleil » produisaient les mêmes effets que ceux du canon ; » ils tuaient aussi subitement. Cet étrange genre de mort » enlevait souvent plusieurs hommes, dans la même » tranchée. Ceux qui frappés à moitié ne succombaient » pas entierement, étaient furieux, ou sans connaiss-» sance. «

On murmurait contre l'entreprise de mon pere : on le taxait de témérité & d'obstination. Ces murmures étaient accrédités par ceux dont l'indolence, ou la mauvaise volonté, redoutaient son zèle & son activité. Plusieurs parviennent jusqu'à lui ; quelques-uns, voilés du nom spé-

28 Mai. N° 140. cieux de conseils. Il déclare à son Armée, *qu'il ne démarera pas d'une toise de la position où elle est.* » Ou je prendrai le Fort, « écrit-il au Gouverneur, » ou, mon Armée » & moi, nous serons enterrés sur ses glacis. Ainsi je n'ai » recours à aucun conseil, & je ne m'adresse à vous & » aux autres, que pour des moyens. «

Tout-à-coup, une Députation de Pondichery vient lui apprendre que les matelots refusent de servir, parce que le Gouverneur refuse de les payer ; & qu'on a arrêté que

Journal du Cte d'Estaing, pag. 3. l'Escadre *resterait embossée* dans notre rade ; *position la plus sûre & la plus humble que puisse prendre une Flotte.* L'Amiral appellait cela *enterrer la Synagogue avec hon-*

N° 140. 6. *neur.*

Ce même Amiral envoyait à mon pere, par la Députation, une épître écrite toute entiere de sa main, & que nous croyons devoir transcrire lettre pour lettre, d'après la loi, que nous nous sommes imposée, de l'exactitude la plus stricte & la plus rigoureuse.

28 Mai 1758 de Pontichery.

» Vous verrais mon cher Général par les Desputée du » Consellie tenu se matin la situation de ma maleureuze » Escasdre, & les besoin que nous aurions de secours » promp & eficasse; je san mon cher Géneral votre po- » sision, mais la mienne est bien plus facheuze, & sy » mone Escasdre est an déroute vos afaire an devien- » dronts plus ambarrassante ainsi voyé ou se que vous » pouvais faire ou se que vous pansse ou sy enfin vous » esperéé destre bientot mestre de Saint Davit pour me » mestre en estat d'aller au devant des ennemis qui sy » jestais en bonne posture ne ferais pas tant les marjasses, » adieu, mon cher Géneral aimé moi toujours. Nº 108.

Signé, D'ACHÉ.

Mon pere, à la lecture de cette lettre & de la délibération qu'elle lui annonçait, ne perd pas une minute. Il détache quatre cens hommes de son Armée, court de nuit à Pondichery, assemble le Conseil au point du jour, fait casser la honteuse délibération de la veille, paie 60,000 livres, de son argent, aux matelots. Les matelots se rembarquent, l'Escadre reprend la mer, & mon pere retourne à son siége. 30 Mai. Délibération du Conseil mixte. Nº 21 & 23.

A son arrivée, le Chevalier Dure, ce Commandant de l'Artillerie & du Génie, dont il avait sans cesse à relever les méprises & à corriger les opérations, vient lui proposer, froidement, de changer tout le plan du siége, de

1758. renoncer à l'attaque suivie jusques-là, & d'en recommencer une nouvelle. Mon pere indigné autant que surpris d'une pareille proposition, ordonne à celui qui la faisait de le suivre; va droit à la tranchée; fait avancer sur le champ une batterie à 180 toises dans le front de son attaque, sur la crête de l'avant chemin couvert; en fait établir une autre à ricochet, pour prendre de revers l'ouvrage à cornes, & le surlendemain la Place capitule.

S. David pris le 2 Juin.

Mon pere accorde aux habitants leurs effets mobiliers. On lui demande la *conservation des maisons, & des fortifications jusqu'à la paix*; il répond que *le sort de la guerre en décidera, & non celui de la paix*. On est obligé de se soumettre. Il reçoit la garnison prisonniere de guerre; prend cent quatre-vingt pieces de canon, ou mortiers; & commet deux Conseillers pour faire, avec l'Intendant de l'Armée, l'inventaire de l'argent & des marchandises. Suivant l'Ordonnance, il en revenait un tiers aux troupes du Roi, un huitieme à mon pere; rien n'a été remis, ni aux troupes, ni à mon pere. Les marchandises ont même été vendues par le Conseil, en l'absence de l'Intendant de l'Armée, qui avait signé l'inventaire, & sans qu'on ait seulement daigné l'en prévenir.

Capitulation. Mém. de Lawrence.

Sorti vainqueur d'une entreprise, où *la réussite seule a appris qu'on pouvait surmonter les obstacles*; maître d'une Place qu'on surnommait *le Berg-Op-Zoom de l'Inde*, que personne n'avait encore pu prendre, & devant laquelle Dupleix avait échoué trois fois; mon pere marche incontinent sur Divicottey, ville forte à dix lieues de Saint David. L'ennemi effrayé, l'abandonne à son approche; un Détachement s'en empare; soixante-dix pieces de canon,

Journal du Cte d'Estaing, pag. 4.

Lettre de M. de Bussy. N° 141.

Divicottey pris le 6 Juin.

plusieurs magasins de riz, & une assez grande étendue de terrein, sont les fruits de cette nouvelle conquête.

IV. Premier projet de mon pere sur Madras; l'Escadre s'y refuse. Expédition du Tanjaour.

Il ne restait plus aux Anglais de Places dans le Sud: tremblants pour leur Capitale, ils venaient d'évacuer toutes celles qu'ils possédaient au Nord dans un espace de vingt lieues, & s'étaient renfermés dans les murs de Madras. Mon pere veut les y assiéger; pousse des Détachements en avant, avec ordre d'occuper les postes abandonnés; & retourne à Pondichery tout disposer pour cette nouvelle expédition.

Dékan.

Vers le haut de la presqu'Isle de l'Inde, dans le fond du Dékan, étaient quatre Provinces, données en nantissement à la Compagnie Française, à raison des Troupes qu'elle était obligée d'y entretenir, depuis que les Agens d'une Société Marchande avaient conçu le projet de distribuer des Couronnes: source inépuisable de richesses & de crimes pour quelques particuliers; gouffre ruineux pour la Compagnie, qui voyait chaque jour, s'y engloutir ses trésors, ses munitions & ses soldats. L'Officier qui y commandait, écrivait alors à mon pere, pour avoir son rappel, & lui demandait *en grace, de détourner de lui un calice dont il ne pouvait plus supporter l'amertume, de le tirer d'un cahos où il était presqu'enseveli.*

Instructions N° 102. 142.

N° 109. 143.

Mazulipatam.

Plus bas, sur la côte d'Orixa, était l'établissement de Mazulipatam, pas tout-à-fait aussi onéreux que les quatre Provinces; mais prouvé, par les Registres de la Compagnie, avoir toujours été pour elle un objet de dépense, & jamais un objet de profit. Le Conseiller qui y commandait avait écrit dès long-temps à mon pere, pour avoir un renfort, & l'avait supplié de lui *envoyer trois cens hommes;*

N° 145.

1758. alléguant *la crainte d'une révolte* de la part des Fermiers ;
& l'envie de *ſauver ces revenus*, dont la Compagnie ne
touchait rien.

Mon pere, rempli d'un ſeul objet, prévient la demande
de l'Officier, refuſe celle du Conſeiller, ordonne à tous
deux de lui amener toutes leurs Troupes, & de venir *joindre*
Nº 30. 45. *l'Armée avec laquelle il compte faire le ſiége de Madras.*
» Peu m'importe, « leur dit-il, » qu'un cadet diſpute le
» Dékan à ſon aîné. Le Roi & la Compagnie m'ont en-
» voyé dans l'Inde, pour en chaſſer les Anglais ; c'eſt avec
» eux que nous avons la guerre : tout autre intérêt m'eſt
» étranger. Madras pris, je ſuis déterminé à me porter dans
» le Gange, & je me borne à vous retracer ma politique,
» dans ces cinq mots ſacramentaux : PLUS D'ANGLAIS DANS
» LA PÉNINSULE. « Le Miniſtere & la Compagnie avaient
preſcrit ce ſyſtême à mon pere, lors de ſon départ. Le
Miniſtere & la Compagnie l'ont approuvé de l'avoir ſui-
Nº. 102. vi ; l'ont *exhorté à perſiſter toujours dans d'auſſi bonnes diſpoſitions :* on lui en a fait un crime, en rapportant ſon Procès. On a fait plus : pour aggraver ce crime ; pour être
plus fondé à blâmer le rappel des deux Commandants du
Dékan & de Mazulipatam, on a tû le motif qui l'avait
déterminé ; on a tronqué l'ordre qui leur avait été envoyé
par mon pere ; on a cité les premiers mots de cet ordre :
*J'éxige que vous vous mettiez en marche, pour venir joindre
l'Armée ;* on a ſupprimé les derniers : *avec laquelle je*
Rapport. *compte faire le ſiége de Madras ;* & l'on a dit intrépidement :
*encore, ſi ce déplacement était pour Madras, il y aurait un pré-
texte honnête !*

Toutes ces diſpoſitions faites pour le ſiége de la Capitale Anglaiſe, il ne reſtait plus qu'une derniere meſure

à prendre ; mais c'était la plus essentielle, la plus nécessaire 1758.
au projet ; celle, en un mot, sans laquelle toutes les autres devenaient inutiles. Dès 1746, dans un temps où Madras n'était qu'un grand Village ouvert, il avait été arrêté, entre la Bourdonnais & Dupleix, *qu'avant de pouvoir l'assiéger, la ruine ou la déroute de l'Escadre Anglaise était un préliminaire indispensable.* Mon pere, en 1758, ne pouvait, sans Escadre, attaquer ce même Madras, devenu Ville forte, & protégé par la sienne. Ses instructions même, en lui prescrivant de *ne jamais perdre de vue cette entreprise*, l'avertissaient *qu'elle exigerait le concours des forces de mer.* Il s'agissait de déterminer ces forces de mer à ce concours.

Mém. la Bourdonnais, pag. 60.

Instructions.

Le jour même que Saint David avait été pris, mon pere avait invité l'Amiral à mettre pied à terre, & lui avait proposé de *marcher tout de suite à Madras, pour ne pas donner le temps à l'ennemi de se reconnaître.* L'Amiral l'avait refusé ; &, en le quittant, avait appareillé sur le champ, pour se porter sur l'Isle de Ceylan, à quarante lieues dans le Sud de Pondichery ; laissant l'Escadre Anglaise mouillée sous Madras, à trente lieues dans le Nord ; emmenant les quatre cens hommes qu'on lui avait prêtés pendant le siége de Saint David, & laissant ainsi l'Armée de terre doublement affaiblie. Mon pere avait dépêché deux Exprès à Karical, pour l'arrêter au milieu de sa course, & pour tâcher de le ramener à Pondichery : l'Amiral, pour toute réponse, avait fait écrire par son Major, *qu'il allait remettre à la voile, pour courir dans le Sud, & y passer autant de temps qu'il se pourrait.*

N° 18.

N° 10.

Mon pere ne se rebutait pas encore : il assemble un Conseil mixte : le Conseil délibere *qu'il sera envoyé, par mer,*

1758. Délibération du 13 Juin. N° 144. *un nouvel Exprès à l'Amiral*; le somme *de revenir à Pondichery, le plus promptement qu'il lui sera possible, pour mettre M. le Comte de Lally en état de continuer ses opérations, arrêtées par l'éloignement de l'Escadre*; & décide *qu'en attendant, on repliera tous les postes pris aux ennemis, pour pourvoir à la sûreté de Pondichery, renfermant plus de prisonniers Anglais, que de soldats pour les garder.*

17 Juin. L'Amiral reçoit cette sommation, revient à Pondichery, &, dès le premier instant de son arrivée, déclare à mon Pere & au Gouverneur qu'il persiste dans son projet de s'éloigner. On ne désespere pas encore de le convaincre; & l'on veut lui donner le temps de la réflexion. Une seconde conférence est indiquée, pour le lendemain, entre les trois Chefs. Mon Pere, le Gouverneur, l'Armée, le Conseil, les Habitants, attendaient de cette conférence la prise ou le salut de Madras; ils ne sçavaient pas que, vu les événements qui devaient suivre, on allait y décider du salut, ou de la prise de Pondichery.

18 Juin. La conférence se tient. Nouvelles instances de la part de mon Pere & du Gouverneur auprès de l'Amiral. Ils le conjurent, par tout ce qu'ils peuvent imaginer de plus pressant, de marcher sur l'Escadre ennemie, tandis que l'Armée de terre marcherait sur Madras, déjà consterné & vaincu à demi. A toutes ces sollicitations, l'Amiral répond par une seule phrase : *Messieurs, vous voulez toujours que je me batte : je ne suis pas en état de marcher.* On lui propose alors, de se porter seulement à la hauteur de Sadras, à moitié chemin, & à quatorze lieues en avant de Madras. Il le refuse. On lui propose de se porter du moins à Alemparvé, à sept lieues de Pondichery, pour contenir l'Escadre Anglaise; pour l'empêcher, tout-à-la-fois,

fois, & de débarquer dans Madras une partie de ses équipages, & de couper entre Pondichery & l'Armée Française. — *Eh bien, j'y consens*, reprend l'Amiral; *mais, qu'on me donne pour quatre mois de vivres, sans quoi je ne bouge pas de la rade de Pondichery.* — *Quatre mois!* s'écrie le Gouverneur Leyrit: *Mais, Monsieur, vous n'y pensez pas. Alemparvé est à nous; il est à sept lieues de nous sous le vent. Nous pouvons vous y fournir le journalier, comme à Pondichery même.* — *Eh! mais, Monsieur*, s'écrie à son tour l'Amiral, *mettons les choses au pis*, (Il voulait dire au mieux) *quand même j'aurais battu l'ennemi, où sera ma retraite?* — *Par-tout*, répond avec vivacité le Gouverneur: — *mais, Monsieur, par-tout*.... en disant ces derniers mots, l'Amiral rompt la conférence, sort, regagne ses Vaisseaux, & n'annonce rien moins que le projet d'abandonner la Colonie, & de s'en retourner aux Isles. Le résultat de la nouvelle séance est sçu de toute la Ville, en un instant. Quelques bons Citoyens gémissent. Les mauvais, en beaucoup plus grand nombre, jouissent intérieurement. Un plus grand nombre encore, également incapable de l'un ou l'autre de ces deux sentiments, ne songe qu'à rire. La conversation des trois Chefs devient le sujet de ces parodies, de ces pasquinades, si fréquentes dans tous les pays où l'on se console d'un désastre par un vaudeville. Mon Pere, désespéré, est enfin obligé de renoncer à Madras, après quatre messages, trois conférences & un Conseil mixte inutiles, pour obtenir des *forces de mer, le concours* que *cette entreprise éxigeait* de leur part. On a dit, en rapportant le Procès, que *si le sieur de Lally eût marché à Madras dès la prise de Saint David, l'Escadre pouvait favoriser l'entreprise*; que *la conquête en était sûre*;

1758.

Rapport.

1758. *mais qu'il n'avait pas voulu la partager avec la Marine.*

A peine l'Amiral s'était-il rembarqué, déclarant sa résolution d'emmener les vaisseaux, que le Gouverneur de Pondichery déclare à son tour, *qu'il ne se charge plus ni de nourrir, ni de payer l'Armée de terre, passé quinze jours.* Il y en avait cinquante & un que mon Pere était arrivé. Les deux millions qu'il avait apportés étaient consommés. Un troisieme million, provenu de ses conquêtes, l'était aussi. Le Gouverneur, les Conseillers, les Employés s'étaient payés de ce qu'ils disaient leur être dû; & il ne restait plus rien pour les frais de la guerre. Cinquante & un jours après son arrivée, mon Pere était sans vaisseaux & sans argent.

Tanjaour. On ne lui annonce d'autres ressource, que d'aller, à cinquante lieues de Pondichery, répéter, les armes à la main, une dette équivoque du Raja de Tanjaour (1), qu'on

(1) On ne s'est livré à aucun détail sur la partie Géographique de l'Inde, parce que cette partie est connue, & que d'ailleurs la seule inspection de la Carte instruirait mieux le lecteur que des descriptions, presque toujours imparfaites, & nécessairement trop longues dans un Mémoire tel que celui-ci.

Tout ce qui concerne l'origine, la forme, les titres, l'état actuel du Gouvernement Indien, se trouve pareillement décrit dans cent Auteurs divers. Personne n'ignore que le Pays est habité généralement par deux Nations d'origine différente; l'une asservie, l'autre conquérante; l'une *d'anciens Indiens*, l'autre de *Tartares-Mogols*, que nous avons bien mal-à-propos appellés *Maures*, puisque *Mogol* signifie homme blanc. Personne n'ignore que depuis l'invasion de Tamerlan, l'Empereur *Mogol* est Souverain de toute l'Inde en deçà du Gange; qu'il a sous lui des *Soubas*, qui devraient n'être que Vice-Rois, & qui sont Souverains; que ces *Soubas* ont sous eux de grands *Nababs*, qui devraient n'être que Gouverneurs, & qui sont Souverains,

lui peint comme *un ennemi irréconciliable des Français.* Le Gouverneur lui en repréſente la néceſſité. Un Moine, accoutumé à envahir la confiance des Chefs, & à en abuſer; un Moine, qui déjà ſongeait à détrôner une foule de 1758. No 47. Jéſuite Lavaur.

---

que ces grands *Nababs* ont ſous eux de petits *Nababs*, qui devraient n'être que Sous-Gouverneurs, & qui ſont Souverains; que ce *Mogol*, ces *Soubas*, ces grands & petits *Nababs*, ont ſous eux des *Paliagars*, *Zémidars*, *Fauſſedars*, *Amaldars* & autres, qui devraient n'être que Chefs, que Généraux, que Fermiers, & qui tranchent encore de la Souveraineté, puiſqu'ils entretiennent des troupes à leur ſolde, & qu'ils font la guerre à leurs Maîtres. Perſonne n'ignore qu'à tous ces Souverains, il faut encore ajouter quelques *Rajas* ou Rois de race Indienne, que les Tartares ont daigné laiſſer ſur leurs Trônes, & qu'ils ſe ſont contentés de rendre tributaires. Ainſi au Midi & à l'Oueſt de *Pondichery*, ſont les *Rajas* de *Tanjaour*, de *Maduré*, de *Maïſſour*, & *Pondichery* eſt ſitué lui-même dans la *Nababie d'Arcatte*, qui releve de la grande *Nababie du Carnatte*, qui releve de la *Soubabie du Dékan*, qui releve immédiatement du *Mogol*. Perſonne n'ignore, enfin, que parmi cette multitude de Tyrans, deux Nations ſe ſont conſervées libres & indépendantes, les *Patanes* & les *Marates*, nations peu dangereuſes pour les Européens, qui ſont toujours ſûrs de les vaincre, en ne les réduiſant pas au déſeſpoir; mais redoutables pour les Tartares; toujours prêtes à fondre ſur eux du haut de leurs montagnes, trop impétueuſes pour qu'ils puiſſent les arrêter, & trop légeres pour qu'ils puiſſent les pourſuivre. Il eſt aiſé de voir quels doivent être les fruits d'une pareille conſtitution, combien de révolutions doivent éclorre dans un Pays, où l'abus du pouvoir & de l'eſprit d'indépendance ſont en oppoſition continuelle; où toute entrepriſe heureuſe eſt légitime, où l'on ne ſe ſoumet que par faibleſſe, & où l'on ſe révolte avec gloire, dès qu'on le peut faire avec ſuccès. Objet d'une ambition que rien n'arrête, théatre perpétuel de guerres & d'horreurs, toutes ces contrées changent ſans ceſſe de Maîtres. De nouveaux poſſeſſeurs les uſurpent, les perdent, les recouvrent tour-à-tour. Quelque grand

1758. Princes Indiens, & à faire le partage de leurs Etats, lui en éxagere la facilité. Des Conseillers, intéressés à éloigner d'eux un surveillant redoutable, lui en promettent les plus grands succès. *Nous n'avons pas d'autre espoir*,

Déposition de le Noir.

---

crime marque toujours leur succès : on a vu le frere enchaîner son frere, le fils égorger son pere, & malheureusement le sang des peuples infortunés coule toujours avec celui des rivaux criminels. Au milieu de tant de secousses, le Trône de l'Empire pourrait-il se soutenir ferme & inébranlable ? Il a été renversé trois fois depuis le commencement de ce siecle. Trois Empereurs ont été déposés, créés, & chassés successivement par les *Perses*, les *Marates* & les *Patanes*. Rien ne prouve mieux que toutes ces expéditions, combien la lâcheté & la cruauté sont voisines l'une de l'autre. Ces peuples n'osent tenir contre une poignée d'Européens, & ils se déchirent entr'eux avec un acharnement dont on n'a point d'idée. Le sac de *Dély*, Capitale de l'Empire, a duré sept jours & sept nuits sans un seul moment d'interruption, & les *Marates* ont employé dix ans à ravager le *Bengale*.

On ne sait que trop encore que les nations Européennes n'ont pas cherché à faire naître le calme au milieu de tous ces orages. Par-tout elles ont soufflé, attisé le feu de la discorde ; elles ont divisé pour régner. Etrange effet de la cupidité ! Des peuples quittent le continent que la Nature leur avoit assigné, vont sur des bords déjà trop malheureux & trop criminels, porter de nouveaux malheurs & de nouveaux crimes, répandre la corruption où elle n'avait pas encore gagné, rompre les liens de la société, ceux de la nature, disputer à des infortunés le terrein qui les a vu naître, & leur donner en échange de leurs richesses, la honte, le désespoir & l'esclavage. On a vu les Agents de la Compagnie des Indes Française porter cet esprit de tyrannie & ce renversement de toute propriété, au point de demander compte à un Prince Indien d'une prise faite sur eux par les Anglais, & cela par la raison que cette prise avait été faite dans un endroit de la mer, voisin des côtes sur lesquelles ce Prince dominait. Il faut avouer que si ce trait de lumiere politique eût également frappé tous les yeux, il

lui dit le Gouverneur. *La Providence favorise ce projet d'une maniere sensible*, lui écrit le Moine. *Chaque coup de canon vous vaudra cinq lacks*, lui mande le Conseiller.

1758. Lettres du P. Lavaur. N° 17. 26. 27. 29. Lettre de Beausset. N° 140.

Sur la foi périlleuse de tous ces garants, qu'il ne pouvait pas connaître encore; vaincu par la nécessité, qu'il ne sentait que trop; espérant d'ailleurs, soit par l'alliance, soit par la soumission du Prince Indien, se frayer un chemin à la prise de Trichenapaly, Ville forte que les Anglais occupaient dans le voisinage de ses Etats, & qui, ainsi que Saint David, avait toujours été l'écueil de nos efforts & la cause de nos désastres; mon Pere laisse six cens hommes, un corps de Cavalerie & un de Cypayes*, aux ordres du Chevalier de Soupire, pour couvrir Pondichery, & s'engage, avec le reste des Troupes, dans la route du Tanjaour.

* Infanterie Indienne.

20 Juin. N° 145.

Dès la premiere marche, il éprouve une disette universelle. A quatorze lieues de Pondichery, dans ce même Divicottey qu'on venait de conquérir, l'Armée manque

---

en serait résulté un systême fort commode pour les Européens. Ils auraient pu se battre alors sans risquer beaucoup : le vaincu avait une ressource toute prête, & les témoins de la guerre auraient été les seuls à qui elle eût coûté. Mais c'est assez parler de tous ces Souverains qu'une troupe de Marchands faisait trembler sur leur Trône.

Quant aux monnaies de ces peuples, aux différentes expressions dont ils se servent pour désigner leur numéraire, enfin à leurs différentes manieres de compter, elles ne doivent pas être moins connues que le reste. On sait que leur *Cache*, piece de cuivre, vaut trois de nos deniers : leur *Fanon*, d'argent, six sols : leur *Roupie*, d'argent, quarante-huit sols : leur *Pagode*, d'or, depuis huit livres quatre sols jusqu'à neuf livres douze sols : que cent mille Roupies, c'est-à-dire 240,000 livres, forment un *Lack*, &c.

1758. trois repas de suite. Plusieurs Soldats meurent de faim. D'autres se répandent dans la campagne pour chercher quelque nourriture, & sont égorgés par des voleurs enrégimentés, nommés, en langue du Pays, Kalers. Obligé, pour les contenir dans la Ville, d'en faire fermer toutes les portes, & de placer des Officiers armés à toutes les breches; n'ayant pas même de quoi écraser le nelli qui était dans les magasins, & réduit à envoyer dans toutes les cases voisines, ramasser des pilons, que ces malheureux avaient à peine la force de remuer; attendant enfin, avec impatience, les bœufs de l'artillerie, pour les faire tuer, mon Pere se voit seul, enfermé avec une Armée prête à se révolter toute entiere. Une partie se révolte, & dans son désespoir, met le feu à la Ville en trois endroits différens; deux poudrieres sautent, & tous les édifices qui les environnent.

Deuxieme révolte. N° 34.

L'Armée se traîne à Karical, environ à vingt-cinq lieues de Tanjaour, & quoique cette Place appartînt de tout temps aux Français, quoique le Gouverneur fût membre du Conseil de Pondichery, quoique sa femme y exerçât un commerce exclusif de souliers & de pain, on n'y trouve pas plus de ressource qu'à Divicottey. Le Gouverneur de Karical se rejette sur le Chef d'Escadre, qui venait, disait-il, de l'affamer par une résidence de quinze jours; tandis que, de son côté, le Chef d'Escadre se rejettait sur le Gouverneur de Pondichery, qui, en refusant de faire vivre l'Escadre dans sa rade, l'avait, disait-il, forcée d'aller vivre dans une autre.

Cependant mon Pere bloque Naour, Ville Tanjaourienne. Les Habitans viennent offrir une contribution. On négocie pendant deux jours. Le troisieme, mon Pere découvre que cette négociation n'eſt qu'une feinte ; que les Tanjaouriens, la nuit, font ſortir par mer leurs marchandiſes ; que les Hollandais de Negapatam les recelent, & que ces derniers, à l'inſtant même où ils traitaient avec nous, ont donné refuge aux principaux Marchands de Naour. Il s'empare de la Ville Tanjaourienne, menace le Gouverneur Hollandais de tourner les armes Françaiſes contre ſa Capitale, réclame les Marchands qui s'y étaient réfugiés, en obtient quelques-uns, & fait mettre à l'enchere, au profit de la Compagnie, le butin de Naour. Le Major Saubinet en promet 150,000 roupies ; le Capitaine Fiſcher en offre 200,000, ſon offre eſt acceptée, & il en compte avec les Tréſoriers de la Colonie. On a fait un crime à mon Pere, en rapportant ſon Procès, d'avoir conclu ce marché, *ſans conſulter le Conſeil de Pondichery*. Naour eſt à trente lieues de Pondichery ; les chemins n'étaient pas libres ; il eût fallu ſix jours pour avoir une réponſe ; pendant les quarante-huit heures employées à la fauſſe négociation, une moitié des marchandiſes était déjà ſortie de la Ville. Encore vingt-quatre heures, il n'y ſeroit plus rien reſté.

1758.

Naour pris le 2 Juillet.

Rapport.

Plus on s'enfonçait dans le Tanjaour, & plus la ſituation de l'Armée devenait horrible. Mon Pere ſe déſolait, il ſe fâchait, il s'emportait même : mais on ſe fût déſolé, on ſe fût fâché, on ſe fût emporté à moins. Il écrivait à Pondichery des lettres pleines de reproches, qui n'opéraient rien. Il recevait à la vérité des réponſes ; de la part du Gouverneur, des excuſes & des promeſſes : de la part du Moine Lavaur, des remontrances édifiantes ſur ce qu'il était trop juſte & trop déſintéreſſé ; de pieuſes exhortations & des avis charitables, pour qu'il eût à ſe défaire de ſes préjugés d'Europe, à ne conſulter que l'inté-

N° 36. 38. 145.

N° 31. 163.

1758. térêt & *la force*, & à détrôner *au moins une demi-douzaine*
N° 32. 33. de Souverains ; un plan même de partage, pour ceux qu'il faudrait mettre à la place des Princes *expulsés*. Mais ces excuses, ces promesses, ces remontrances, ces exhortations, ces avis, ce plan de partage, ne nourrissaient pas l'Armée. D'un autre côté, les Habitants du Pays, accoutumés, depuis long-temps, à évacuer leurs villages, à l'aspect d'un simple détachement des Troupes de la Compagnie, fût-il leur allié ; effrayés bien plus encore par l'approche d'une Armée entiere, fuyaient de toutes parts, emmenant avec eux leurs divinités, par conséquent notre subsistance, puisqu'ils adorent des bœufs. Abandonnés de Pondichery ; marchants au milieu des déserts ; traversants un Pays de vingt lieues, sans rencontrer un seul Habitant ; harassés par mille petits combats, qu'il fallait livrer chaque jour à des bandes de Kalers, qui venaient encore piller nos misérables provisions, Officiers & Soldats se
Journal du Cte d'Estaing, pag. 6 nourrissaient de *coulou*, qui est l'avoine de l'Inde. Ils se disputaient les uns aux autres les fruits & ensuite les feuilles les moins dures des cocotiers. On couchait à la belle étoile, faute de tentes. Les munitions des guerre n'étaient pas plus abondantes que les munitions de bouche. Ni bœufs
N° 145. de charge, ni bœufs de trait. La seule ressoure, pour tirer l'artillerie, était d'y atteler quelques voleurs qu'on avait pris, & qu'on liait deux à deux. Sans quelques traités, que mon pere eut le bonheur de conclure ; sans les Hollandais, dont le Chevalier de Luker obtint quelques convois ; sans les Danois, dont le Capitaine Fischer obtint six pieces de campagne, dix miliers de poudre & soixante tentes ; sans le Grand-Prévôt de Poully, & sans le fameux partisan Lambert, qui, toutes les nuits, allaient conquérir.

conquérir quelques vivres, à la pointe de leur épée, & au risque de perdre mille fois la vie, l'Armée n'eût jamais pu camper devant les murs de Tanjaour, elle n'eût jamais pu y subsister, elle n'eût jamais pu y arriver; l'on aura peine à croire que le seul secours fourni à toute cette Armée, par l'Administration de Pondichery, pendant une route de cinquante lieues, ait été un convoi de vingt-huit bœufs, rassemblés par le Gouverneur de Karical. 1758.

Elle arrive enfin, cette Armée, exténuée de fatigue & de misere, essuie sur le champ deux combats, force les fauxbourgs de la Ville, & y campe, assiégée par six mille Marates & deux mille Kalers; obligée de s'éparpiller sans cesse par détachements, pour aller chercher du nesly aux environs; sur le point de faire un siége sans argent, sans artillerie; ayant, en tout, quinze coups à tirer par Soldat, & réduite à ramasser les boulets de l'ennemi, pour s'en servir contre lui.

Fauxbourgs de Tanjaour forcés le 19 Juillet.

Mon pere, dès l'instant où il était entré à Karical, avant de mettre le pied sur les terres du Raja, lui avait écrit, pour le sommer de remplir ce qu'on appellait son engagement. La sommation ne se ressentait en rien de la situation déplorable de celui qui la faisait. Elle était courte, précise & énergique: » il est juste que qui doit paie. Vous devez » cinquante-cinq lacks à la Compagnie des Indes de France, » par votre billet, ainsi que les intérêts. Je vous donne vingt- » quatre heures, pour délibérer sur les moyens de les ac- » quitter, passé lequel temps, j'irai moi-même les chercher » dans le Tanjaour. «

25 Juin. N°34.

Le Raja avait nié la dette, & dans la vérité ce n'était pas à nous qu'il devait. Contraint par la force des armes, il avait fait autrefois une espece de billet au Nabab Chan-

1758. dazaeb, notre ancien protégé, qu'il avait trouvé moyen de faire égorger depuis. Rajazaeb, fils du Nabab, avait hérité de ce billet. Trop faible pour le faire valoir, il l'avait abandonné à Dupleix, qui l'avait laissé à son successeur Leyrit, & ce dernier ne l'avait seulement pas remis à mon pere, en le faisant partir pour en aller chercher le paiement.

Constant dans son refus, mais allarmé de voir l'Armée Française sous ses murs, le Raja demande à être quitte pour trois lacks; & en offre un personnellement à mon pere, s'il veut évacuer le pays. Mon pere le refuse; il déclare qu'il ne veut traiter que pour la Compagnie. Tout récemment encore, il avait remis au trésor un pot de vin qui lui avait été offert, lors du marché de Naour. On a dit, en rapportant son Procès, qu'il avait entrepris l'expédition de Tanjaour *par avidité*.

Rapport.

La négociation se lie. Mon pere, toujours attentif sur les Anglais, qu'il regardait comme ses seuls ennemis; & résolu de les assiéger dans Trichenapaly, puisqu'on n'a pas voulu lui permettre de les assiéger dans Madras, se relâche de ses prétentions avec le Roi, pour le faire servir à l'éxécution de son projet. Il éxige quatre lacks; un, le jour qu'il partira de devant Tanjaour; un, le jour qu'il arrivera devant Trichenapaly, & les deux autres en Octobre. Il éxige, pour nantissement, tout le pays qu'occupe son Armée, Trivalour, Kivelours & Naour. Il éxige des munitions de guerre & de bouche, pour la valeur de six Lacks. On a dit, en rapportant son Procès, qu'il avait *tramé une négociation ridicule*.

Rapport.

Déposition du Trésorier Chevreau.

Le Raja se soumet à ces conditions. Déjà il avait payé 50,000 roupies, qui avaient été remises au Trésorier de l'Armée. Déjà on était convenu de donner des otages de part & d'autre. Déjà les nôtres étaient donnés. Le Colonel Kennedy & le Jésuite Saint Estevan, disciple du Jésuite Lavaur, s'étaient fait connaître dans cette nouvelle qualité, au Roi, près duquel le dernier avait été d'abord un de nos Députés. Le Roi venait de les mander, pour conclure. Les articles allaient être signés; la moitié était rédigée par écrit. Tout-à-coup, entre un Brame qui se présente au Raja, de la part de Manogi. Manogi, connu dans ces contrées par sa fausseté, sa perfidie & sa haine contre les Français; Manogi, Ministre, Général & Maître de son Roi, lui fait dire qu'il a traité avec les Anglais; que les deux tiers de la garnison de Trichenapaly entre à l'instant dans la Ville; qu'ils y apportent en même-temps la quantité d'armes nécessaire; que les Marates envoient d'un autre côté à son secours; & qu'il a, dans ses murs, actuellement, douze mille Fantassins & quatre mille Cavaliers. A peine le Brame a-t-il parlé, le Roi rompt la conférence, garde nos otages, ne livre point les siens, & le canon de la Ville tire sur l'Armée Française. 1758.

La négociation se renoue une seconde fois. Même inconstance, même faiblesse de la part du Roi; même duplicité, mêmes fourberies de la part de ses Ministres. Mon pere demande en vain, ou qu'on lui rende ses otages, ou qu'on lui en donne d'autres pour sûreté des siens. Indigné de tant de mauvaise foi, il mande au Roi que *la perfidie de Manogi lui fera perdre son Royaume*. Il le menace de *faire un désert du Tanjaour*. Le Roi effrayé, tour-à-tour, par mon pere, par les Anglais, & par son Ministre, se détermine enfin à envoyer les otages; mais

29 Juillet. N° 146.

Conseil de guerre. Siége de Tanjaour résolu le 31 Juillet. N° 39.

1758. le même jour, il manque à vingt paroles qu'il avait données précédemment. Mon pere assemble un Conseil de guerre, & l'on y décide le siége de Tanjaour.

Le projet est suivi avec plus de vigueur que de moyens. On était parvenu à tirer quelques munitions de Naour, & l'on espérait, au moins une fois pendant le siége, en recevoir de Pondichery. Pondichery, ou ne se souvenait plus qu'il éxistait une Armée Française dans l'Inde, ou ne se souciait pas beaucoup que cette Armée éxistât. On n'en reçoit ni un grain de poudre, ni un grain de riz.

Un Bâtiment Français, *le Ruby*, arrivait des Isles, apportant des médicaments, de la poudre, & deux mille quatre cens boulets. Il relâche à Négapatam. Les Hollandais, éternels infracteurs de la prétendue neutralité, qu'ils feignent d'observer entre nous & nos ennemis, le livrent aux Anglais.

Troisieme révolte.

On était au huitieme jour du siége. Les Troupes Noires manquent absolument de subsistances : elle se mutinent, & une moitié déserte. Quant à l'Armée Française, du riz pour deux jours ; du biscuit & de la viande pour six ; trois milliers de poudre ; vingt cartouches par Soldat ; pour tous boulets, ceux que l'ennemi envoyait, & dont la plupart n'étaient pas de calibre ; telles étaient ses ressources & ses munitions. Une breche à perfectionner, un assaut à donner, une seconde enceinte à assiéger quand la premiere serait emportée, la faim, la soif, le désespoir, l'horreur de se voir victorieuse à la merci des vaincus, & nécessairement désarmée par le défaut de poudre & de vivres ; telle était sa situation & sa perspective.

Seconde bataille navale gagnée par les Anglais le 3 Août.

Dans cet instant critique, arrive la nouvelle que l'Escadre Française, qu'une délibération du Conseil avait en-

1758.

fin déterminée à prendre la mer, & qui s'était approchée de Karical, vient de s'en éloigner; qu'elle a essuyé presqu'aussi-tôt une seconde défaite; que les Vaisseaux ennemis bloquent Karical; que les Anglais sont sortis de Madras & s'avancent sur Pondichery. Un Conseil de guerre s'assemble, & décide que, dans le cas où se trouve l'Armée, sa retraite seule peut faire son salut, & que, dans tous les cas, *la conservation de nos établissements est plus intéressante que le châtiment du Roi de Tanjaour.*

Conseil de guerre, N° 40. Retraite du Tanjaour résolue le 8.

Mon pere se conforme à la décision du Conseil de guerre, & dès le lendemain, il fait partir les malades, les blessés, les otages, enfin tous les gros bagages de l'Armée, sous l'escorte d'un fort détachement, commandé par le Grand Prévôt.

Commencée le 9.

Le surlendemain, comme on se disposait à la retraite, le Roi de Tanjaour, ses Ministres, ses Prêtres, ses Généraux forment le projet de surprendre & d'assassiner mon pere, suivant l'opinion universelle de ces peuples, que tous les moyens sont justes pour se défaire d'un ennemi, & qu'une Armée est vaincue, dès l'instant où elle perd son Chef. Cinquante Cavaliers & leur Commandant s'offrent pour être les instruments d'une perfidie, que le nom de la Patrie & celui de la Divinité consacrent à leurs yeux; ils se dévouent solemnellement à la mort pour y réussir. Marqués du sceau de la Religion, échauffés par leurs Brames, ivres de fanatisme & d'opium, ils sortent de la Ville à la pointe du jour, se présentent aux Gardes avancées des Français, annoncent qu'ils veulent prendre parti avec le Général, & demandent qu'on les conduise à sa tente. Mon pere se leve, sort presque nud pour les recevoir, tenant un bâton d'épine à la main. A peine le Com-

Exécutée le 10.

Assassinat religieux. Danger, victoire de mon pere.

1758. mandant Noir l'a-t-il vu, qu'il décharge sur sa tête un coup de sabre, qu'à peine mon pere a le temps de parer avec son bâton. Les autres Cavaliers Négres fondent sur lui; il est renversé de deux coups de pieds & foulé par les chevaux. Sa Garde accourt, le dégage, le venge. Tous les assassins sont massacrés; un seul qui était échappé à ce carnage, voyant l'impossibilité de se sauver, attache la queue de son cheval à un caisson d'artillerie, y met le feu & se fait sauter en l'air. Avertis par ce bruit, qu'ils croient être le signal du succès, les Ennemis font une sortie; seize mille hommes débouchent de toutes parts; mon pere, à peine arraché au danger, donne des ordres si justes & si bien éxécutés, qu'en un instant toutes ces Troupes sont repoussées. Une partie rentre en confusion dans ses murs; une partie s'enfui dans la campagne; six cens hommes restent sur le champ de bataille; les Français ne perdent que cinq Soldats avec deux Valets Noirs; & mon pere, après cet avantage malheureusement stérile, éxécute une retraite plus difficile & plus glorieuse qu'une victoire; encloue trois canons de fer qu'il est obligé d'abandonner, faute de bœufs pour les tirer; brise leurs affûts, ne laisse derriere lui ni un seul blessé, ni un seul portemanteau; fait tout à la fois, par ses dispositions, & en imposer à un Ennemi infiniment supérieur qui n'ose pas l'approcher de plus près que trois cens toises, & contenir une Armée perpétuellement mécontente, qui, après des marches de neuf heures, trouve de l'eau pour toute nourriture; ne perd, dans une route aussi longue & aussi pénible, qu'un affût Danois, un caisson & un déserteur; sort enfin du Tanjaour, où on l'avait envoyé malgré lui, après en avoir tiré 440,000 livres en argent, & après y avoir vécu deux mois aux dépens de l'ennemi : « c'était beau- » coup, dans un pays où l'on connaissait si peu de ressources. » 1758. Journal du Cte. d'Estaing, p. 8.

Rendues à Karical, les Troupes harassées, affamées, à demi-nues, espéraient au moins être payées : elles ne le sont pas. Ce qui restait de Cipaies se révoltent, & les Blancs murmurent. A ces révoltes, à ces murmures, viennent se joindre des plaintes de toutes les Aldées * circonvoisines sur la disette qu'elles éprouvent, & des demandes de secours pour chacune d'elles. Tous les fonds de la caisse militaire se montaient alors à 500 roupies. Mon père ne peut se contenir. Il porte, de son côté, des plaintes amères au Gouverneur de Pondichéry. Il se récrie avec la dernière force contre *la profusion*, *le désordre*, *le vol*, *la rapine*, contre *les abus de la manutention*. Il annonce la nécessité, le projet d'une prompte réforme. Le Gouverneur de Pondichéry, pour toute réponse, lui écrit cette lettre fameuse, ou qui du moins eût dû l'être ; prédiction alors, aujourd'hui explication de tout ce qui s'est fait depuis, & qui décide à elle seule tout le procès de l'Inde, pour quiconque veut voir la vérité & sait la découvrir.

Quatrième révolte.

* Villages.

N°. 42.

Le début était tout à la fois un aveu & un avis, à l'énergie desquels on ne peut rien ajouter. « Il est à souhaiter, Monsieur, » que vous puissiez établir de l'ordre & de la regle dans l'ad- » ministration des finances, comme dans la distribution des » vivres de votre Armée. Celui que vous chargerez de cette » besogne, aura besoin, pour s'en acquitter, de beaucoup de » fermeté, & SE FERA BIEN DES ENNEMIS (1). »

N°. 49.

(1) Hélas ! ces *ennemis* existaient déjà. Pendant le siége de Tanjaour, on avait osé former le projet d'enlever mon père au milieu de son Camp. Des Emissaires s'étaient répandus dans l'Armée. On avait sur-tout sollicité le Chevalier de Crillon, qui commandait les troupes de l'Inde. Il s'était écrié qu'*il défendrait son Général jusqu'à la dernière goutte de son sang ;* sa réponse avait déconcerté les complots : mais d'où partaient-ils ? quel en était le principe ? Mon père avait à peine paru à Pondichéry : l'homme n'était pas encore connu ; mais le réformateur s'était annoncé.

1758. Suivait un tableau, trop frappant encore & trop précieux, pour qu'il me soit permis d'en omettre un seul trait. — « Ce que » vous me marquez sur le peu de fonds de votre caisse mili» taire ne m'a point échappé ; celles d'ici ne sont pas mieux » pourvues. Toutes les ressources sur lesquelles nous comp» tions, tant du côté du Nord que de celui du Sud, nous ont » malheureusement manqué. Ne devions-nous pas d'ailleurs » nous flatter, sur les promesses qui nous ont été faites, de » recevoir quelques secours de France ? Nous voilà cependant » bientôt à la fin d'Août, & il ne nous est pas même parvenu » encore la moindre nouvelle de cette partie-là. Je m'occupe » jour & nuit de la fâcheuse position où nous nous trouvons. » Mais quelques soins que je me donne, les dépenses sont » trop considérables, & TOUTES MES RESSOURCES TROP » ÉPUISÉES, pour qu'il me soit possible d'y remédier. »

La lettre qui contenait ces détails n'a pas été citée dans le Rapport du procès ; mais on y a cité celle de mon père qui l'avait attirée. On lui a fait un crime, en général, d'avoir écrit *les lettres les plus dures & les plus hautes*, d'avoir *manifesté son aigreur*. On lui a fait un crime de n'avoir pas su conserver son sang-froid, dans un instant où il avait un sac de 1200 l. pour nourrir, vêtir, solder toute son Armée, & pour garnir toutes ses places.

V. Second projet de mon père sur Madras. L'Escadre s'y refuse. Expédition d'Arcate. N°s. 41, 42.

La prise de Madras était peut-être le seul remède à tant de maux, en supposant toutefois que ces mêmes maux ne la rendissent pas ou impossible, ou infructueuse. Mon père, aussitôt que la retraite de Tanjaour avait été résolue, avait dépêché le Comte d'Estaing à Pondichéry, pour proposer une seconde fois cette entreprise au Conseil & à l'Amiral, pour déterminer tous les deux à y concourir, l'un en s'occupant des préparatifs nécessaires, l'autre en marchant à l'ennemi.

Le

Le Comte d'Estaing ne reste que deux jours en route. Parti le 15 Août, arrivé le 17, il assemble le Conseil le 18. Il expose l'objet de sa mission; il rend compte du siege de Tanjaour, des besoins, des obstacles qui en ont retardé la prise; il déclare que *rien n'aurait pu en arrêter la conquête, si M. de la Lally n'avait été plus occupé des vrais intérêts du Roi & de la Compagnie, que de sa satisfaction personnelle;* il fait sentir l'importance du siege de Madras, l'impossibilité de l'entreprendre sans le concours de la Flotte; il rappelle le sacrifice que mon pere a déjà fait à cette Flotte, pendant le siege de Saint David, en lui donnant une partie de son Armée; il annonce encore de sa part, le même sacrifice, offre tel nombre d'Officiers & de Soldats que l'Amiral voudra, démontre la supériorité de notre Escadre, au moyen de ce nouveau renfort, demande à s'embarquer, tant il est sûr de la victoire, & termine son exposé par ces mots remarquables: » Je ne » doute pas qu'on n'éxécute ponctuellement tout ce qui » est prescrit dans la lettre de M. de Lally, & quoiqu'il » arrive, qu'on ne se plaise à éterniser la mémoire d'of- » fres, faites pour le bien commun, glorieuses pour M. le » Comte de Lally, & qui doivent le rendre cher à tous » ceux qui représentent la Compagnie. «

1758.

N° 44.

Le Conseil arrête qu'il sera écrit une lettre à l'Amiral, pour le prier de seconder le vœu de mon pere: il arrête, en même-temps, que *l'exposé de M. d'Estaing restera annexé à la délibération dudit jour.* C'est le même Conseil qui a dit, & d'après lequel on a dit dans le Procès, que la retraite du Tanjaour était *une fuite honteuse*, & que mon pere *ne voulait pas prendre Madras.*

Information, Rapport.

L'Amiral refuse positivement de marcher à l'ennemi.

1758. N° 43, & 147. Il répond au Conseil, qu'*un troisieme combat exposerait l'Escadre du Roi*; que *ses vaisseaux sont la sûreté du pays*; qu'en conséquence *son parti est pris de s'en aller avec eux à l'Isle de France*. En vain croit-on voir que ses instructions sont absolument contraires au parti qu'il veut prendre : en vain lui écrit-on ce que l'on croit voir : en vain le menace-t-on de protestations : tout ce qu'on parvient à gagner sur lui, c'est qu'il reste à Pondichery jusqu'à l'arrivée de mon pere. (Letres de Leyrit. N° 44. 148.) Mon pere arrive, renouvelle les mêmes demandes, essuie les mêmes refus, assemble un Conseil mixte composé des Officiers de terre, de Marine & des Conseillers de Pondichery. (Conseil mixte. 31 Août. N° 149.) On y arrête *que l'Escadre restera en rade jusqu'au vingt Septembre, & que la délibération sera présentée à l'Amiral, pour s'y conformer*. Cette délibération était du 31 Août, elle est présentée à l'Amiral le premier Septembre, & l'Escadre part le deux, laissant la flotte ennemie maîtresse de la mer : le Conseil proteste contre son départ. Il est inutile d'observer que je me borne à raconter les faits, sans me permettre de les juger.

Obligé de renoncer une seconde fois à Madras, mon pere veut au moins réduire les ennemis à cette seule ville, & nettoyer d'Anglais la partie du Nord, comme il avait nettoyé celle du Sud.

Arcatte. De toutes les Places situées dans l'intérieur des terres, Arcatte était celle dont la prise lui avait été le plus recommandée par ses instructions. C'était la Capitale de la Nababie de ce nom, de cette même Nababie dont les Français avaient prétendu investir le trop fameux Chandazaeb, à l'époque déplorable où ils avaient voulu substituer, dans l'Inde, des projets de conquêtes à des projets de commerce. Les Anglais, alarmés de ce système, avaient voulu de leur côté créer aussi un Nabab, pour l'opposer à celui des Français, & ils avaient jetté les yeux sur Mehemet Alikan fils du Souverain légitime, de ce brave Anaverdikan, dépossédé par Dupleix, & tué à l'âge de cent sept ans, les armes à la main, combattant pour la défense de ses Etats. Leur protegé, mieux choisi & mieux soutenu que le nôtre, avait été plus heureux. Chandazaeb que nous avions tiré du fond d'une prison pour en faire un Souverain, dans le même temps où nous placions sur le Trône du Dékan le Barbier de l'ancien Souba; Prince sans Principauté; Nabab sans Nababie; après nous avoir épuisés d'hommes & d'argent; après nous avoir perdu de crédit & de réputation; chassé de pays en pays, errant avec nos Troupes fugitives, loin de ses prétendus Etats, avait fini par se livrer à ses ennemis; & après avoir assassiné successivement une Reine son alliée, son propre beau-frere, son neveu, il avait été lui-même assassiné à son tour. Arcatte, que les Français avaient pris sur Anaverdikan, que les Anglais avaient pris sur les Français, que les Français avaient tenté trois fois, & trois fois inutilement, de reprendre sur les Anglais, devant lequel enfin, dans une quatrieme tentative, ils avaient eû toute une armée prise par Clives; Arcatte était resté à Mehemet-Alikan qui avait reçu garnison Anglaise. Depuis ce temps jusqu'à l'arrivée de nos Troupes, couvert par les armes de ces mêmes protecteurs, il possédait tranquillement sa Nababie. Même au fort des plus grands troubles, elle avait eû le bonheur de n'être pas le théatre principal des guerres dont elle était l'objet; c'était, en un mot, le pays *le moins dévasté* qu'il y eût alors dans tout le Carnate.

1758.

Instructions.

M 2

1758. Mon pere forme le projet de s'en emparer. L'Escadre Anglaise, maîtresse de la mer, croisait encore devant notre rade : il profite de ce temps pour donner quelque repos à ses Troupes. Il sollicite le fils de Chandasaeb de pratiquer, au sein même d'Arcatte, une intelligence qui
Rajazaeb. nous en rende maîtres. Rajazaeb s'y engage, si l'on veut lui promettre, d'abord la régie de toute la Province, ensuite les honneurs & le titre de Nabab. La condition est acceptée. L'intelligence réussit. L'Escadre Anglaise part au bout de cinq semaines, & va hiverner à Bombay. Le jour même où elle quitte la côte, mon pere entre en campagne, met son Armée en marche sur cinq colonnes, les dirige toutes à la fois sur Arcatte & sur quatre Places fortes qu'il fallait conquérir avant d'entrer dans la Capitale. Le Comte d'Estaing s'empare de Timeri ; le Chevalier de Soupire entre dans Carangouly ; le Chevalier de Crillon se rend maître de Trivalour, après avoir remporté une victoire complette ; le Capitaine Saubinet emporte Tirnamalet, après trois assauts consécutifs ; mon pere s'avance au centre de toutes ces attaques, Arcatte ouvre ses portes, la garnison entiere passe au service des Français, le pavillon de Salabetzingue, Souba du Dékan,
Arcatte pris le 4 Octobre. notre allié, est arboré sur le Fort, & toute la Province est soumise.

Rajazaeb avait été fidele à ses engagemens ; mon pere n'a rien de plus pressé que de se montrer fidele aux siens. Animé encore, s'il eût eû besoin de l'être pour remplir sa parole, encouragé à cet acte de justice, par le desir du Gouverneur Leyrit, par les sollicitations écrites du pere
N° 116. 150. Lavaur & de M. de Bussy, il donne au Prince Noir la régie qui lui avoit été promise : mais il éxige encore de

lui, pour prix de cette régie, la remise d'une rente de 1758.
140,000 liv., que la Compagnie s'était obligée de lui payer. Rajazaeb y consent. Il se soumet à rendre, des nouveaux domaines, le même prix qu'on en rendait aux Anglais. Il a tenu ce second engagement avec la même éxactitude qu'il avait tenu le premier. Il a fait rentrer dans Arcatte deux mille familles qui en étaient sorties, dans la craine de notre domination. Ses comptes ont été
visés & signés par un Conseiller de Pondichery. Il a été N° 151.
reconnu créancier de la Compagnie, pour une multitude d'avances qui ne lui ont point été remboursées. Et en rapportant le Procès de mon pere, on lui a fait un crime
d'avoir donné l'administration d'Arcatte à Rajazaeb, c'est- Rapports.
à-dire qu'on lui a fait un crime d'avoir conquis une Province & de n'avoir pas été parjure. On a voulu fonder l'éxistence de ce crime sur des discussions politiques, & l'on a dit que mon pere, en choisissant Rajazaeb pour
régir Arcatte, avait *aliéné la famille de Mehemet-Alikan*, Rapports.
sur lequel il venait de conquérir Arcatte; c'est-à-dire que le Maréchal de Lowendal a mérité d'avoir la tête tranchée, après la prise de Berg-Op-Zoom, s'il y a mis un Gouverneur qui déplût au Stathouder de Hollande. C'est-à-dire que pour n'avoir pas la tête tranchée, tout Général qui prendra dorénavant une Ville, doit écrire sur le champ au Général ou au Souverain, sur lequel il l'aura prise : *mandez-moi, je vous prie, quel est celui de tous mes Officiers qui vous convient le mieux pour Gouverneur, dans la Ville que vous venez de perdre : car après vous avoir fait le plaisir de vous la prendre, je me garderai bien* D'ALIÉNER VOTRE FAMILLE, *par le choix d'un Commandant qui pourrait vous déplaire !*

1758. Au milieu de ces ſuccès, on manquait de tout. Mon pere, maître d'Arcatte, s'était emparé ſur le champ de deux Forts appartenants aux Anglais, & ſitués aux environs, ſur la rive du Palear. Ils venaient d'abandonner celui de Chinglepette, placé ſur la même riviere, à treize lieues d'Arcatte, & le ſeul qui leur reſtât entre Pondichery & Madras. Mon pere veut le conquérir comme les autres. Les Troupes noires refuſent de ſe mettre en mouvement, ſi on ne leur paie un à compte de dix mille roupies ſur ce qui leur eſt dû. Mon pere écrit à Pondichery, n'en reçoit pas un ſol; les Noirs ne veulent point marcher; l'Ennemi, revenu de ſa premiere frayeur, rentre dans Chinglepette, & la Compagnie voit une conquête aſſurée lui échapper, faute de pouvoir trouver une ſomme de 30,000 liv. parmi cette foule d'Agents, propriétaires de pluſieurs millions acquis à ſon ſervice, ou plutôt à ſes dépens.

N° 152.

Dénué de tous moyens, n'ayant que trop lieu de craindre de ſe voir bientôt réduit à l'impoſſibilité d'attaquer, mon pere ſonge au moins à mettre toutes ſes Places en état de défenſe. Il s'adreſſe au Gouverneur pour les munir de vivres. Dès le milieu de ſon opération d'Arcatte, il lui avait déjà écrit ſur cet objet, avec une force qu'on ne peut juger qu'en liſant ſa lettre elle-même.

Ordres pour l'approviſionnement des Places.

N° 46. » Une choſe bien importante, Monſieur, & qui ne » ſouffre point de remiſe, c'eſt le ſalut de nos grains. Vous » ſavez qu'il n'y a pas un magaſin à Pondichery, & moi » qui ai parcouru vos Forts, je ſais qu'il n'y éxiſte pas même » un ſac de neſly. Vos campagnes regorgeaient de grains, » quand je ſuis arrivé, puiſque vous vouliez en vendre » de toute part. Mais ſi les Marates s'en emparent, avec

» quoi nourrirez-vous la Colonie? Il n'y a pas de temps » à perdre pour remplir les magasins de Pondichery, ceux » de Gingy, Alemparvé, Carangouly, Chetoupet, Vandavachy, Arcatte, Verdachelon, Valdaour, Villenour, » & en un mot de tout ce qui s'appelle Place fermée. Chacune de ces Places doit en même-temps être pourvue d'une » certaine quantité de bœufs, chiens-marons, volailles » pour l'Hôpital, racque, oignons, sel, &c. quant aux » munitions de guerre, je m'en charge, comme je me dé- » charge, par cette lettre, de tout ce qui arrivera, si » faute de ces précautions, & faute de vivres, je suis obli- » gé d'abandonner les quatre Places au Nord, qui cou- » vrent nos possessions. « 1758.

La réponse du Gouverneur n'est pas moins frappante, dans son genre, & ne mérite pas moins d'être citée: ---» Je » serais très-flatté, « mandait-il à mon pere, » d'être en » état de fournir à toutes les demandes que vous me faites. » Je sens que le succès de vos opérations peut en dépen- » dre. Mais je n'ai que trop lieu de craindre malheureu- » sement, que vous n'éprouviez par vous-même *L'ÉPUI- » SEMENT DES RESSOURCES* sur lesquelles vous paraissez » compter..... Je suis accablé tous les jours de ceux qui » viennent me demander de l'argent, & tous pour des be- » soins pressants. Si j'avais actuellement trois cens mille » roupies, elles ne suffiraient pas pour payer ce qui est » dû au Régiment de Lorraine, au Bataillon de l'Inde, » à l'Hôpital, aux Travaux, aux Equipages des Vaisseaux, » à l'Arombaté *, enfin, à tous les Postes..... Il s'ensuit, » du défaut de fonds, *DES DIFFICULTÉS INSURMON- » TABLES*, pour approvisionner ces postes comme vous » le souhaiteriez, & les mettre à l'abri de l'incursion des N° 47.

* Munitionnaire.

1758. » Marattes, que vous prévoyez. La récolte de l'année der-» niere avait été très-abondante; mais elle a été consom-» mée en très-peu de temps par nos dépenses..... Les ter-» res sont restées en friche, & n'ont point été ensemen-» cées...... La récolte du mois de Septembre ne produira » pas ce qu'elle devait donner. Il résulte de tout cela, » que nous avons tout lieu de craindre une disette pour » l'année prochaine; &, pour le présent, de grandes diffi-» cultés, pour faire entrer dans les différents postes les » différents genres de provisions que vous voulez y faire » mettre, lesquels font ensemble l'objet d'une très-forte » dépense....... Je vous ai informé de vive voix du véri-» table état de nos possessions, & de leurs revenus. Vous » avez vu vous-même que ces revenus étaient beaucoup » au-dessous de nos dépenses. Vous savez également que, » depuis deux ans, nous sommes aux expédients pour nous » soutenir....... NOS RESSOURCES SONT AUJOURD'HUI » ÉPUISÉES, & ce ne sera point quelques modiques som-» mes, que je pourrais trouver encore sur mon cré-» dit, qui vous mettront dans l'aisance que vous desi-» rez...... quelque bonne volonté que j'aie, il n'est pas » en mon pouvoir de multiplier les ressources d'une petite » étendue de pays, qui est, depuis dix ans, le théatre de » la guerre, & qu'on a achevé d'épuiser pour l'entretien » de cette Ville, des Troupes & de l'Escadre.

Ce n'est pas le premier tableau de cette espece que nous ayons vu tracer par le Gouverneur Leyrit, & malheureusement nous en verrons encore d'autres. Mais quiconque, après avoir lu cette derniere lettre, cette lettre seule, écrite le 8 Octobre 1758, ne trouvera pas que mon pere a eu le plus grand mérite à conserver Pondichery jusqu'au 16 Janvier 1761,

1761, celui-là peut, dès cet instant, cesser la lecture de ce Mémoire; il peut même se dispenser d'entreprendre jamais aucune lecture, car il doit se dire à lui-même qu'il n'est pas né pour sentir la vérité. 1758.

Au reste, n'oublions pas d'observer que le Gouverneur Leyrit, qui faisait une peinture si effrayante, & malheureusement trop vraie de notre misere, avait touché, depuis l'arrivée du Chevalier de Soupire, cinq millions deux cens soixante mille livres de sommes extraordinaires, sans compter les revenus courants de la Colonie, le produit des fermes & celui des terres nouvellement conquises. Mais observons sur-tout, que ce Gouverneur Leyrit, qui a écrit & signé cette Lettre dans l'Inde, en s'excusant auprès de mon pere de le laisser manquer de tout, est le même Gouverneur Leyrit, qui a écrit & signé à Paris, en dénonçant mon pere au Roi & au Ministre, que Pondichery était une *Colonie brillante; que M. de Lally, dès son arrivée, avait disposé de tout; qu'il était comptable de toute la régie & administration, tant de l'extérieur que de l'intérieur de la Compagnie...... qu'il était comptable de la perte de Pondichery, puisqu'il n'avait été rendu que faute de vivres...... qu'il avait affecté de laisser toutes les Places frontieres sans munitions de bouche, & qu'il avait négligé avec affectation, de faire entrer des vivres dans Pondichery*, &c. Ce n'est pas tout, & voici une troisieme observation plus frappante encore que les deux autres. En rapportant le Procès de mon pere; en rapportant ce Procès où étaient produites les lettres que je viens de transcrire, voici ce qu'on a dit mot à mot: *on ne peut disconvenir que M. de Lally n'ait recommandé l'approvisionnement de Pondichery au Gouverneur & au Conseil; ses lettres réitérées en font*

Requête au Roi & au Ministre, N° 38.

Rapport.

1758. *foi : mais les réponses du Gouverneur prouvent aussi que c'était un commandement labial, purement ostensif, dont l'exécution était entre les mains du sieur de Lally lui-même.* Retournons à l'histoire de l'Inde, que nous sommes malheureusement obligés d'entrecouper quelquefois par des réfléxions nécessaires.

IV. Fermes Générales.

Dès long-temps, il s'était élevé des réclamations contre la régie des Fermes générales de la Compagnie. Elle avait été confiée anciennement à un Conseiller nommé de l'Arche; Dupleix l'avait cassé comme frippon, & avait mis à sa place le Noir Papiapouley. Godeheu, successeur de Dupleix, avait cassé, comme frippon, le Noir Papiapouley, & avait mis à sa place le Noir Raugapapouley. Aussitôt après le départ de Godeheu, le Gouverneur Leyrit avait cassé, comme frippon, le Noir Raugapapouley, & avait mis à sa place le Conseiller Desvaux, qui ne rendait compte qu'à lui seul. On demandait de toute part que le Conseiller Desvaux fût à son tour cassé, comme les autres, & qu'on mît un nouveau Fermier à sa place. Le cri était devenu général. Noirs & Blancs se plaignaient à l'envi, & de la Régie & du Régisseur. Il avait enfin trouvé des accusateurs violents jusques dans le Conseil dont il était membre.

Division dans le Conseil.

Il récriminait pour se venger; il décriait ses confreres, qui le décriaient encore plus. Ils se haranguaient tous réciproquement, dans les cercles de Pondichery, devant mon pere, au Gouvernement, en plein Conseil.

Harangues des Conseillers.

» Vous n'êtes seulement pas capables d'examiner un » compte, « disait le Conseiller Fermier aux Conseillers accusateurs. » Nous avons été Commissaires ensemble,

» pour examiner celui de Rangapapouley & de ses Sous-Fermiers, qui ne donnaient point d'argent. Dans votre Département, tous ont été blancs comme neige. Tout leur a été passé. Tout leur a été alloué. Mais moi, dans le mien, j'ai découvert les manigances. Vous soutenez des fripons déclarés. Vous êtes de connivence avec eux. Vous ne faites que des bévues, & vous imaginez des dépenses qui viennent comme de cire, pour faire quadrer les recettes. C'est bien dommage que vous n'ayiez pas eu mon emploi. Vous prétendez que je suis le plus jeune du Conseil & tout nouveau à cette Côte. Voilà ce que c'est que de n'avoir pas votre expérience. J'eusse pu prouver, comme vous avez fait, à la Compagnie, qu'il ne lui revenait que vingt lacks, & mettre les dix autres dans ma poche, &c. &c.... » 1758.

A la bonne heure, répondaient les Conseillers accusateurs à leur Confrere Fermier; « mais vous, vous avez géré les Fermes sans la participation du Conseil, sans aucune délibération qui vous y autorisât. Par vous, tout le Conseil a été dans une ignorance entière, pendant deux années complettes, sur le plus beau & le plus réel des biens de la Compagnie, sur une administration de plus de 30 lacks (7,300,000 liv.) Vous seul, par ordre verbal de M. de Leyrit, avez mené & gouverné un pays immense, avez donné des Fermes à qui vous avez voulu, avez passé les contrats sous votre seul nom, avez travaillé enfin comme si le pays vous appartenait en propre, & non à la Compagnie. Vous avez exigé de chaque Fermier des présens que vous vous êtes appropriés; des uns 28,747 liv. des autres 64,800 liv. par an, & nous sommes bien loin de savoir tout. Vous avez encore prélevé sur eux un droit de dix pour cent. De votre propre aveu, vous avez soustrait de

1758. » vos comptes un article considérable de recette & de dépense. » Vous avez rendu bonne la cause d'une foule de coquins, » qui ne cherchent qu'à corrompre ceux à qui ils ont à faire, » pour avoir le droit de fripponner. Enfin, votre manutention » est la source de tous les maux qui nous affligent aujour- » d'hui; du peu de succès de nos entreprises, & des moyens » *violens*, mais *nécessaires*, que nous sommes obligés de » prendre pour sauver cette Colonie, *qui est sur le penchant* » *de sa ruine.* »

Il faut convenir que ces harangues sont un peu différentes de celles qu'on entendait autrefois dans le Sénat de Rome, chargé, ainsi que le Sénat de Pondichéry, des affaires d'administration comme des affaires judiciaires. Mais chaque pays a ses Sujets & son genre d'éloquence qui lui sont propres. Les Sénateurs Indiens qui proféraient ces discours, prétendaient qu'ils avaient le premier de tous les mérites, celui de contenir des vérités. Ils jugeaient ces vérités si précieuses, ils en étoient si pénétrés, qu'ils les ont encore répétées, trois, quatre, six & huit mois après. Et pour en laisser un monument éternel, ils les ont consignées, mot pour mot, dans des Mémoires qu'ils ont envoyés à mon père. Ces Mémoires, signés d'eux, ont été envoyés à la Compagnie, &
N°. 4. 8. 153. sont produits au procès.

Le Gouverneur Leyrit soutenait son protégé, dont il était la caution, & avait aussi une espèce de parti dans le Conseil, dont il était le Président. Mais en vain il s'armait tour-à-tour de son crédit & de son éloquence, pour grossir ce faible parti. En vain il haranguait, à la manière du pays, le Procureur-Général & les autres Conseillers, qui le lui rendaient sur le même ton, avec l'exactitude la plus scrupuleuse. Malgré toute son autorité, malgré toutes ses harangues, dont nous renvoyons l'extrait à la feconde partie de ce Mémoire, la faction contraire était de beaucoup la plus forte, & fe récriait autant contre le protecteur que contre le protégé. Les Confeillers n'étaient pas alors abfolument réunis d'intérêts avec leur Préfident. Un de fes confidens intimes, le Confeiller le Noir, nous apprend dans fes Mémoires que la plupart de fes Camarades, à l'arrivée de M. de Soupire, *haïffaient M. de Leyrit, & cherchaient à le contrarier en tout*, à la vérité parce qu'il les avait empêchés de voler. Mon père n'avait pas encore délivré le Gouverneur de cette haine; il n'avait pas encore reçu l'ordre précis de prendre en main toute l'administration, & de faire rendre compte à tous les Adminiftrateurs; il n'était pas encore l'ennemi commun. 1758. Second recueil, pag. 315 & 316.

Le Confeiller Defvaux avoue qu'il ne peut tenir contre le bruit public, tout injufte qu'il le prétend. Il préfente Requête à mon père, pour être déchargé de fa régie. Mon père le renvoie au Confeil, qui lui accorde fa demande, & qui lui fubftitue deux nouveaux Fermiers. L'un était l'Ex-Confeiller Miran, chaffé, depuis peu, du Corps même qui le choififfait pour adminiftrer les revenus de la Colonie: l'autre était un Sous-Marchand, nommé Abeille; tous deux ont manqué à leurs engagemens. On a dit, en rapportant le procès, que c'était mon père *qui avait donné les Fermes à Miran & Abeille*, & qu'il avait *obligé le Confeil d'y foufcrire*. Il eft avéré par ce même procès, que leur bail n'a feulement pas été préfenté à mon père, & qu'il ne l'a ni figné ni vu. Un de ces Fermiers, le feul qu'on ait entendu, a dépofé dans ce même procès, *que ce bail leur avait été paffé par le Confeil, & qu'ils ne devaient compte qu'au Confeil.* Rapport. Dépofition de Miran.

Pendant que les Sénateurs de l'Inde fe taxaient ainfi mu-

1758. tuellement de fripponnerie ; pendant que tout le Sénat en corps paſſait le nouveau bail, ſans daigner ſeulement le communiquer au Commiſſaire du Roi ; pendant qu'on faiſait ſouſtraire de ce bail, les droits & octrois, les terres de la banlieue de Pondichéry, en un mot, un tiers des revenus de la Colonie, dont l'adminiſtration reſtait aux Particuliers ; mon

N°. 154. père profitait de l'occaſion pour abolir, dans tous les marchés de la Compagnie, l'uſage ruineux des nazers & des pots-de-vin, comme il avait précédemment aboli, dans l'Armée, l'uſage non moins ruineux de percevoir des droits ſur tous les bazards *. Il faiſait des défenſes ſévères aux nouveaux Fermiers de rien payer, & à tous les autres de rien exiger. Il prenait acte de l'exemple qu'il avait donné lui-même, en remettant au tréſor tous les préſens qui lui avaient été offerts dans les poſſeſſions de la Compagnie, & en diſtribuant des gratifications aux Officiers, de tout ce qui lui avait été offert dans les pays conquis. Malheureuſement les eſprits n'étaient diſpoſés ni à obéir à ces défenſes, ni à ſuivre cet exemple. Les uns murmuraient, les autres, pour le moins, gémiſſaient. Mon père gémiſſait lui-même plus qu'eux tous, de ſe voir chargé d'une expédition dont le ſuccès était phiſiquement impoſſible ; de ſe voir jeté dans un pays perdu, à ſix mille lieues de toutes reſſources & preſque de toutes vertus. Il déteſtait ce pays, il demandait à le quitter. Il écrivait lettres ſur lettres, en Europe, à ſes amis & aux Miniſtres. Il ſuppliait les uns de ſolliciter, les autres de lui accorder ſon rappel. Il marquait à un de ces Miniſtres : « J'ai » fait juſqu'ici plus qu'on ne devait attendre de moi, & » je demande, pour toute grace, de quitter un pays pour » lequel je ne ſuis point fait, & dont les Habitans ne ſont

* Marchés.

Lettre à M. de Crémilles, 10 Octob. n°. 155.

» pas faits pour moi. Je suis heureusement arrivé trop 1758.
» vieux, pour en contracter la contagion, & j'espere que » vous me trouverez aussi honnête homme en arrivant, » que je l'étais quand je vous ai quitté.

Il me tardait de citer cette derniere lettre, non pas pour observer qu'un homme qui voulait quitter l'Inde navait pas le projet de la vendre : je rougirais d'abaisser encore mes regards jusques sur cette fable pitoyable, démentie, désavouée par ceux mêmes qui l'avoient créée, par ceux qui ont dénoncé, par ceux qui ont calomnié, par ceux qui ont condamné mon Pere. Mais désormais, que des appréciateurs justes & impartiaux, en lui payant l'hommage qu'on lui doit, en reconnoissant les services qu'il avait rendus & ceux qu'il pouvait encore rendre, les qualités qu'il avait déjà déployées & qu'il pouvait encore signaler, finissent par prononcer que ce n'était pas un théatre fait pour lui, qu'un pays où il fallait une patience souvent presque léthargique, une souplesse souvent presque rampante, une dissimulation souvent presque identifiée avec la fausseté; je leur dirai : » lisez ses » lettres, & vous verrez qu'il s'est jugé comme vous l'a- » vez jugé. Comme vous, il a dit *qu'il n'était pas fait* N° 155. bis.
» *pour ce pays*. Comme vous, il a dit *qu'il avait sa revan-* » *che en Europe.* « Que d'un autre côté, des détracteurs insensés, que des écrivains, qui n'ont pas vû combien ils se déshonoraient en devenant l'écho de ces détracteurs, représentent encore mon Pere comme *un homme essentiellement incapable de commander*, comme *un fou dangereux*, comme *l'auteur de tous les maux*; sans daigner les réfuter, je leur dirai encore : » lisez ses lettres, » & vous verrez que ce *fou* a du moins eû la sagesse de

1758. » sentir son *incapacité*; qu'il en a prévenu votre Administration, qui n'en a tenu compte ; qu'il lui a demandé son » rappel, qu'elle lui a refusé. L'un n'a pas changé son » caractere, il ne le pouvoit pas : l'autre n'a pas révo» qué ses ordres, elle le pouvait : où est le coupable, où » est l'insensé, où est la cause de tous les maux (1)?

VII. Expédition de Madras.

Mais en attendant ce rappel, qu'il espérait vainement obtenir, mon Pere songeait à mettre à profit le temps qu'il devait encore passer dans l'Inde. Il méditait une entreprise moins hardie peut-être encore qu'elle n'était nécessaire. Pour en juger sainement, il faut connaître quelle était alors la situation des Français & celle de leurs ennemis.

(1) Voyez, mon cher lecteur, l'*Histoire philosophique & politique des établissements & du commerce des Européens dans les deux Indes*, ouvrage dont on ne pourra jamais dire, ni trop de bien, ni trop de mal. Et si vous voulez juger à quel point l'on a cherché à surprendre votre crédulité, ouvrez le second volume, lisez la page 137, où l'Auteur présente un tableau de la derniere guerre de l'Inde ; rapprochez ce tableau du récit que je viens de mettre sous vos yeux : vous verrez, avec une surprise mêlée d'indignation, que, de toutes les expéditions dont je vous ai entretenu jusqu'ici, celle du Tanjaour est la seule dont cet Auteur ait parlé. Vous verrez avec quelle emphase ridicule il cite *les malheurs de la guerre du Tanjaour*, tandis que cette guerre, dont le principe seul nous a été funeste, n'a été réellement autre chose, en elle-même, qu'une demi attaque & un demi-succès. Quant aux noms de *Goudelour*, de *Saint David*, de *Divicottey*, d'*Arcatte*, &c. vous ne les trouverez non plus que si tous ces endroits n'avaient jamais éxisté. Et voilà comme on écrit l'Histoire. Et en écrivant ainsi l'Histoire, on prononce, on répéte, on crie, d'un ton d'enthousiaste, les mots de *vérité*, d'*impartialité*, d'*humanité*, de *philosophie !*

On

1758.
Situation des Français.

On devait cent mille francs au Régiment de Lorraine, quatre cens mille au Régiment de Lally, deux cens mille aux Troupes de l'Inde, plus de quatre cens mille aux Troupes Noires, autant à la Cavalerie, à l'Artillerie & à l'Etat Major.

Arcatte & les nouvelles conquêtes fournissaient à peine le journalier pour les vivres.

L'Isle de France, loin de pouvoir donner des secours, en demandait. Son Gouverneur écrivait *qu'on y allait être réduit à brouter l'herbe.* Son Conseil protestait contre le séjour de notre Escadre, comme le Conseil de Pondichery avait protesté contre son départ : il sommait l'Amiral d'aller vivre ailleurs, & d'exporter cinq mille hommes de l'Isle, pour empêcher la Colonie de mourir de faim : il disait, mot pour mot, à cet Amiral, dans cette sommation : *le nom Français va être aboli à la côte de Coromandel. Votre absence nous y va faire tout le dommage, que les Anglais devaient craindre de vos armes.* L'Amiral protestait de son côté & ne désemparait pas. Il s'emportait contre *tous nos établissements :* il se plaignait de ce que *les uns* voulaient toujours *se débarrasser de lui*, tandis que *les autres* voulaient toujours *le retenir :* il s'obstinait en conséquence à ne pas retourner dans ceux qui avaient voulu *le retenir*, & à ne pas quitter ceux qui voulaient *s'en débarrasser :* il déclarait enfin, *que si la Compagnie n'avait pas rempli ses engagements, il n'en était pas responsable ; mais QU'IL NE LUI ÉTAIT PAS POSSIBLE DE SECONDER LES INTENTIONS DE LA COUR.*

Lettre de M. Magon, Gouverneur de l'Isle de France. N° 156.

Sommation du Conseil de l'Isle de France au Cte d'Aché. N° 157.

Réponse du Cte d'Aché. Ibid.

On ne recevait d'Europe ni argent, ni vivres, ni hommes, ni nouvelles.

Le Commandant du Dékan, celui de Mazulipatam

1758. étaient arrivés : mais au lieu d'amener toutes leurs Troupes, ſelon l'ordre qu'ils en avaient reçu, ils n'en avaient amené qu'un tiers; encore ne l'avaient-ils amené que pour les eſcorter & non pour ſervir. Le dernier, Moracin, perſiſtait toujours dans ſon ancienne demande; il voulait retourner à Mazulipatam, avec ſon détachement augmenté de trois cens hommes. Le premier, M. de Buſſy, avait tout-à-coup changé d'avis; il voulait encore goûter du *calice amer* qu'il avait prié mon pere de *détourner de lui*; il voulait encore *s'enſevelir dans le cahos*, d'où il avait prié mon pere de *le tirer*; il voulait qu'on le renvoyât dans le Dékan, avec un nouveau renfort de ſept cens hommes. Dès ſon premier entretien, il avait débuté par offrir à mon pere, pour prix de ce renvoi, quatre cens ſoixante mille livres, payables en trois heures de temps. Un inſtant après, il lui avait demandé la permiſſion de porter le cordon rouge, & pour payer encore cette nouvelle faveur, il lui avait offert cent mille écus de rente, à prendre ſur Salabetzingue, Souba du Dékan. Mon pere avait rejetté ces offres avec indignation. Sur de nouvelles inſtances de la part de cet Officier, il lui avait propoſé d'aller reprendre le commandement des Troupes reſtées
N° 158. à Mazulipatam : M. de Buſſy l'avait refuſé à ſon tour. Il ne voulait que le Dékan & un renfort. Des lettres pleuvaient tous les jours, ſoit au camp, ſoit à Pondichery, toutes portant le nom de Salabetzingue, toutes adreſſées à mon pere, toutes commençant par ces mots : *renvoyez-moi M. de Buſſy avec un corps de Troupes, vous ſavez que je ne puis pas m'en paſſer*; ou bien par ceux-ci : *vous ſavez que je ne puis pas me paſſer de M. de Buſſy, renvoyez-le moi avec un corps de Troupes*. Moracin annon-

çait, de ſon côté, des Requêtes du même genre, devant auſſi arriver de Mazulipatam, pour demander ſon retour. Ceux qui voyaient toutes ces pieces, aſſuraient à mon pere qu'elles reſſemblaient aux diplômes de Dupleix, & que les lettres de Salabetzingue ſe faiſaient à Pondichery. Mon pere peu familiariſé avec tous ces moyens Aſiatiques, en pénétrait cependant le motif, & en prévoyait les conſéquences. Il en concluait qu'il fallait ſe preſſer, pour tirer quelque parti de ces deux chefs, ou du moins pour prévenir les ſuites inévitables de leur mécontentement.

Situation des Anglais.

Les Anglais, malgré toutes les pertes qu'ils venaient d'eſſuyer, étaient dans l'opulence. Le Bengale ſeul leur fourniſſait en abondance & l'argent & les vivres. Ils raſſemblaient toutes leurs forces dans Madras. Ils y avaient déjà fait paſſer la garniſon de Trichenapaly. Ils avaient déjà reçu d'Europe un renfort de quatre cens Soldats; ils en attendaient encore ſix cens. Un autre corps de leurs Troupes était en marche du Bengale & de Viſigapatam. Leur Eſcadre était abſente comme la nôtre qu'elle avait fait fuir : mais, au lieu d'aller, comme la nôtre, affamer une de leurs propres Colonies, elle allait aider le Capitaine Maitland à s'emparer de Surate. La diviſion était auſſi entre leurs Chefs & dans leurs Conſeils; comme dans les nôtres : mais, ſelon leur coutume, ils faiſaient taire les haines particulieres devant l'intérêt public, & quand il était queſtion de nous combattre, ils n'avaient qu'un ſeul & même eſprit.

Il s'agiſſait ou d'attaquer ces Anglais, ou d'attendre qu'ils vinſſent nous attaquer. Les attendre, c'était leur laiſſer le temps de réunir tous leurs ſecours & toutes leurs forces; c'était leur donner la ſupériorité de terre, après

1758. leur avoir déjà cédé celle de mer; c'était nous exposer à consommer, sans fruit, le faible reste de nos provisions, & à finir par mourir de faim. Les attaquer c'était nous procurer une étendue de pays capable de fournir à notre subsistance; c'était nous mettre à portée de tirer des contributions des Paliagars, répandus à vingt lieues, dans l'Ouest & le Nord de Madras; c'était resserrer nos ennemis dans leur Ville capitale; & comme, à la guerre, les plus grands succès dépendent quelquefois d'un instant heureux, c'était peut-être amener les moyens de prendre cette Ville elle-même.

Octobre. N° 152. Mon pere assemble un Conseil mixte, expose tous ces détails, propose une troisieme fois de faire une tentative sur Madras, pendant l'hyvernage de son Escadre, ne fût-ce que pour le bombarder. Le Gouverneur & un Conseiller opposent le défaut d'argent & de vivres. Le Comte d'Estaing s'écrie qu'*il vaut mieux mourir d'un coup de fusil sur les glacis de Madras, que de faim sur ceux de Pondichery*. Tous les autres membres du Conseil se rallient à ce cri d'un noble désespoir. On se cotise. Les nouveaux Fermiers s'étaient engagés à payer à l'Armée, pendant le cours de trois mois 500,000 roupies : mon pere, pour leur faciliter les moyens de satisfaire au premier paiement, leur avance cent quarante-quatre mille livres de son argent. Quelques Officiers & Habitants, le Comte d'Estaing à leur tête, fournissent aussi de leur argent, environ trente-quatre mille roupies, & l'Armée se met en marche.

C'était la saison des pluies, & il nous est absolument impossible, dans nos climats, d'avoir une idée de ce que sont les pluies de l'Inde. L'Armée était à peine à moitié chemin de Madras; des torrents fondent de toute part, les campagnes sont inondées, les chemins deviennent impraticables, & les Troupes sont obligées de s'enfermer dans Cangivaron. 1758.

11 Novembre. Déposition de Chevreau.

La dépense de ces Troupes, prouvée telle par les comptes des Trésoriers, montait à un million par mois. Il y avait trois semaines qu'elles étaient parties de Pondichery, & elles avaient emporté avec elles 94,000 roupies, c'est-à-dire 225,600 livres. Mon Pere, menacé encore de la disette, avant d'avoir seulement entamé son expédition, expose ses besoins au Gouverneur, & lui rappelle la promesse contractée par les Fermiers. Le Gouverneur répond *qu'il a touché 20,000 livres, mais qu'il ne peut rien envoyer aux Troupes sur cette somme, & qu'il ne prévoit pas que les Fermiers puissent remplir leur engagement.*

Lettres de Leyrit. 17 & 19 Novembre. N° 160.

Mon Pere écrit aux Fermiers directement, leur ordonne de remettre, sans délai, au Trésorier de l'Armée, *le reste* de la premiere avance qu'ils s'étaient engagés à fournir pour la subsistance de cette Armée; il leur défend *D'EN rien payer aux ordres du Gouverneur & du Conseil.* On a dit, en rapportant le Procès, sans aucune autre explication, que mon Pere avait défendu aux Fermiers *DE rien payer au Conseil.* Il n'y a qu'une seule lettre de moins dans cette seconde version; mais quelle différence pour le sens! On avait cependant l'ordre écrit & signé de mon Pere, tel qu'il avait été envoyé, & tel que je viens de le transcrire.

21 Novembre. N° 161.

Rapport.

Les Fermiers remettent au Trésorier de l'Armée 100,000 roupies, au lieu de 120,000 qu'ils avaient promises, & dès le premier instant où les pluies cessent, les Troupes rentrent en campagne.

29 Novembre.

1758.
Chinglepet.

La premiere opération de mon Pere est d'aller reconnaître ce même Chinglepet, qu'on avait manqué faute d'une somme de 10,000 roupies. Il voit que ce Fort demande un siege au moins de douze jours, & il n'avait pas vingt-quatre heures à perdre pour prévenir, ou la réunion des Ennemis, ou l'arrivée de leur Flotte. Forcé par la nécessité, il se détermine à laisser derriere lui une Place, qui pouvait devenir incommode, mais jamais dangereuse; pousse en avant, s'empare de Covelan & de S. Thomé sur sa droite, de Tripassous & de Pondamaley sur sa gauche; arrive enfin devant les limites de Madras, où étaient retranchées toutes les Troupes Anglaises, les attaque, les force de rentrer dans la Ville, leur prend quatorze pieces de canon, & campe sous leurs murs.

Prise des limites de Madras le 12 Décembre.

Voyez le Plan.

On sait que Madras est divisé en deux Parties. L'une appellée le Fort Saint Georges, & habitée par les Européens, peut être regardée comme une grande citadelle. Les Anglais avaient dédaigné long-temps de la fortifier, la croyant assez couverte par leurs vaisseaux, & n'imaginant pas qu'on pût leur disputer l'empire des mers. Mais depuis l'expédition du grand la Bourdonnais, ils n'avaient cessé d'y faire construire des fortifications Européennes, & ils avaient fini par en faire une place presqu'aussi imprenable que Saint David. L'autre partie, appellée Ville noire, est peuplée non-seulement par les Noirs, mais encore par des Négociants de toutes les nations. Elle est le centre d'un commerce immense, renferme cent mille habitants, & a près d'une demi-lieue de long. Son étendue n'avait pas permis de la fortifier; quelques fossés, une muraille ouverte en plusieurs endroits, faisaient toute sa défense.

Mon pere emploie une journée à examiner les dehors de la Ville noire, & dès la nuit il la fait attaquer par le Chevalier de Crillon, à la tête de son Régiment; marchant lui-même pour le soutenir, avec le reste de l'Armée. Le Chevalier de Crillon s'en empare sans autre perte que celle de six hommes, chasse les Cipayes qui voulaient la défendre, & mon pere, à sept heures du matin, y fait prendre poste à toutes ses Troupes. Elle était séparée en deux parties presqu'égales, par une grande prairie, coupée elle-même par un ruisseau assez considérable, qui environnait toute la partie droite, & ne lui laissait de communication avec le Fort que par deux ponts. La Brigade de Lorraine, celle de l'Inde & deux pieces de canon, sont placées dans cette partie droite; la Brigade de Lally & celle de la Marine sont placées dans la partie gauche, le long de la mer, & mon pere se hâte d'aller reconnaître les approches du Fort Saint Georges.

1758. Prise de la Ville Noire de Madras le 14 Décembre.

Des quatre-vingt mille hommes qui remplissaient la Ville noire de Madras, quelques jours auparavant, il n'y restait, à l'entrée de nos Troupes, que deux Arméniens seuls; mais toutes les maisons regorgeaient de richesses. Le Gouverneur Pigot avait d'abord défendu aux Habitants de faire sortir aucuns de leurs effets, n'imaginant pas que mon pere eût la hardiesse de pénétrer jusqu'à la Capitale Anglaise. Depuis cette défense, ces mêmes Habitants voyant l'Armée Française presque à leurs portes, avaient demandé à ce même Gouverneur la permission de traiter avec elle, pour la rançon de leur Ville: Pigot la leur avait encore refusée. Il connaissait la disette où étaient les Français; il sentait qu'un traité de rançon verserait des fonds dans leur Trésor, tandis que le pillage n'enrichirait tout au

1758. plus que les particuliers, sans aucun fruit pour la chose publique. Pour se délivrer même de toute crainte à cet égard, il avait pris avec lui, & enfermé dans son Fort, les principaux de la Ville; tous les autres se voyant sans Chefs, s'étaient enfuis aussi-tôt, abandonnant au vainqueur leurs maisons, leurs effets & leurs richesses.

Pillage. On conçoit aisément l'avidité impatiente d'un Soldat mal payé, qui se voit maître d'une Ville opulente & non gardée. A peine les postes étaient-ils pris, qu'une moitié des Troupes se débande & court au pillage. Dix mille Habitants de Pondichery, qui avaient suivi l'Armée, dans l'espérance d'avoir part au butin qu'elle ferait, entrent de tous côtés, se mêlent avec les Soldats, disputent avec eux de rapacité, &, le fer & la flamme à la main, se précipitent par-tout où ils esperent l'assouvir. Au milieu de ce désordre, la voix des Officiers est impuissante; plusieurs même songent plus à imiter leur Troupe qu'à la contenir. En un instant, toutes les portes sont enfoncées, toutes les maisons sont remplies; argent, bijoux meubles, tout est enlevé ou saccagé. Les Anglais ont évalué à quinze millions la perte de cette journée.

Sortie des Anglais. Combat sanglant. Pendant que l'Armée, d'une part, s'abandonnait au pillage de la Ville qu'elle venait de prendre, & que le Général, de l'autre, s'occupait à reconnaître la Place qu'il voulait attaquer, les Anglais songeaient à se délivrer, par un coup hardi, du siege qui les menaçait. Une des portes du Fort Saint Georges s'ouvrait. Le Colonel Draper, avec l'élite de la garnison & trois pieces de canon, courait à l'un des ponts qui conduisait à la partie droite de la Ville, passait ce pont, & tombait sur le Régiment de Lorraine, ainsi que sur celui de l'Inde, qui ne s'y attendaient pas.

Ces

Ces Régiments prennent d'abord la colonne Anglaiſe pour un corps de nos Troupes, la laiſſent approcher à bout portant, & ne la reconnaiſſent qu'à une décharge générale qu'elle fait de toute ſon artillerie & de toute ſa mouſqueterie. 1758.

Avertis par ce bruit qui retentit d'un bout à l'autre de la Ville, Officiers & Soldats courent de tout côté & s'empreſſent, chacun à ſa maniere.

Le Brigadier d'Eſtaing, qui, dans cet inſtant, examinait auſſi les approches de la Place, vole à l'endroit où l'on ſe bat. Malheureuſement pour la Nation & pour lui, trompé de loin par la reſſemblance d'uniformes, il prend un corps d'Anglais pour les Volontaires de Bourbon, y donne tête baiſſée, avec toute l'ardeur d'un homme qui brûle de mener ſa Brigade au combat, reconnaît trop tard ſon erreur, veut ſe défendre, eſt bleſſé, renverſé de cheval, & fait priſonnier.

Le Brigadier Buſſy, qui avait ordre de le ſuivre, & qui était à pied, le voit tomber de loin, attend le cheval qui s'était échappé, ſaute deſſus, & court à la partie gauche de la Ville, où était le Régiment de Lally, qui ne ſe battait point.

Le Brigadier Landiviſiau détache deux cens hommes des Troupes de l'Inde qui ſe battaient, les emmene, ſe poſte au loin, pour obſerver les mouvements des Ennemis ſans craindre leurs coups, eſt rencontré par mon pere qui courait au feu, reçoit ordre de le ſuivre, ſe ſent malheureuſement attaqué d'une colique auſſi ſubite que violente, & finit par ſe mettre à l'abri derriere un mur.

Mon pere rejoint à toute bride le Régiment de Lorraine; il arrive dans l'inſtant où cette Troupe, après

1758. avoir fait des prodiges de valeur, commençait à être ébranlée. Les Ennemis, profitants de sa surprise & de la connaissance qu'ils avaient du local, lui avaient enlevé son canon, & cherchaient à la tourner. Tous ses Commandants étaient tués ou blessés. Déjà, une partie des Anglais avait coupé entr'elle & le Bataillon de l'Inde, & s'était répandue dans la Ville. On se battait d'homme à homme, de rue en rue, dans les jardins, dans les maisons, dans les temples, le sang ruisselait de toute part.

Il n'y avait plus d'espoir que dans un dernier coup de vigueur. Mon pere harangue ses Troupes, ramene lui-même à la charge le Régiment de Lorraine, qu'il fait soutenir par les Volontaires de Bourbon. Animés par la présence de leur Général, par la bravoure du Chevalier de Guillermin & du Baron de Cécaty, les Grenadiers se précipitent sur les Anglais, la bayonnette au bout du fusil. La partie restante du Bataillon de l'Inde s'ouvre un passage, joint Lorraine qui reprend son canon, & qui le tourne aussi-tôt contre les Ennemis. Les Anglais reculent, mais ne se rompent pas encore.

Alors, mon pere envoie ordre à la Cavalerie de l'Inde, qui était à l'extrémité de la Ville, au-delà de la riviere, de venir tourner les Ennemis. Il envoie ordre à un détachement de Portugais qui était à l'autre extrémité, à un de la Marine qui était dans la partie gauche, de venir les charger en flanc.

La Cavalerie fait difficulté de marcher. Le Capitaine O-Heguerty lui montre le chemin, se jette le premier dans la riviere, & par son exemple autant que par ses discours, parvient à ébranler toute la Troupe.

Les Portugais, dans l'instant où le Chevalier de Macgrégor leur commandait, de la part du Général, de le suivre au combat, voient arriver le Brigadier Buſſy, qui leur commande de s'en éloigner & d'aller rejoindre le Régiment de Lally. Ils déclarent au Chevalier de Macgrégor qu'ils ne peuvent le suivre, *parce qu'on tirerait sur eux*. Ils répondent au Brigadier Buſſy par acclamation : *oh! oui, Monsieur*, & ils se hâtent d'aller se mettre à couvert. 1758.

Le détachement de la Marine marche sans perdre une minute.

Le double mouvement qui se fait, de la part de la Cavalerie & de la Marine, décide la victoire. En un clin d'œil les Ennemis sont enfoncés par-tout, abandonnent leur canon, & prennent la fuite. Les uns mettent bas les armes. D'autres se sauvent dans la Ville Noire, où plusieurs recommencent encore des combats particuliers, & où tous finissent par être pris. La plupart s'empressent de regagner leur Fort, & entraînent dans leur déroute un nouveau parti que le Major Brereton amenait à leur secours. Victoire des Français.

Le Chevalier de Crillon, placé à la tête du Régiment de Lally, & qui, de son poste, avait suivi tous les progrès du combat, gémissant de ne pas pouvoir en partager les dangers, apperçoit la déroute des Anglais. Il sent que le salut de leur Ville dépend de cet instant. Il veut couper leur retraite. Il veut porter rapidement sa Troupe, partie à l'extrémité de la rue d'où ils avaient à déboucher, partie à la tête du pont qui était leur seul passage pour rentrer dans le Fort. Le Brigadier Buſſy s'y oppose, & allégue le défaut de canon. *Je n'ai besoin que de la bayonnette*, répond le Chevalier; *allons, Soldats, suivez-moi. — Soldats, restez*, s'écrie M. de Buſſy ; *je vous ferai voir, Monsieur, que je suis Brigadier, & je saurai bien vous* Plan.

1758. *empêcher de marcher.* -- *Non, vous ne m'en empêcherez pas*, s'écrie aussi le Chevalier de Crillon ; & en disant ces mots, il s'avance seul, abandonné de son Régiment qui n'ose pas désobéir au Brigadier. Il court au poste où il avait placé lui-même les Portugais ; il les trouve, à quelques pas, rebroussants chemin, & se dépêchants de rentrer dans la partie gauche de la Ville. Il veut les emmener : *nous avons des ordres*, s'écrient-ils tous ensemble, & ils ne daignent seulement pas s'arrêter.

Le Chevalier de Crillon marche toujours seul. Tout le Régiment de Lally frémissait de se voir enchaîné. Un des Officiers, après d'inutiles efforts pour ébranler M. de Bussy, se retourne vers ses camarades, & leur demande s'ils veulent *laisser massacrer leur Colonel?* Aussi-tôt le Major Allen, le Capitaine Kennedy, cinquante Volontaires se détachent d'ardeur & joignent le Chevalier de Crillon. Les Ennemis avaient débouché pendant tous ces débats ; il court au pont, tue cinquante fuyards & ramene trente-trois prisonniers. Si toute la Brigade eût marché, il ne fût pas rentré un seul Anglais dans le Fort Saint Georges, & le siege n'eût pas duré quinze jours. M. de Bussy a reproché à mon pere de lui avoir fait *une scène désagréable* après l'action. Mon pere ne l'a pas niée, ainsi nous ne la nierons pas. Mais le Brigadier a dû être bien dédommagé par la lettre que lui a écrite le Gouverneur Leyrit, six jours après, dans laquelle on lit ces mots : *recevez, je vous prie, mon compliment sur la distinction avec laquelle vous vous êtes comporté dans le combat qui s'est donné entre nos Troupes & celles des Anglais, ainsi que sur le bonheur que vous avez eû, de sortir sain & sauf d'un combat aussi sanglant.* Nous avouerons encore que le Bri-

Confrontation du Chevalier de Crillon. Déposition de Léaumur.

Le Brigadier Bussy sauve les Anglais & le Fort Saint Georges.

Le Gouverneur Leyrit lui en fait compliment. N° 162.

gadier Landivifiau a partagé le *défagrément* de la *fcène* ; & que, malheureufement pour lui, il n'a pas eû de dédommagement. 1758.

Nous venions de remporter une victoire difficile & glorieufe. Quoique furpris dans le premier inftant du combat, nous n'avions eû, en tout, que cinquante-quatre hommes tués, cent vingt-neuf bleffés, & un feul fait prifonnier. Les Anglais avaient perdu trois fois autant de monde, fans y comprendre même leurs bleffés : la Ville était jonchée de leurs cadavres. Tout leur canon leur avait été enlevé. Un détachement de nos Troupes conduifait en triomphe à Pondichery, cent foixante prifonniers, parmi lefquels était un grand nombre d'Officiers diftingués. Les Princes du pays étaient frappés, & du moins contenus. Le Roi de Tanjaour défavouait fa conduite, il la rejettait fur *des efprits brouillons qui avaient*, difait-il, *tout caché de part & d'autre*. Il écrivait *qu'il ne fouhaitait rien tant que l'amitié du Grand Général Lally*. Il rendait nos otages qu'il avait toujours gardés en prifon jufques-là. Il *ofait* forcer fon premier Miniftre d'aller les délivrer lui-même. Il ordonnait qu'on leur reftituât tout ce qui leur avait été pris. Il y ajoutait des préfents. Enfin, il leur donnait une efcorte jufques fur nos terres. Il eft vrai que le Pere Lavaur, qui avait traité cette affaire avec le Raja, en qualité de *grand Saint*, de *grand Prophête*, de *grand Lama des Français*, *rapportait*, dans fes lettres, *tout l'honneur du fuccès à une neuvaine aux Saints Anges, dont il avait appuyé fa tentative* : mais il eft fans doute permis de penfer que la *neuvaine*, avait été *appuyée* auffi par la victoire de mon pere. N° 163. Hypocrifie de Lavaur. N° 163.

Ces dehors brillants couvraient cependant la pofition

1758. la plus désastrueuse. On ne nous avait fait qu'un seul prisonnier ; mais ce prisonnier était le Comte d'Estaing. Nous n'avions que huit Officiers tués ou blessés à mort ; mais parmi ces huit, étaient Tillecourt, l'ame du Régiment de Lorraine qu'il commandait, & Saubinet, Major des Troupes de l'Inde, le seul qui pût faire connaître à ces Troupes la discipline & la subordination. La plupart des munitions
N° 164. nécessaires manquaient absolument, & le peu qu'on en avait n'arrivait point. Nos bâtiments de transport mettaient quatorze jours à un trajet que ceux des Anglais faisaient en cinq. Mon pere avait reconnu deux emplacements pour des batteries, à environ deux cens cinquante toises de la Place ; ces batteries étaient construites, & elles ne pouvaient tirer. Il demandait de tout côté des canons, des boulets, des bombes, de la poudre. Il écrivait à Mazulipatam, à Alemparvé, à Arcatte, à Pondichery. Partout ses ordres étaient méconnus ou mal exécutés. Le Conseiller Denis désobéissait à Mazulipatam, & retenait pendant huit jours un bâtiment qu'il avait ordre d'envoyer sur le champ. Deux autres Commandants désobéissaient à Alemparvé, & tenaient deux autres bâtiments en rade, au lieu de les charger & de les mener à Madras. Le Commissaire d'Artillerie Carpentier désobéissait à Pondichery, envoyait canon sur canon, boulet sur boulet & pas un grain de poudre. Il fallait apprendre à l'Artillerie de l'Inde qu'on ne tire pas de boulets sans poudre. Cette derniere espece de munitions sur-tout manquait entierement. Mon pere ordonnait en vain, *qu'on lui en envoyât*
N° 164. *par 20, par 100, par 200, par 1000 livres ; par eau, par terre, sur des bœufs, sur des chameaux, sur des chevaux, par des coulis, en un mot par toutes les voies imaginables,*

Les Soldats étaient aſſaſſinés par le feu de la Ville ſans pouvoir y répondre. Toute l'Armée était obligée de paſſer des nuits entieres ſous les armes. D'un autre côté, les fonds étaient épuiſés, il ne reſtait plus que quatre mille livres dans la caiſſe militaire. Les Fermiers avaient manqué à leur engagement. Le Gouverneur Leyrit écrivait *qu'il n'y avait rien à attendre d'eux.* Et au milieu de cette détreſſe univerſelle, c'était encore à qui ferait des demandes d'argent. C'était à qui répéteroit de prétendues avances faites pour la Compagnie. C'était à qui dévorerait les reſtes de la ſubſtance publique ; juſqu'au Moine Lavaur, qui voulait qu'on lui payât ſa *neuvaine*; & qui, après avoir écrit à mon pere que tout devait être *rapporté aux Saints Anges*, ajoutait ſur le champ, *qu'il n'avait cependant pas négligé les moyens naturels ſuivant la maxime :* aide toi & le Ciel t'aidera; *qu'il avait fait manœuvrer à la mode du pays, & avait fourni des avances qu'il était juſte de mettre ſur le compte de la Compagnie.*

1758.

20 Décembre. Nº 165.

Lavaur vend des neuvaines.

Mon pere avait emprunté d'un Arménien 24,000 liv., pour leſquelles il s'était engagé perſonnellement, & il les avait verſées dans la caiſſe. Il y verſe encore un préſent de 12,000 liv., que venait de lui faire un Prince Noir. On avait donc, en tout, quarante mille livres, pour établir un parc d'artillerie, une forge dans ce parc, enfin pour l'univerſalité des dépenſes quelconques; avec de pareils fonds, on ne pouvait ſonger qu'à bombarder Madras.

Sur ces entrefaites, on reçoit de Pondichery la nouvelle intéreſſante d'un ſecours expédié des Iſles : voici quel était ce ſecours, & d'où il provenait.

Nouvelles d'Europe & des Iſles. 24 Décembre.

Le Gouvernement & la Compagnie des Indes avaient

1758. enfin ſongé à éxécuter au moins quelques-unes des promeſſes faites à mon pere. Le Chevalier de l'Eguille était parti d'Europe pour la côte de Coromandel, avec quatre Vaiſſeaux de Roi, trois millions & ſept cens hommes de recrues.

Arrivé à l'Iſle de France, il avait encore pris un nouveau renfort de quatre cens Caffres, levés par le Gouverneur Magon, & il s'était diſpoſé ſur le champ à mettre à la voile vers Pondichery, lorſque le Comte d'Aché, qui venait de quitter l'Inde depuis cinq ſemaines, était rentré dans les ports de l'Iſle de France, avait rompu tous les projets, & s'était emparé des vaiſſeaux, des hommes

N° 166. & de l'argent : le Comte d'Aché appellait cela *être arrivé à propos.*

Le Gouverneur Magon, qui n'avait pas ſaiſi l'*à propos*, & qui, à la crainte de voir Pondichery perdu, joignait encore celle de voir ſon Iſle affamée, après avoir fait des remontrances infructueuſes à l'Amiral, avait pris le parti d'aſſembler un Conſeil mixte. D'abord, pour nous

Lettre de M. Magon. 3 Nov. N° 167. ſervir de ſes propres termes, *il avait oſé propoſer les moyens de faire reparaître dans peu, aux Indes, notre Eſcadre ainſi fortifiée : ſa propoſition n'avait pas ſeulement été écoutée. Le ſeul mot de grande route était ſi odieux, qu'on aimait mieux riſquer de périr de faim, que de s'y expoſer.* Il avait demandé enſuite, qu'on envoyât du moins à Pondichery deux Frégates, deux millions & deux cens hommes, offrant même de prendre les hommes ſur ſa garni-

Autre du 28 Novembre 1759. Ibid. ſon, & *repréſentant avec force, la néceſſité de faire paſſer des ſecours* à mon pere : il n'avait pas été plus heureux. Le Comte de Montmorency, qui allait porter à la Cour la nouvelle de nos conquêtes avec l'expoſé de nos beſoins,

&

& qui se trouvait alors à l'Isle de France, *avait appuyé, aussi fortement qu'inutilement, la demande* du Gouverneur. L'Amiral *n'avait voulu entendre rien.* L'on s'était encore relâché, & l'on avait enfin *obtenu, avec une peine infinie,* qu'il ferait passer le tiers des fonds à Pondichery, mais sans hommes & sans vaisseaux. Il avait même annoncé le projet *de ne partir pour l'Inde qu'au mois de Mai suivant.* Encore avait-il *déclaré nettement, qu'il n'y retournerait pas à moins d'un approvisionnement de sept mois.* On avait arrêté, en conséquence, *que le Comte de Montmorency travaillerait à son arrivée en France, pour obtenir qu'on fît partir aussi-tôt trois Vaisseaux de guerre, qui allassent en droiture à la Côte de Coromandel.*

1758. Lettre du Cte de Montmorency. 31 Octobre. Ibid.

Lettre de Clouet 4 Novemb. Ibid.

C'était ce tiers des fonds portés à l'Isle de France, qui venait d'arriver à Pondichery, sous l'escorte de dix-huit Soldats que commandait un Sergent, & par la voie d'une Frégate qui avait *ordre de s'en retourner sans perte de temps, & de ne rester que vingt-quatre heures en rade.*

Lettres de Leyrit. 21 Décemb. & 28 ibid.

Ainsi, sur trois millions destinés aux opérations de mon pere, on ne lui en envoyait qu'un. Sur quatre vaisseaux, on ne lui en envoyait pas un. Et sur onze cens hommes, on lui en envoyait dix-neuf. J'ai annoncé que je n'étais qu'Historien : mais sans juger les faits, on peut présenter leurs résultats. Il est certain que si l'on eût voulu ne frustrer mon pere que de deux moyens, des trois qui devaient lui parvenir; si l'on eût voulu lui envoyer, ou tout l'argent, ou tous les vaisseaux, ou tous les soldats, Madras était pris.

La même Frégate qui apportait le million, apportait aussi les différentes dépêches où nous avons puisé tous ces détails, & notamment quatre lettres écrites par le

1758. Comte d'Aché, le Comte de Montmorency, le Gouverneur Magon, & le Contrôleur-Général Boulongne. Le

No 167. Comte d'Aché marquait à mon pere, *qu'on s'y prenait au mieux pour faire échouer toutes leurs entreprises*. Le Comte de Montmorency, après lui avoir mandé *qu'il ne savait comment lui exprimer la misère épouvantable de l'Isle de France, & l'augmentation qu'y apportait l'Escadre de M. d'Aché*, lui annonçait l'envoi actuel comme *le seul & dernier secours qu'il recevrait de cette Colonie*. Le Gouverneur Magon lui ajoutait *qu'il fallait peu s'attendre à en recevoir d'Europe*. Le Contrôleur-Général, enfin, lui déclarait positi-

Lettre de M. de Boulongne. 6 Février. Ibid. vement, *que la Compagnie n'était pas en état de subvenir aux dépenses de la guerre dans l'Inde, & que les dépenses de la guerre d'Europe ne permettaient pas au Roi de continuer à la secourir*: qu'au reste, aux secours près, *il n'y avait rien à desirer dans le dégré de bienveillance dont le Roi honorait la Compagnie; mais qu'elle devait, désormais, trouver en elle-même des ressources*. Et l'on éxigeait des succès du Général à qui toutes ces lettres étaient adressées! & l'on voulait que ce Général payât, vêtît, nourrît, créât des Soldats avec *la bienveillance du Roi!* & l'on prétendait qu'une Compagnie, *hors d'état de subvenir aux dépenses de la guerre, trouvât en elle-même les ressources* nécessaires pour *les dépenses de la guerre!*

Mais il y avait deux phrases plus remarquables encore dans la lettre du Ministre. » J'espere, « écrivait-il à mon pere, » que vous ferez bon usage des secours *qui vont vous* » *parvenir*..... Il est un autre objet, dont vous connais- » sez sans doute toute l'importance, c'est l'économie dans » les dépenses. Vous sentez combien il serait dangereux » pour vous, de laisser dissiper les fonds *qui vous sont en-*

» *voyés* Vous vous trouveriez bientôt SANS RESSOURCE. « 1758-1759.
Dès cet instant, la justification de mon pere était toute entiere dans ces deux phrases seules. Sa défense n'était ni longue, ni compliquée : » les secours *ne me sont point* » *parvenus ;* ainsi je n'ai pu en faire aucun usage. Les » deux tiers des fonds *ne m'ont point été envoyés ;* aussi me » suis-je trouvé bientôt SANS RESSOURCE.

Siege du Fort S. Georges. Tranchée ouverte le 8 Janvier 1759.

Il n'en restait plus que dans la prise du Fort Saint Georges ; & l'attaquer dans les regles était, sans doute, le meilleur usage qu'on pût faire du peu de fonds qui n'avait pas été retenu à l'Isle de France. Mon pere s'y détermine. On paie aux Soldats un tiers de ce qui leur était dû, & l'on ouvre la tranchée.

Il est reçu dans la Tactique, & c'est le calcul du Maréchal de Vauban, qu'un assiégé est égal en force à cinq assiégeants. Le Fort Saint Georges assiégé par une Armée de 2700 hommes, en avait 5000 pour sa défense, sans compter les Troupes du dehors. Il avait la mer libre, & journellement était rafraîchi par les Hollandais.

Quelques supérieures que fussent les forces de l'Ennemi, ce n'était cependant pas encore ce que nous avions le plus à redouter.

Disette. Désordre. N° 168.

On continuait à éprouver la disette des munitions les plus nécessaires. Le Gouverneur Leyrit écrivait *que les moyens de transport manquaient absolument.* L'entrepreneur chargé de la nourriture de nos bœufs de trait, les laissait périr de faim. Ces misérables animaux, abandonnés de leurs conducteurs qui n'étaient pas mieux nourris qu'eux, tombaient morts à la plus légere fatigue. On en détournait encore le plus que l'on pouvait, pour les faire servir au brigandage. Six mille hommes, Bourgeois, Sol-

1759. dats, Blancs, Noirs, couvraient le chemin de Madras à Pondichery, emportant de la Ville noire une partie de son butin, qu'ils se disputaient & s'arrachaient jusques sur la route. Une autre partie, chargée sur nos chelingues, * allait par mer à la même destination. On portait l'audace jusqu'à contrefaire la signature de mon pere, pour employer, à ce coupable usage, ces chaloupes qui ne suffisaient pas même au transport de nos munitions. Le pillage se renouvellait chaque jour. Des Officiers abandonnaient leurs postes & leurs Troupes, pour garder leurs trésors & leurs marchandises. Parmi les Soldats, les uns enrichis par les fouilles qu'ils ne cessaient de faire dans les maisons & dans les jardins, refusaient le travail; on leur offrait une roupie pour les y engager, & ils en offraient quatre pour en être dispensés. D'autres, qui avaient découvert des magasins de racque, & à qui l'on en apportait encore de Pondichery, étaient dans une ivresse perpétuelle : on les voyait aller par bande dans ces magasins, tirer deux ou trois coups de fusil dans le bas d'un tonneau, se jetter tout autour à plat ventre, coller leurs bouches contre les trous que leurs balles venaient d'y faire, se remplir jusqu'à la satiété, & ceux qui pouvaient se relever, se traîner delà, pour faire les travaux de la tranchée, y renouveller des scènes plus scandaleuses encore, se disputer, se colleter, se rouler avec leurs Officiers. Les ordres, les défenses, les saisies, les punitions, tout était enfreint, tout était bravé. Ceux qui étaient le plus faits pour veiller à l'accomplissement de la Loi, étaient souvent ceux qui contribuaient le plus à la
N° 168. faire violer. L'insubordination régnait par-tout, hors du camp comme dans le camp. Le détachement qui avait me-

* Chaloupes du pays.

né nos prisonniers à Pondichery, & qui avoit ordre de revenir au bout de huit jours, revenait au bout de vingt. Un Capitaine de l'Inde qui avait ordre de se joindre à Rajazaeb, pour empêcher la jonction de deux Corps ennemis à Chinglepet, allait se reposer à Pondichery, au lieu de se rendre à Arcatte, & cette jonction se faisait. C'était à l'aspect de ce tableau que mon Pere s'écriait : » le désordre ne se comprend pas, & il est sans remede. « C'était à la vue de ce désordre qu'il s'écriait, avec plus de désespoir encore : » l'Enfer m'a vomi dans ce pays » d'iniquités, & j'attends, comme Jonas, avec résigna- » tion, la Baleine qui me recevra dans son ventre. « 1759. N°. 168.

D'un autre côté, le petit nombre de Soldats que l'exemple & la fermeté de leurs Officiers avait sauvés de la contagion, était exténué de fatigue, ennuyé des longueurs de l'attaque, & rebuté par les méprises continuelles de l'Artillerie & du Génie. Le Chevalier Dure ne démentait pas l'idée qu'il avait donné de lui au siege de Saint David ; & malheureusement, les seuls Officiers capables de le diriger, ou plutôt de le suppléer, avaient été tués au commencement du siege. Le Capitaine Lacombe surtout, aussi intelligent que brave, avait emporté avec lui tout notre espoir & toutes nos ressources dans cette partie. De cinq Ingénieurs que mon Pere avait amenés d'Europe, il ne lui en restait plus que deux. De six Artilleurs, il ne lui en restait que trois. Des cinq restants, quatre ne faisaient point de service, comme étant Chefs & Majors, & le cinquieme était un Officier Mineur. Le Chevalier Dure se trouvait seul, avec le Genie & l'Artillerie de l'Inde, plus brave & plus zèlée, mais pas plus savante que lui. Il n'était pas de jour, où l'on ne fît l'expérience

Génie ; Artillerie. Chevalier Dure. Inepties.

1759. de cette triſte conformité entre celui qui commandait & ceux qui étaient commandés.

Batterie royale, Plan, I.

Une premiere batterie de huit, & enſuite de douze canons & de quatre mortiers, avait été établie à deux cens cinquante toiſes, dans le fond du Nord de Madras, pour ruiner les défenſes des deux baſtions d'attaque. Le Chevalier Dure, au lieu de combiner la direction de ſa tranchée avec l'effet de cette batterie, conduit ſes travaux de maniere qu'au bout de quinze jours nos canons ſont maſqués par nos ouvrages avancés, & ne peuvent plus tirer.

Baſtions d'attaque, D.

Batterie des Tombeaux, L.

Une ſeconde batterie de quatre pieces avait été établie ſur la droite de la premiere, à la même diſtance de la Place, & pour battre à ricochet la demi-lune. Elle eſt démaſquée, & ſa direction, au lieu d'être ſur la face de la demi-lune, ſe trouve être en dehors. Quoique ſon objet ne ſoit pas entierement rempli, elle a cependant un heureux effet. Elle oblige l'Ennemi plus d'une fois à quitter ſa demi-lune & ſon chemin couvert, d'où il nous foudroyait ſans relâche. Mais le Chevalier Dure s'obſtine à ne vouloir faire feu que pendant le jour; auſſi-tôt que la nuit paraît, l'Ennemi reprend le poſte que nous lui avons fait abandonner, & juſqu'au lendemain aſſaſſine impunément nos Travailleurs & nos Soldats. Vainement mon Pere ordonne qu'on faſſe tirer, pendant la nuit, cette batterie, & qu'on la faſſe tirer à groſſe mitraille: il n'eſt point écouté; on lui répond *qu'on craint de tirer ſur nos gens*, ce qu'on n'eût pas pu faire quand on l'eût voulu. Vainement un Officier volontaire, indigné des obſtacles qu'on oppoſe au zèle du Général, ſe rend à cette batterie, ſans communiquer ſon projet à perſonne; diſpoſe les pieces: y tranſporte, à l'entrée de la nuit, une cinquantaine de boulets;

Du 12 au 13 Janvier.

Du 21 au 22.

en forme huit gargouſſes ; attend l'inſtant où les Anglais commenceront leur canonade ; tire auſſi-tôt ſur eux à groſſe mitraille ; les chaſſe tous en une minute ; éteint abſolument leur feu ; procure enfin à nos Troupes la nuit la plus tranquille qu'elles aient encore paſſée, & le travail le plus avantageux qu'elles aient encore fait : le malheur veut que cet Officier tombe malade, le lendemain même de cette action héroïque. Son exemple eſt auſſi ſtérile que les ordres de mon Pere. L'Ennemi reprend ſon train accoutumé ; nous écraſe de ſa mouſqueterie, lorſque nous ſommes avancés au point de ne plus craindre ſon canon ; répare tranquillement, chaque nuit, le dégât que nous lui avons fait pendant le jour ; & ſans avoir une ſeule de ſes pieces démontée, nous démonte ſucceſſivement toutes celles, qui, bien employées, euſſent été la cauſe de ſa ruine. 1759.

Une troiſieme batterie de ſept pieces avait été projettée par mon Pere lui-même, & devait être établie, abſolument dans la partie droite de la Ville noire, pour battre à ricochet le grand baſtion Le Chevalier Dure choiſit ſon emplacement, la fait conſtruire, la démaſque ; elle tire, & l'on s'apperçoit que, pour remplir ſon objet, elle eſt trop près du baſtion de cent quarante-huit toiſes ; que les boulets franchiſſent ce baſtion, & vont tomber dans la mer. Mon pere ordonne une nouvelle batterie de quatre pieces, dont il va lui-même marquer l'emplacement. Le Chevalier Dure s'opiniâtre à faire tirer encore l'ancienne, pendant cinq jours entiers. Mon pere eſt obligé de s'y tranſporter une ſeconde fois, pour en faire ôter les pieces devant lui. La nouvelle eſt conſtruite, mais mal ſervie ; on y envoie des Officiers qui ne ſavent ſeulement pas ce que c'eſt qu'un ricochet.

Batterie de la droite, N.

Gr. Baſtion, C.

Batterie de Lorraine, O.

Du 11 au 14 Janvier.

1759. Mon Pere, après neuf jours de prieres & d'injonctions

Deuxieme batterie contre la demi-lune, P. inutiles, obtient enfin qu'on opposera une nouvelle batterie au front de cette terrible demi-lune, sous le feu de laquelle sont tous nos ouvrages. Le Chevalier Dure n'y veut mettre que trois pieces, contre les quatre de l'Ennemi. Au lieu de prendre ces trois pieces, comme il en avait l'ordre, sur celles qui se reposaient, après avoir été déplacées de la droite, il les prend sur la batterie royale, qui alors tirait encore avec succès. Il prend précisément celles qui ruinaient le petit bastion, point principal de notre attaque. Il manque encore sa direction,

Du 17 au 18 Janvier. en construisant la nouvelle batterie : tous les boulets passent par-dessus la demi-lune qu'ils étaient destinés à frapper. Il veut réparer sa méprise, & il donne dans l'excès contraire. Le jour suivant, nos trois pieces n'ont d'autre effet que de tuer deux de nos gens dans notre propre tranchée. Presque par-tout nous perdons trois boulets sur quatre, & les Anglais n'en perdent pas un sur six.

Nos Sappeurs arrivent enfin au point de n'avoir plus à craindre le canon de cette demi-lune. Dans l'instant où elle ne peut plus nous inquiéter, elle fixe tout-à-coup l'attention entiere de ce même Chevalier Dure, qui l'avait négligée tout le temps qu'elle n'avait cessé de nous désoler.

Troisieme batterie contre la demi-lune, Q. Il veut, à toute force, établir contr'elle une troisieme batterie de quatre canons. Il en fixe lui-même l'emplacement au débouché de la troisieme parallele. Il en fait lui-même le tracé. On travaille à la construire pendant deux nuits. La troisieme, on y conduit les pieces ; on démasque les embrasures ; le jour paraît ; on veut faire feu :

Du 22 au 23 Janvier. l'on s'apperçoit que la batterie n'est pas seulement parallele à l'endroit qu'elle doit battre ; on ne découvre seulement pas

pas la demi-lune par les embrasures ; on ne voit pas même la pointe de son angle saillant. Le Chevalier Dure fait retravailler à sa batterie, toute la nuit suivante. Aussi-tôt qu'il voit le jour, il veut la faire tirer : il ne se trouve encore que deux pieces, sur les quatre, qui puissent voir la demi-lune ; on est obligé d'élargir les deux autres embrasures à coups de canon. L'ouvrage reste toujours aussi mauvais. Sur six coups, à peine en avons-nous un qui touche. La nouvelle batterie ne sert qu'à provoquer le feu des Ennemis, à faire écraser par leur mitraille les gens que nous y employons, & à décourager tous les autres. Elle est démontée entierement au bout de sept jours ; il eût été à souhaiter qu'elle le fût au bout de sept minutes. 1759. Du 29 au 30.

La mauvaise qualité des munitions, le peu de discernement dans leur envoi, venaient encore se joindre à l'impéritie de ceux qui les mettaient en œuvre. On recevait sans cesse des boulets de vingt-quatre avec des pieces de dix-huit, & des bombes de huit avec des mortiers de douze. Nos poudres, faute d'Escadre qui pût les transporter par mer, charriées en grande partie par des chemins fangeux & à découvert, nous arrivaient toutes humides. Pendant des journées entieres, on ne tirait pas une seule bombe qui ne crevât ou en sortant du mortier, ou dans le mortier même. Il n'y avait dans tout le parc que deux obusiers. L'un, dès la premiere fois que l'on s'en était servi, au second coup qu'il avait tiré, avait brisé son affût. On n'osait pas faire usage de l'autre qui paraissait valoir encore moins que le premier. Ainsi, nous avions peu de munitions ; l'on ne savait pas, ou l'on ne voulait pas les assortir ; elles arrivaient lentement ; elles étaient mauvaises, & on les employait mal.

1759. Par-tout où le ſuccès dépendait de mon pere ſeul, ou de la bravoure des Officiers d'élite qu'il employait, l'on réuſſiſſait.

Les Hollandais, toujours ſous le voile de la neutralité, étaient convenus avec les Anglais de leur céder Sadras, en feignant de ſe le laiſſer prendre. Mon pere, inſtruit de ce projet par une lettre interceptée, l'avait prévenu; il s'était emparé lui-même de cette Place, qui était de la derniere importance pour la ſûreté de nos convois, & pour notre communication avec Pondichery.

Sadras pris le premier Janvier.

Quatre fois l'Armée ennemie, qui tenait la Campagne, ſe préſente pour faire lever le ſiege; trois fois elle eſt repouſſée avec perte; la quatrieme, elle eſt taillée en pieces, & elle ne reparaît plus.

Ennemis du dehors, battus quatre fois.

Quatre fois des détachements de la garniſon eſſaient de faire des ſorties ſur nos Troupes. Le premier de ces détachements, quoiqu'il nous eût ſurpris, ſe borne à nous enlever deux mauvais canons de fer abandonnés, & n'oſe ni nous joindre, ni nous attendre. Les trois autres ſont battus & chaſſés dans leurs murs, preſqu'auſſi-tôt qu'ils en ſont ſortis.

Sorties des Aſſiégés repouſſées.

Enfin, malgré la diſette, les lenteurs, les mépriſes, les obſtacles, les inepties, les déſobéiſſances; à force de dire & de faire; à force de s'expoſer perpétuellement à la tranchée comme le dernier des Soldats, à force de ranimer par ſon zèle & par ſa bravoure, le zèle & la bravoure des Troupes rebutées à chaque inſtant, mon pere parvient à faire couronner le chemin couvert; il ordonne au Commandant de l'Artillerie d'établir ſa batterie de breche, & de miner la contr'eſcarpe, tandis que quatre nouveaux mortiers ſubſtitués à notre funeſte batterie de la demi-lune,

Couronnement du chemin couvert.

ne cesseront, avec les anciens, de bombarder les ouvrages des Ennemis & l'intérieur de leur Ville. De ce nouveau travail allaient dépendre le succès de l'expédition & le sort de Madras. 1759.

Batterie de brêche, T.

Cinq pieces sont destinées à former la nouvelle batterie: deux doivent être dirigées contre le petit bastion, & les trois autres doivent achever de ruiner le bastion en terre, pour rendre la breche plus praticable.

Du 16 au 17 Janvier.

Le Chevalier Dure fait son tracé. Dès le second travail, on s'apperçoit que d'après ce tracé, les deux pieces destinées à battre le petit bastion, regarderont la courtine du front d'attaque; c'était une erreur, seulement de cinquante toises.

On recommence comme si l'on n'avait encore rien fait. On construit, on acheve la batterie; on chasse l'Ennemi qui vient l'attaquer, & tout cela sans marcher d'un seul pas en avant. On amene enfin les pieces, on les démasque: des deux qui devaient tirer contre le petit bastion, une seule le regardait; la seconde n'était pas mieux dirigée que la premiere fois; quant au trois autres, elles ne voyaient seulement pas la crête du gros bastion qu'elles devaient battre. Et mon pere, depuis trois jours, n'avait cessé d'avertir le Chevalier Dure, de la mauvaise direction de ces pieces; & le Chevalier Dure, depuis trois jours, avait sans cesse répondu à mon pere, *que ces pieces non-seulement verraient le pied du bastion*, dont elles ne voyaient pas la crête, *mais même verraient une partie du fossé*; & après cinq jours d'ouvrage, un seul canon, sur cinq, pouvait faire feu; & l'on est étonné que mon pere n'ait pas pris le Fort Saint Georges, & l'on n'est pas étonné qu'il ait pris le Fort Saint David!

Le Commandant de l'Artillerie prend le parti de maf-

1759. quer l'embrasure de ce canon, & d'attendre la nuit pour remédier au triste état du reste de sa batterie. Nouveau travail, nouvelle erreur. Le lendemain arrive, & trois pieces se retrouvent encore dans l'impossibilité absolue de servir. Une seule a été redressée. On la fait tirer avec celle de la veille, & toutes les deux sont démontées en un instant. D'autres leur sont substituées, & vingt-quatre heures ne suffisent pas pour les mettre en batterie. Enfin, après avoir cherché, pendant quatre nuits consécutives, à réparer des fautes irréparables; après avoir essayé, dans l'espace de quatre jours, de faire tirer pendant quatre heures, tantôt une, tantôt deux, une seule fois quatre pieces, sur les cinq qui devaient faire feu; après les avoir vu toutes démontées, excepté une; après avoir vu la volée de cette derniere emportée par un boulet; après avoir mis le comble à toutes ces méprises funestes, en faisant jouer la mine sous un mauvais emplacement, le Chevalier Dure est obligé d'abandonner une batterie mal dirigée & mal construite, cinq fois recommencée, cinq fois manquée, & dont il avoue lui-même ne pouvoir faire aucun usage. Il cherche à remettre en état la batterie Royale, celle qui été établie la premiere de toutes, & que d'autres fautes avait fait abandonner. Il est réduit à la honte de confesser *qu'il ne sait plus que faire.*

Batterie de breche abandonnée le 4 Février.

Etat des Assiégés.

Pendant que le siege traînait ainsi en longueur, le Gouverneur Anglais Pigot avait des munitions, des vivres & de l'argent. Dans une Place écrasée, & perpétuellement incendiée par nos bombes, il entretenait le courage & l'alacrité. Il promettait cent cinquante mille roupies à sa garnison, pour l'encourager à se défendre : il ajoutait encore à cette promesse, celle d'un prompt secours de la part de sa Flotte. L'état des Français était bien différent. 1759.

Parvenus au pied de la Place qu'ils voulaient prendre, maîtres du chemin couvert & à l'aspect de la breche, lorsqu'ils devaient toucher au terme de leurs travaux, ils voyaient de minute en minute leurs espérances décroître avec leurs ressources. Etat des Assiégeants.

On n'avait plus dans le camp que pour quatre jours de vivres. Il ne restait que dix canons en état de tirer. Toutes les munitions étaient réduites à vingt milliers de poudre : Pondichery n'en avait pas davantage pour sa défense. Les bombes étaient épuisées ; les gabions, les fascines, les saucissons manquaient. Disette.

L'Armée n'était plus payée depuis six semaines. La plupart des Soldats, n'étant plus soutenus par la proximité d'une conquête, que chaque instant éloignait de leurs yeux ; entierement rebutés d'avoir passé deux semaines à faire & à redéfaire deux batteries, qu'il avait fallu finir par abandonner ; pleins d'un mépris qu'ils affichaient hautement pour le Corps de l'Artillerie & pour ses opérations, passaient rapidement du dégoût à la mauvaise volonté, & du dédain à la rebellion. Ces mêmes Grenadiers, qui deux mois auparavant, avaient terrassé si intrépidement l'élite de la garnison ennemie ; qui depuis, avaient repoussé avec tant de vigueur toutes ses sorties, voyaient actuellement d'une œil tranquille cette même garnison, travaillant à découvert & dans le plein de la lune, à se fortifier contr'eux ; ils ne lui envoyaient pas un seul coup de fusil ; ils se débandaient au premier bruit qu'ils entendaient, au simple aspect du moindre détachement, lui laissant ruiner des ouvrages qu'ils gémissaient de faire & Découragement.

1759. Désertions. qu'ils dédaignaient de défendre. D'autres allaient plus loin encore : ils changeaient de cause & de patrie ; ils désertaient par bandes, & allaient se réfugier dans les murs même qu'ils étaient venus attaquer. A peine entrés, ils se montraient sur ces murs, tenant une bouteille dans une main, une bourse dans l'autre, exhortant leurs anciens camarades à les imiter, & à passer dans un service où l'on avait des Officiers, & où l'on payait les Soldats.

Mauvaise volonté. Intrigues. Ce qu'il y avait de plus douloureux, & ce qui rendait le mal sans remede, c'est que le découragement, le désordre étaient nourris, augmentés, souvent même provoqués par ceux qui étaient faits pour les prévenir & pour les arrêter ; les uns remplis de l'idée, & ne s'en cachant point, que les guerres de l'Inde devaient enrichir & non pas exposer ceux qui les faisaient : les autres humiliés de leurs fautes grossieres, ne sachant pas plus les corriger qu'ils n'avaient sçu les éviter, & n'imaginant pas d'autre moyens pour les pallier, que celui d'alléguer la prétendue témérité de l'entreprise, & la prétendue impossibilité du succès.

Un de ces Officiers disait hautement par-tout le camp, *que le Général avait dessein de faire périr l'Armée toute entiere.*

Un auttre écrivait ouvertement à Pondichery : *les uns disent la breche praticable, les autres soutiennent qu'elle ne l'est pas. Le Général soutient qu'elle l'est, & veut donner l'assaut ; mais l'on doute qu'il s'y détermine, sans assembler un Conseil de guerre, & l'on est déjà décidé pour la négative.*

Un Colonel avait imaginé d'aller trouver l'Aumônier du Régiment de Lally, & lui avait déclaré *que si le Gé-*

néral voulait donner l'assaut, il protesterait. 1759.

Un Brigadier ayant reçu des ordres écrits de mon pere, pour se transporter à la tranchée, les avait publiquement foulés aux pieds. Il est vrai que le Major Allen qui les lui avait apportés, l'avait forcé un peu vivement de les ramasser; mais on n'avait pas pu le forcer de les exécuter.

Le Chevalier Dure montrait à toute l'Armée deux Ecrits qu'il avait dressés avec tout son Corps. Dans le premier, il se félicitait de n'avoir pas, comme mon pere, *la manie de vouloir toujours marcher avec vitesse à l'Ennemi*, ce qui certainement était très-naïf. Dans le second, il déclarait *que la breche était* TRÈS-PRATICABLE *&* TRÈS-INABORDABLE, ce qui n'était pas TRÈS-CLAIR. Mais ce qui ne l'était que trop, c'était la derniere phrase de ce dernier Ecrit, dans laquelle lui & tous ses subalternes signifiaient à mon pere, qu'*eu égard à la situation des* Nº. 50. *choses, à nos forces comparées à celles de l'Ennemi, il n'était plus possible de tenter à faire des travaux, qui feraient périr un grand nombre de Soldats, & n'aboutiraient à rien.*

Restes de bravoure & de générosité.

Il était cependant encore des Officiers dignes de ce nom, ne respirant que le courage & l'honneur. Il était encore des Soldats remplis de bonne volonté, prêts à tout affronter & à tout entreprendre. Plusieurs de ces braves Soldats couraient de tout côté, cherchant à ranimer la confiance & la valeur de leurs camarades. Ils partageaient le zèle & les chagrins d'un Général qu'ils avaient vu continuellement partager leurs efforts & leurs dangers. On les entendait s'écrier douloureusement dans la tranchée : *notre bon Papa Lally est trahi !*

Derniers efforts.

Mon pere veut mettre à profit ces restes précieux d'un sentiment presqu'éteint. Il forme un des projets les plus

1759. hardis qui aient jamais été conçus. Il ne s'en ouvre qu'à deux Officiers seuls ; au Chevalier de Crillon qui commandait son Régiment, & au Chevalier Macgrégor, son Aide de Camp, Officier Ecossais & Chef d'une Compagnie étrangere. L'un & l'autre se chargent de trouver des gens de bonne volonté. Un Sergent de cette même Compagnie étrangere, nommé d'Haumarting, s'offre le premier avec sept Soldats dont il répond, & mon pere, pour l'encourager lui & les autres, le fait sur le champ Officier. Un Italien, nommé Chevalier, Lieutenant dans le Régiment de Lally, le Marquis de Gantès du Corps de la Marine, se présentent avec la même ardeur. Leur exemple, la récompense accordée d'avance à d'Haumarting, excitent quelqu'émulation. Un détachement se forme composé de trente blancs, & d'autant de Caffres, qui sont des Negres de la côte d'Afrique.

Projet de surprendre le Fort S. Georges.

Il ne s'agissait de rien moins que de surprendre le Fort Saint Georges, & de forcer nos Troupes de monter à l'assaut malgré elles, & même sans qu'elles le sçussent. On devait répandre le bruit d'une lettre interceptée, & d'une sortie générale des Ennemis annoncée dans cette lettre. En conséquence de cette nouvelle, tous les Corps devaient recevoir l'ordre de passer la nuit sous les armes, divisés par pelotons, placés de distance en distance, pour se soutenir successivement, les Grenadiers à la tête de la tranchée, sous le commandement du Chevalier de Crillon. Les postes pris, tous les Volontaires devaient défiler le long de la mer, dans l'eau jusqu'au genoux, pour n'être pas vus du Fort. Ils devaient arriver ainsi jusques sur le derriere de la batterie que les Anglais avaient sur l'Estran, s'emparer de cette batterie, passer au fil de l'épée ceux

Batterie des Anglais sur l'Estran, F.

ceux qui la gardaient, tourner enſuite le foſſé du fort, attaquer la brèche en pouſſant de grands cris. Alors nos Grenadiers voyant un détachement de nos troupes aux priſes, ſe trouvaient engagés forcément à marcher pour le ſoutenir; le peloton d'après marchait à ſon tour pour ſoutenir les Grenadiers; toute l'Armée ſuivait, comptant ne s'avancer que pour repouſſer une ſortie de l'ennemi, & s'avançant réellement pour lui livrer un aſſaut. 1759.

Toutes les meſures priſes, toutes les diſpoſitions faites pour l'exécution de cette entrepriſe, les Volontaires ſe mettent en marche à une heure après minuit. Le brave Chevalier, autrement nommé Bertuccioli, & l'intrépide d'Haumarting les conduiſent. Déjà ils ſont arrivés près de la batterie; ils ſont ſur le point de la tourner, lorſqu'un des Caffres, appercevant les embraſures de cette batterie, s'écrie dans ſon jargon: *entrons par le fenêtre*. Tous les autres Caffres de répéter auſſi-tôt: *entrons par le fenêtre*, de ſortir de la mer, de ſe débander, & de courir, ſans vouloir rien entendre, au front de la batterie, qu'ils ne devaient attaquer qu'après l'avoir tournée. Les ſentinelles ennemies qui entendent ces cris, & qui voient une foule de gens courir éparpillés & à découvert, donnent l'alarme. Le tambour bat. Toute la garniſon ſe rend aux différens poſtes, fait feu de tous ſes ouvrages. Bientôt, Caffres & Volontaires effrayés, ſe ſauvent derrière l'eſcarpe du chemin couvert. Leurs Officiers les ſuivent pour les rallier, & font de vains efforts. Bertuccioli & d'Haumarting ſeuls pouſſent en avant, ſeuls ils arrivent à la batterie avec les ſept Soldats dont le dernier a répondu; cinq ſont tués à leurs côtés; eux-mêmes bleſſés dangereuſement, ſont emmenés de force par les deux qui reſtent, déſeſpérés Du 12 au 13.

1759. de n'avoir pu ni vaincre ni mourir, & d'avoir vu échouer une attaque dont le succès eût été infaillible s'il n'eût dépendu que d'eux.

Projet d'un assaut général, 16 Février.

Mon père ne se rebute pas encore ; il veut tenter un dernier coup de vigueur. Le projet de surprise avait manqué ; il forme celui d'une attaque ouverte & générale. Il va lui-même reconnaître la brèche, ordonne de diriger tout le feu sur les maisons du fort, pour y répandre l'effroi, & fait ses dispositions pour l'assaut, dont il confie toujours le commandement au Chevalier de Crillon ; à ce Chevalier de Crillon qui avait emporté Trivatour, après avoir taillé en pièces une Armée ; à ce Chevalier de Crillon qui avait été sur le point d'opérer à lui seul la réduction du fort S^t^. Georges ; à ce Chevalier de Crillon que le Soldat eût suivi gaiement, même à la mort.

Arrivée de six vaisseaux anglais à Madras le même jour.

Mais le jour fixé pour l'assaut, dans le temps même qu'on se préparait à exécuter cette entreprise audacieuse, on voit tout-à-coup mouiller dans la rade de Madras une Escadre anglaise de six vaisseaux, apportant six cents hommes du Régiment de Draper, & des munitions de toute espèce, à une Ville qui en avait déjà suffisamment pour sa défense. L'Escadre du Chevalier de l'Eguille eût été alors notre seule ressource ; elle eût combattu dans cet instant l'Escadre ennemie : il y a plus ; si on lui eût laissé suivre sa destination, arrivée dès long-temps avec *la Fidelle*, elle eût bloqué le fort Saint-Georges depuis sept semaines ; elle l'eût empêché de recevoir tous les jours des rafraîchissemens ; elle en eût abrégé le siége ; elle en eût déterminé la prise, avant qu'il fût question du nouveau secours. Mais on se rappelle que notre Amiral était *arrivé à propos* à l'Isle-de-France, pour retenir le Chevalier de l'Eguille & son Escadre. Ainsi nous n'avions pas un seul Vaisseau à opposer aux six que les Anglais recevaient. Ils étaient maîtres absolus de la mer. Ils pouvaient, en douze heures, se porter sur Pondichery, sans hommes, sans magasins, & sans fortifications. D'un autre côté, à la seule idée d'un renfort, à l'apparition seule du pavillon Anglais la terreur s'empare de toute notre Armée; elle devient universelle; elle est portée à son comble. Les Ennemis n'avaient pas encore débarqué, mon pere n'avait point encore donné d'ordre, & déjà la tranchée était abandonnée. Il fallait bien lever le siege. Mon pere se voit enfin dompté par la nécessité, & forcé, malgré lui, de quitter Madras.

1759.

Siege du Fort S. Georges levé le 17 Février.

Ce n'était plus, il est vrai, Madras tel qu'on l'avait vû deux mois auparavant, brillant par la réunion de toutes les beautés & de toutes les richesses, par sa situation, ses édifices, sa population, son commerce: c'était Madras ruiné, écrasé, bouleversé par nos bombes, presque désert, offrant par-tout, & dans ses murs & hors de ses murs, l'image affreuse de la misere, du ravage & de la désolation: c'était Madras ne pouvant se relever, de dix ans, du triste état auquel il était réduit: mais enfin, c'était Madras restant aux Anglais; ne le dissimulons point, mon pere » le quitte avec tous les transports de la rage & du dé» sespoir, tels que pouvait les éprouver un Général aussi » rempli d'honneur, aussi brave & aussi habile que lui, » mal secondé par ses Troupes, trahi par ceux de qui il » devait attendre le plus de secours, & trompé sans cesse par » l'avarice infâme qui transformait des Guerriers en Mar» chands & en Agioteurs. « Ces derniers traits ne sont pas

Mémoires de Lawrence.

1759. de moi, ils appartiennent à un Historien Anglais que je ne fais que traduire (1).

Retraite dans le meilleur ordre. La retraite, préparée tranquillement, s'éxécute dans le meilleur ordre. Le peu de boulets qui restaient encore est enterré. On n'abandonne que cinq canons de fer, faute de bœufs pour les tirer. On emporte tous les mortiers & les pilons que les Anglais avaient dans leur poudriere de la Ville noire, & l'on fait sauter cette poudriere elle-même. Les blessés, les malades sont embarqués à Saint Thomé pour Pondichery. Trente-trois, que leur faiblesse & leur péril ne permettent pas de transporter, sont laissés avec une sauve-garde, & recommandés par une lettre de mon pere aux soins du Gouverneur Anglais. L'Armée, sans être inquiétée un seul instant par l'ennemi, marche à petites journées vers Cangivaron & Arcatte.

Cinquieme révolte. Nº 169. Deux jours avant la levée du siege, six cens Cipayes & quatre-vingt Cavaliers noirs, avaient déposé leurs armes, & s'étaient en allés, faute de paie. Cinq cens autres, placés dans Tripassour, avaient forcé l'épée à la main les portes du Fort, & s'étaient retirés chez les Anglais, faute encore de paie. Arrivés à Perempacon, la Cavalerie Européenne menace hautement de suivre cet exemple; faute de paie & de subsistance. Mon pere boursille une somme de 1500 roupies, pour la faire vivre elle &

Sixieme révolte. 21 Février. Nº 169.

(1) *General Lally left Madras in the utmost transports of rage and despair, which a man of his honour, bravery, and ability in his profession, can feel, who is ill seconded by his troops, betrayed by those who ought to support him, and cheated by the villainy of those who turn war in to a low traffick.* Transactions of the year 1759, p. 280.

toute l'Armée. On peut juger de la ſituation de cette Ar- 1759.
mée par celle de ſon Général, qui mandait au Gouverneur
Leyrit : » il y a onze jours que je n'ai mangé un morceau N° 169.
» de pain, ni bû un verre de vin. Comme toutes les Trou-
» pes ſont dans ce cas depuis ſix ſemaines, la privation
» perſonnelle me paraît moins rigoureuſe. «

Mon pere envoyait régulierement tous ces détails à Pondichery. Il demandait ſans ceſſe un Conſeiller, pour percevoir les tributs des Paleagars dépendants de nos poſſeſſions, ou pour travailler à tirer quelque reſſource de ces poſſeſſions elles-mêmes; il n'en voyait arriver aucun.
Il demandait le Conſeiller de l'Arche, & le Gouverneur N° 170.
lui écrivait que ce Conſeiller de l'Arche *avait un point de côté, qui ne lui permettait pas ſe mettre en campagne.* Il demandait les Conſeillers Barthelemy & Boyeleau, & le Gouverneur lui écrivait que les Conſeillers Barthelemy & Boyeleau *ne ſachant point la langue, ne pouvaient lui être utiles.* Il demandait que le Conſeiller Moracin ſe rendît à Mazulipatam, & le Gouverneur lui écrivait *que les chemins n'étaient pas libres pour y aller.* Il demandait enfin à ce Gouverneur lui-même, un moyen quelconque pour
trouver des fonds, & ce Gouverneur lui écrivait : *vous* 15 Février.
ne pouvez compter ſur aucuns nouveaux fonds.

On était arrivé à Arcatte. Le mécontentement de l'Armée ſe perpétuait avec ſa détreſſe. Une moitié des Soldats forme le complot de paſſer à l'Ennemi. Le complot eſt découvert; mon pere en fait arrêter douze; il croit les autres contenus : à l'inſtant même, toute l'Armée noire
& blanche ſe révolte, & déclare impérieuſement qu'elle Septieme ré-
veut être payée de ce qui lui eſt dû. Des Officiers ven- volte. 28 Février.
N° 171.

1759. dent leurs couverts, leurs boucles, leurs bijoux, jusqu'à la monture de leurs épées ; mon pere fait fondre une partie de sa vaisselle ; il parvient à ramasser de quoi fournir le batt pendant deux jours. Il envoie un exprès à Pondichery, il écrit au Gouverneur & au Conseil : *passé demain, je ne sais plus que devenir.* Le Gouverneur en

Premier Mars. Ibid. particulier lui répond : *qu'il vient d'essuyer aussi une révolte à l'Hôpital, faute d'argent, pour fournir aux besoins des malades.* Le Conseil en corps lui mande : *NOUS AVONS*

3 Mars, N° 35. *ÉPUISÉ TOUTES NOS RESSOURCES, & sommes absolument hors d'état de pouvoir vous secourir.* Mon pere est réduit à congédier une moitié de son Armée Noire, Cavalerie & Infanterie, n'ayant pas même de quoi la faire subsister.

Enfin, il trouve moyen d'intercepter aux Ennemis un

N° 171. convoi de dix mille bœufs & de quatre mille chiens marons, que l'on conduisait à Madras : c'était du moins de quoi fournir pendant quelque-temps à la nourriture des Troupes. Il parvient par l'entremise d'un Portugais nommé Noronha, Evêque, Guerrier & Négociateur, à tirer du Nabab de Velours dix-huit mille roupies pour la Compagnie. Il y joint sept autres mille roupies, que le même Nabab lui avait envoyées personnellement, à titre de nazer : c'était du moins de quoi appaiser par quelques à comptes la partie la plus séditieuse de ces Troupes. Il était temps de leur donner aussi quelque repos. Après dix mois de guerre sans interruption, après une marche de cent cinquante lieues, après trois sieges & huit combats, mon pere cantonne son Armée autour de Cangivaron, où il établit le quartier principal, laisse le commandement au Chevalier de Soupire, & retourne à Pondichéry. 1759.

VIII. Abus, prévarications désordres dans Pondichéry. Inimitiés, cabales, refus de tout secours.

Pondichéry était plus que jamais en proie à la dissention, au désordre, à tous les abus d'une administration vicieuse.

Avant de partir pour Madras, mon père, sur les Requêtes réitérées qui lui avaient été présentées, s'était enfin déterminé à faire examiner la gestion du Conseiller Desvaux; mais pour asseoir un calcul certain, il avait senti la nécessité d'examiner préalablement celle du Noir Rangapapouley, auquel Desvaux avait été subrogé en plein bail. Il avait chargé de cet examen deux Commissaires du Conseil, & leur avait marqué, pour l'instant de leur rapport, celui de son retour. Le Gouverneur avait formé aussi-tôt la résolution de prévenir ce retour. A peine délivré de la présence de mon père, il avait fait cesser le travail des deux Commissaires, en avait nommé un autre à sa dévotion; &, sans aucune formalité, sans daigner seulement consulter ni même instruire le représentant du Roi & de la Compagnie, il avait assemblé le Conseil, s'y était transporté, & avait fait passer d'autorité les comptes de son protégé. Quatre Membres de ce Conseil, qui n'en avait que huit en tout, avaient refusé leurs signatures, & étaient sortis de la Chambre en protestant contre cette violence. Les disputes & les harangues avaient recommencé; les Mémoires s'y étaient joints; le tout se perpétuait; le Conseiller Desvaux, le Conseiller le Noir & autres, déclamaient & écrivaient contre le Conseiller Nicolas, contre le Conseiller Barthelemi, contre le Conseiller la Selle, contre le Procureur du Roi Boyelleau, qui tous, de leur côté, décla-

Registres du Conseil.

1759. maient & écrivaient auſſi contre le Conſeiller Deſvaux, & contre ſes protecteurs ou partiſans.

Une choſe digne de remarque, c'eſt que tous ces Conſeillers, ſi diviſés entr'eux quand il fallait procéder à une opération légitime, n'avaient qu'une ſeule & même voix, lorſqu'il était queſtion de ſe porter à quelqu'excès. Un Officier des troupes de l'Inde, un de ceux qui *connaiſſaient d'autres guerres que celles des roupies*, s'était comporté avec la plus grande diſtinction, à l'affaire du 14 Décembre, devant Madras. Il y avait reçu une bleſſure dangereuſe, avait été fait Capitaine par mon père ſur le champ de bataille même, & auſſi-tôt tranſporté à Pondichéry pour y être traité. Cinq ſemaines après, dès les premiers inſtans de ſa convaleſcence, il avait été rendre viſite au Gouverneur, lui avait demandé de le faire recevoir par la garniſon dans ſon nouveau grade de Capitaine; &, ſur quelques difficultés de la part de Leyrit, obligé de diſcuter, ne pouvant ſe ſoutenir long-temps debout, & ſentant déjà ſes forces s'affaiblir, il s'était aſſis. Le Gouverneur avait trouvé ſa dignité bleſſée, & avait crié à cet Officier, en préſence de dix témoins, qu'*il était un impertinent d'oſer s'aſſeoir devant lui.* L'Officier inſulté pour avoir été brave, avait répondu par la même expreſſion qui lui avait été adreſſée; il avait ajouté cette phraſe: *M. de Lally, plus grand Seigneur que vous, ne me parlerait pas ainſi.* A ces mots, le Gouverneur hors de lui, l'avait fait conduire de force aux arrêts, ſous la garde d'une ſentinelle, & dès le lendemain matin avait aſſemblé les Conſeillers, qui, ſe croyant outragés dans la perſonne de leur Préſident, avaient trouvé tout ſimple de caſſer cet Officier, ſans en prévenir ſeulement ſon Général: ce Général lui-même, tout Commiſ-ſaire

Le Chevalier Langlois de la Mirande.

faire du Roi qu'il était, n'eût pas osé prendre sur lui un pareil acte de despotisme (1). 1759.

De là était né un nouveau sujet de discorde, d'autant plus funeste, qu'il s'agissait de ce qu'on appelle affaire de Corps, privilège de Compagnie, & l'on sait combien ces mots sont puissans & terribles. Les Camarades de l'Officier cassé avaient épousé sa querelle, comme le Conseil avait épousé celle de son Chef. Les Conseillers & les Officiers de l'Inde se haïssaient & se déchiraient les uns les autres, avec autant d'acharnement que les premiers se haïssaient & se déchiraient entr'eux. Le Conseiller le Noir écrivait mot à mot que *MM. les Officiers de l'Inde avaient acquis leurs fortunes par mille bassesses, mille horreurs, mille fripponneries & vexations.* Prem. rec. p. 27 & 28.

Mais la conformité était plus grande encore, & les deux pendans étaient parfaitement dignes l'un de l'autre. Les Officiers, réunis comme les Conseillers sur quelques points, étaient comme eux divisés, & s'entre-déchiraient sur tout le reste. Deux factions partageaient le corps d'Artillerie de l'Inde. L'une des deux venait de signifier à mon père qu'elle ne voulait plus *admettre* l'autre avec elle. N°. 173.

Billets de caisse. Monopoleurs.

Un odieux monopole était aussi devenu un point de ralliement, sinon pour la totalité, au moins pour une partie de ces Employés civils ou militaires. Sous prétexte de suppléer au défaut d'espèces, & par une délibération du 4 Novembre 1758, on avait créé des billets de caisse qui devaient courir

(1) A peu près vers le même temps, il avait écrit au Commandant de Mazulipatam : « Vous me demandez la casse d'un Officier, comme » on demanderait un pot de tabac. Il faut des raisons un peu plus » fortes, & mes pouvoirs ne s'étendent pas à de pareilles extrêmités, » sans la formalité d'un Conseil de Guerre ». Et c'est ce Général qui a été accusé d'*abus d'autorité !* N°. 172.

1759. à commencer du premier Janvier ſuivant, portant un pour cent d'intérêts par mois, & ſpécialement deſtinés au paiement des troupes. Par une fatalité incroyable, le comble de la mal-adreſſe en même temps que de la mauvaiſe foi, ces billets, le jour même de leur création, avaient perdu vingt-cinq pour cent. Mon père, alors devant Madras, avait cherché vainement à les faire remonter, en les prenant lui-même au pair, & en remettant trente-ſix mille livres de ſon argent à la caiſſe militaire, pour pareille ſomme en billets : il n'avait pu arrêter leur diſcrédit, qui, depuis cette époque, était devenu plus grand de jour en jour. Le Conſeil, au lieu de ſupprimer des effets auſſi dangereux, faiſait aſſemblée ſur aſſemblée, délibération ſur délibération, pour les multiplier. Il augmentait leur nombre à meſure que leur prix diminuait. On donnait aux troupes ces billets pour valeur entière; on les leur rachetait au taux de la place; on les portait au tréſor, où l'on ſe faiſait donner une lettre de change ſur la Compagnie pour valeur entière; une nouvelle circulation recommençait, qui produiſait aux acheteurs un bénéfice encore plus grand, parce qu'elle amenait un plus grand diſcrédit dans les billets; les viremens de parties, les agiotages, les fraudes s'exerçaient de mille manières différentes; & lorſque mon père ſe plaignait, on lui répondait froidement que ces billets étaient *une monnaie de commerce.* Et lorſqu'il s'emportait, (& malheureuſement il ne faiſait rien de plus que s'emporter) on diſait que c'était *un homme cruel.*

Confrontation du Tréſorier Chevreau.

Haine contre mon père.

A toutes ces calamités venaient ſe réunir celles du mécontentement & de l'animoſité, qui fermentaient de plus en plus contre un Chef, témoin importun & cenſeur odieux de tous ces excès. Le germe de la haine que mon père avait encourue à Pondichéry, avant même d'y arriver, ſe développait avec plus de rapidité que jamais. Sans doute, elle n'était pas encore auſſi univerſelle, auſſi concertée, auſſi effrénée qu'elle devait l'être un jour ; elle n'oſait pas encore éclater tout-à-fait : mais elle s'y diſpoſait. Des manœuvres ſourdes, une négligence affectée, des refus continuels, une indocilité perſévérante préparaient les attentats déterminés, & les complots ouverts. Déjà, la levée du ſiege de Madras avait cauſé autant de joie dans une partie de Pondichery, que dans Madras même. Muni des armes que la vérité donne à un Juge éclairé, mon pere eût été trop redoutable, s'il y eût joint celles que la reconnaiſſance publique donne à un Général triomphant. Le vainqueur de Goudelour, de Saint David, de Divicottey, d'Arcatte ; s'il eût été encore le vainqueur de Madras, n'eût pas même pu être calomnié. Déjà, pluſieurs de ceux qui éprouvaient ce ſentiment criminel ne daignaient ſeulement pas prendre le ſoin de le renfermer. Ils l'avaient manifeſté, ils s'y étaient livrés d'avance, & le malheur de l'Etat avait été l'objet de leurs vœux, avant d'être la cauſe de leur joie. On avait vu le Moine Lavaur, *ce grand Prophête des Français*, ce Miſſionnaire dont les *neuvaines* faiſaient mouvoir à ſon gré le cœur des Rois, ce dépoſitaire des penſées les plus ſecrettes de mon pere ; on l'avait vu, pendant le ſiege, courant tout Pondichery ; colportant de maiſon en maiſon les lettres ſéditieuſes qu'il recevait de l'Armée ; annonçant avec tranſport & l'impoſſibilité du ſuccès, & les obſtacles qu'on y apportait, & le zèle impuiſſant & l'indignation vaine du Général. D'autres lettres écrites par ce Général lui-même, ſoit à ce Moine Lavaur, ſoit au Gouverneur ; lettres, qui devaient être vouées à un ſecret

1759.

Perfidie de Lavaur.

Dépoſition du Colonel Kennedy.

1759. inviolable, & dans lesquelles il avait épanché son ame toute entiere, ses chagrins, ses mécontentements, ses plaintes, son désespoir; divulguées par l'abus de confiance le plus intolérable, avaient été employées, & l'étaient encore journellement à soulever les esprits. De nouveaux ennemis venaient augmenter sans cesse le nombre, déjà trop grand, de ceux que mon pere s'était attirés par des reproches directs, par des découvertes accablantes, par des ordres séveres, par des menaces malheureusement trop justes & malheureusement trop vaines. Chaque instant les aigrissait davantage; leur inimitié croissait avec la publicité des écrits qui l'avaient fait naître; & parmi ces écrits, l'on répandait sur-tout ceux qui avaient été dictés par le chagrin le plus vif, qui étaient nés du sein des crises les plus désespérantes. Mon pere était odieux aux particuliers, en raison de sa sensibilité aux désastres publics. Tout Pondichery connaissait, lisait, commentait, transcrivait, falsifiait cette lettre d'un Général succombant sous l'excès de la douleur; voyant d'un côté les établissements ennemis sauvés, de l'autre ses propres établissements perdus, par l'ineptie, la cupidité, les cabales, les crimes de ses coopérateurs, &
N° 174. mandant à l'un de ces coopérateurs : *J'irai plutôt commander les Caffres de Madagascar que de rester dans votre Sodôme, qu'il n'est pas possible que le feu des Anglais ne détruise tôt ou tard, au défaut de celui du Ciel.* Sans doute il eût été plus heureux que cette douleur pût se contenir, & que l'excès du zèle ne fournît pas des armes à l'excès de la malignité. Mais a-t-on jamais commandé au désespoir? Mais un désespoir causé par les malheurs de la Patrie a-t-il jamais été un crime? Mais si mon pere méritait d'être puni pour être franc & sensible, que méritaient donc

ceux qui étaient tout à la fois traîtres & séditieux? 1759.

Un Commandant militaire qui écrivait de pareilles lettres, un Gouverneur Marchand qui les montrait, des subalternes mixtes qui les méritaient, ne pouvaient gueres concourir au même but. Mon pere, dont le courroux a pu être souvent allumé par l'amour du bien; mais qui tant qu'il a vécu, n'a jamais été capable ni d'une haine suivie, ni même d'une inimitié personnelle, encore moins des projets d'une basse vengence; mon pere aussi vif qu'il était zèlé, mais aussi bon qu'il était vif, & trop bon sans contredit, prétendait vainement trouver les mêmes dispositions dans ses ennemis. Toujours prêt à s'immoler lui-même pour la cause de son Maître, il exigeait vainement que ces ennemis sacrifiassent du moins leur ressentiment à cette même cause. Il leur disait & leur écrivait vainement : *Le Roi n'entre point dans le plus ou moins de liaison qu'il y a entre vous & moi. Il nous ordonne à tous de le servir.* Ce sentiment, cet effort de générosité eussent été une chose rare dans tous les pays : dans l'Inde, c'était une chose impossible.

Refus de ses cours.

N° 175[illegible]

Depuis le siege de Madras, les Marattes sollicitaient l'alliance des Français; menaçant, s'ils étaient refusés, d'en former une avec les Anglais. Mon pere instruit le Gouverneur & le Conseil de la demande & de l'annonce de ces Peuples, *amis moins utiles que terribles ennemis* (1). M. de Bussy est chargé de négocier avec leurs Ambassadeurs. Il a plusieurs conférences avec eux. Le Gouverneur leur fait remettre quatre-vingt mille francs de nazer

(1) *They are a destructive Foe and unserviceable Friend.* an account of the war in India London. 1761. Page 81.

1759. pour Balagirao leur Général. On annonce à mon pere un traité conclu ; on lui présente ce traité à signer ; on l'assure que d'après ce traité il va recevoir un renfort de deux mille Marattes : mon pere signe, ne voit pas arriver un seul Maratte, & les présents sont perdus pour la Compagnie.

19 Mars. N° 176.

Presque tous les Officiers de l'Armée, s'y voyant sans vivres & sans argent, l'avaient abandonnée ; ils étaient venus chercher à Pondichery les moyens de subsister. Pour faciliter ces mêmes moyens aux Troupes, il avait fallu répandre plusieurs détachements dans différents postes. Les Anglais s'étaient mis en Campagne. Le Chevalier de Soupire écrit à mon pere *qu'il est en présence de l'Ennemi, & hors d'état de lui résister.* Mon pere assemble le Conseil, demande qu'on prenne des mesures pour faire rejoindre les Officiers, & pour rassembler les détachements. Tous les efforts du Conseil vont à offrir deux cens roupies par Capitaine, & cent par Lieutenant. L'Armée campait à vingt-cinq lieues ; c'était à peine de quoi fournir aux frais du voyage. Quant aux Soldats, *arrêté qu'*ON TACHERA *de leur donner des à comptes sur ce qui leur est dû, jusqu'à ce qu'il parvienne des fonds.* On devait un million au seul Régiment de Lally.

Les Anglais entrent en Campagne.

21 Mars. N° 177.

Mon pere ne pouvant rien tirer du Conseil, cherchait de l'argent parmi les Habitants du pays. Un Noir vient lui offrir de prêter cinquante mille roupies, moyennant une lettre de change de M. de Bussy, dont la fortune connue inspirait plus de confiance, que tous les engagements tant de fois rompus d'une Compagnie tant de fois ruinée. M. de Bussy ne se fiait pas plus que le Noir lui-même aux effets de cette Compagnie ; il écrivait nettement, *que pareilles créances ne donnaient pas grand crédit.* Il consent à donner la lettre de change demandée ; mais il exige que mon Pere & le Conseil s'obligerent solidairement au remboursement de cette somme. Mon pere assemble les Conseillers, leur propose de contracter cet engagement, s'y soumet le premier : tous lui répondent en riant, & en haussant les épaules ; un répete en plein Conseil ce qu'il avait déjà dit, quatre jours auparavant, en pleine table, *qu'il ne donnerait pas un de ses poils pour la Compagnie.* Nous demandons pardon au Lecteur de la saleté de cette expression que nous adoucissons beaucoup. Mais il était nécessaire de la citer. Ce sont de ces traits qui peignent, & c'est un nouveau genre qu'il fallait ajouter à tous ceux que nous avons déjà remarqués dans l'éloquence du Sénat de l'Inde. Nous devons cependant convenir que ce Conseiller a été chassé de son Corps quatre mois après. Mais ce n'est pas son propos qu'on a puni. On l'a expulsé comme faux frere, après des querelles avec ses camarades, qui ont été accompagnées des harangues ordinaires. 1759. No. 178.

Privé ainsi de toutes ressources, même des faibles secours qu'offrait un hasard imprévu, mon pere demande des moyens & des lumieres à M. de Bussy, que le Conseil, par une délibération en forme, lui avait indiqué comme le serviteur de la Compagnie, *le plus propre à la tirer d'intrigue.*

M. de Bussy dresse un Mémoire en forme de lettre, & mande à mon pere en substance : » Je ne vois que deux » partis à prendre par rapport à moi, l'un de m'envoyer » dans le Nord, l'autre de m'employer à Arcatte. Le » premier paraît le plus pressant. Le second paraît le plus 3 Avril. No 179.

1759. » utile. J'ai du penchant pour le plus utile. J'ai de la ré» pugnance pour le plus pressant. Si je suis employé à » Arcatte, je demande que toutes les affaires passent par » moi. Si je suis envoyé dans le Nord, je demande le com» mandement général, & carte blanche, sans être respon» sable de rien. Il faut se décider sans délai.

La même lettre renfermait encore cette phrase que je transcrits littéralement: » Je vous prie de rapporter mes deman» des au bien public, autant pour le moins qu'au mien propre, » là où ces deux intérêts se présenteront ensemble. «

Politique de M. de Bussy.

On ne peut s'empêcher ici de regretter que M. de Bussy, avec des lumieres aussi étendues, avec des connaissances politiques aussi immenses, n'ait pas réuni à toutes ces brillantes qualités, cette qualité si nécessaire de se communiquer d'une maniere intelligible pour tous les hommes, & de savoir se mettre à la portée des esprits inférieurs, qu'il eût éclairés alors, au lieu qu'il n'a fait que les éblouir. Les regrets deviennent encore plus vifs, lorsqu'en jettant les regards sur sa conduite, on y rencontre par-tout la même profondeur impénétrable qui s'offre dans ses Ecrits. En parcourant de suite toutes les actions différentes de cet Officier, pendant la guerre de l'Inde, soit celles que nous avons déjà vues, soit celles que nous avons été obligé d'omettre, pour ne pas couper sans cesse le fil de l'histoire générale par des anecdotes particulieres, voici l'enchaînement singulier que l'on découvre.

M. de Bussy n'est pas plutôt instruit de l'arrivée de mon pere, qu'il demande avec instance son rappel du Dékan: il l'obtient, & aussi-tôt il ne veut plus quitter le Dékan. Obligé de céder à son Général qui insiste, il part en n'ayant que le mot d'*obéissance* à la bouche; & il commence

commence par *désobéir*, en n'amenant avec lui que cent 1759.
cinquante hommes ; tandis qu'il avait l'ordre d'amener
toutes ses Troupes, & en laissant le reste sous le comman-
dement d'un Officier, qu'il avertit de *n'obéir* qu'à lui seul. N° 110, 111, 180.
M. de Bussy n'a pas plutôt joint mon pere, qu'il demande avec instance de retourner dans le Nord : peu de temps après mon pere veut l'y envoyer, & aussi-tôt il ne veut plus aller dans le Nord. M. de Bussy, entré dans Arcatte avec mon pere, l'empêche de notifier son arrivée & ses conquêtes à la Cour de Dély ; & bientôt la Cour de Dély en porte des plaintes. Il lui fait signer une trentaine de lettres, en langue du pays, pour les Princes tributaires d'Arcatte : ces lettres sont ordinairement répondues par un présent ; & mon pere ne reçoit ni présent, ni réponses. M. de Bussy, sorti d'Arcatte avec mon pere, est témoin du refus que font les Troupes de marcher, faute d'une somme de dix mille roupies : M. de Bussy, de retour à Pondichery avec mon pere, est témoin de la cotisation qui se fait dans un Conseil mixte, pour l'expédition de Madras : M. de Bussy, dans l'un ni l'autre cas, ne donne ni n'offre un sol, & il prêtait à des Officiers qu'il voulait s'attacher, des sommes de quarante mille écus, au modique intérêt de trois pour cent. M. de Bussy, arrivé devant Madras, commence par enchaîner la bravoure de toute une Troupe, & par sauver les Anglais & leur Ville. M. de Bussy, pendant tout le siege de Madras, paraît à peine chez mon pere : il y envoie prendre l'ordre par un de ses Aides de Camp : il ne communique presque avec son Général, que par messages. Dans un de ces messages, M. de N° 180.
Bussy fait demander une sauve-garde pour le Nabab d'Arny ; ajoutant que ce Seigneur lui offre deux mille roupies,

1759. & cinq mille à mon pere, pour prix de cette grace : mon
pere ſigne la ſauve-garde, & ordonne que les ſept mille
roupies ſoient envoyées au Tréſorier de l'Armée : M. de
Buſſy envoie les cinq mille deſtinées à mon pere, & garde les deux mille autres qu'il avait annoncé être pour lui :
mon pere, quelque-temps après, paſſe ſur les terres de ce
Nabab tributaire d'Arcatte, lui fait demander des ſubſiſtan-
N° 180. ces ; le Nabab lui répond *que cela lui plaît à dire* ; il repréſente, dans ce que mon pere a ſigné comme une ſim-
ple ſauve-garde, une exemption de tout tribut, même de
toute fourniture ; & il déclare qu'il a donné, pour cette
exemption, non pas ſept, mais dix mille roupies. Dans
N° 183. un autre de ces meſſages, M. de Buſſy fait paſſer à mon
pere onze pancartes Maures à ſigner ; & ſur deux de ces
pancartes, il avait écrit de ſa main, en gros caracteres,
c'eſt pour des vivres : Mon pere, qui ſe ſouvient des trente
lettres d'Arcatte, eſt curieux de ſavoir ce que contiennent
celles qu'on lui demande encore de ſigner : il fait traduire
les deux qui ſont revêtues de l'inſcription de M. de Buſſy : le mot de *vivres* ne s'y trouve ſeulement pas ; c'était
encore une remiſe faite à des Princes Noirs, des ſommes
qu'ils devaient à la Compagnie, comme tributaires d'Arcatte ; mon pere, s'il eût ſigné, eût encore enlevé une reſſource à la Colonie, en comptant lui en procurer une.
N° 180. Dans un troiſieme meſſage, M. de Buſſy fait propoſer à
mon pere de lever le ſiege, & de publier qu'il a reçu des
Anglais une groſſe ſomme pour le lever. Mon pere, étonné d'un conſeil auſſi ſingulier, ſe tranſporte le lendemain
au quartier de M. de Buſſy, pour lui en demander l'explication. Il le trouve malade, étendu ſur ſon lit, des
bandes aux deux bras, & le pouls à peine ſenſible. Mon

pere, ne le croyant pas en état de soutenir une longue discussion, se retire après quelques mots, blâmant beaucoup les deux saignées faites à M. de Bussy, & plaignant la situation à laquelle il le voit réduit. Il en fait des reproches très-vifs au Chirurgien qu'il rencontre le soir. Le Chirurgien élude d'abord de répondre, & finit par avouer que M. de Bussy n'a seulement pas été saigné une fois, & que la faiblesse de son pouls a été l'effet des bandes extrêmement serrées autour de ses bras. &c., &c. 1759.

Il faut l'avouer; tous ces faits ainsi rapprochés, & d'autres que nous verrons encore par la suite, ont de quoi confondre. Je suis loin de prétendre juger ce que je ne puis concevoir. Je sais qu'il est une différente maniere d'apprécier les choses, suivant les différents climats. Je confesserai même que M. de Bussy avait, en quelque sorte, prévenu son Général de cette différence. J'ai sous les yeux la lettre, dans laquelle il mandait à mon pere, avant le siege de Madras : *Vous ferez vos dispositions à l'Européenne; & je marcherai à l'Asiatique.* N°. 18. Ainsi, je me garderai bien de prononcer le mot de *duplicité.* Mais si mon pere l'a prononcé, en est-on surpris? S'il s'est trompé en le prononçant, jamais tant de circonstances furent-elles réunies pour excuser une erreur, même pour la justifier? A quel point cette *marche Asiatique*, ses obscurités, ses sinuosités, ses faussetés, du moins apparentes, ne devaient-elles pas effaroucher la simplicité d'un vieux Soldat d'Europe, extrême dans sa franchise comme dans tous ses sentiments; qui, en écrivant au Nabab de Velours reconnu pour l'Asiatique le plus rusé, lui mandait : *Je sais que vous* Ibid. *passez pour un grand Politique dans ce pays-ci; quant à moi*

1759. *je ne connais en politique que le oui & le non ;* qui, en écrivant & en parlant au Pere Lavaur, Jésuite, lui répétait
N°. 180. sans cesse : *de la vérité, mon Révérend Pere, de la vérité.*

IX. Siege de Mazulipatam par les Anglais.

Tandis que mon pere étudiait le Mémoire de M. de Bussy, & se plaignait de n'être pas assez Métaphysicien pour décider entre *le plus pressant* & *le plus utile*, Mazulipatam était menacé par les Anglais. L'événement ne paraissait pas devoir alarmer, puisque la Place avait pour se défendre, deux fois plus de monde que l'Ennemi n'en avait pour l'attaquer. Cependant on n'était pas sans inquiétude. On craignait la longueur d'un blocus & le défaut de munitions.

Dès long-temps, mon pere s'était occupé de pourvoir à la sûreté de cet établissement ; mais ses ordres n'avaient pas été plus suivis sur cet objet, que sur tous les autres.

Le Commandant laissé aux Troupes par M. de Bussy, avait désobéi, en ne prenant point la position que mon pere lui avait indiquée ; en risquant une bataille malgré la défense qu'il en avait ; en *se faisant battre*, & en *per-*
N° 111. *dant par sa défaite tout un pays qu'il aurait sauvé par la position qui lui était prescrite.*

Le Gouverneur laissé dans la Ville par Moracin, avait désobéi, en se dégarnissant de ses Troupes pour grossir celles que le Commandant Militaire allait faire battre, & en ne voulant point *se borner au seul objet de la défense de sa*
Ibid. *Place*, comme il lui était enjoint par ses instructions.

Moracin avait désobéi, en refusant d'aller reprendre son commandement, & en déclarant nettement *qu'il était trop*
N° 53. *mécontent de la Compagnie pour continuer à la servir.*

Le Gouverneur & le Conseil de Pondichery avaient désobéi, en refusant de faire exécuter les ordres de mon pere, & de *déterminer la conduite* de Moracin. 1759. Ibid.

Mon pere avait enfin été réduit à déclarer *qu'il se déchargeait de l'événement, & qu'il allait envoyer sa déclaration au Ministre.* Ibid.

Cependant, sur le bruit d'un nouveau danger, il se détermine à faire une nouvelle tentative. Il propose à MM. de Bussy & Moracin de se porter conjointement au secours de Mazulipatam. Chacun, de son côté, refuse d'y aller, si l'autre y va. Mon pere se détermine pour M. de Bussy, & entreprend de lui persuader que le parti *le plus utile* doit être celui qui remédie au danger *le plus pressant.* M. de Bussy consent à se charger de l'expédition. Mais à l'instant de son départ, il éxige un prêt de 15000 roupies appartenantes au Pere Lavaur, que mon Pere avait en dépôt, & voulait faire prêter aux Troupes. Il déclare *que le diable l'emportera plutôt que de partir sans cette somme.* Mon pere ne croit pas devoir sacrifier les besoins de l'Armée aux desirs d'un seul homme : il révoque l'ordre donné à M. de Bussy, nomme Moracin à sa place, & lui ordonne de partir, sous peine de désobéissance. Moracin, en déposant au Procès, n'a articulé que cette seule variation dans le choix de mon pere. M. de Bussy en a articulé cinq au lieu d'une, toujours de lui à Moracin & de Moracin à lui; il a dit que *cinq jours s'étaient perdus dans ces alternatives.* On n'a pas encore été content de cette progression; & en rapportant le Procès, au lieu de *cinq jours*, on a dit *deux mois.* Rapport.

Moracin se détermine enfin à obéir. Il éxécute en Avril 1759, l'ordre qu'il avait reçu en Novembre 1758, & ar-

1759. Mazulipatam pris le 8 Avril.

rive au secours de Mazulipatam, quelques jours après qu'il venait d'être pris. Il avait avec lui deux Vaisseaux & cinq cens hommes; la Compagnie en avait encore deux cens dans l'Armée de Salabetzingue, campée à sept lieues de Mazulipatam; en réunissant le tout, & en attaquant la Place, il était sûr de la reprendre. Il préfere de remonter à cent lieues par delà, & d'aller à Ganjeam, visiter, disait-il, un Raja de ses amis, & l'engager à payer de l'argent qu'il devait à la Compagnie. Il visite, par la même occasion, un Vaisseau que l'on construisait pour son propre compte, dans ce même Ganjeam. Il manquait d'agrès & d'apparaux; un Vaisseau de la Compagnie se trouve à point nommé hors de service; il le fait condamner, & arme son nouveau Bâtiment des débris de l'ancien. Malheureusement, après l'accueil le plus cordial, il se brouille avec son ami. Il en reçoit des présents; lui fait la guerre; est battu; & revient seul à Pondichery, après plus de six mois, & après avoir abandonné sa Troupe à elle-même. La désertion, la misere, les maladies, la mort dispersent & consument cette Troupe délaissée. Ce qui en reste prend à la fin le parti de s'embarquer sur le Vaisseau de son Chef, & retourne à Pondichery, qui voit rentrer quatre-vingts hommes, des cinq cens qu'il avait vû sortir.

Dans la vérité, Mazulipatam n'eût pas dû tomber au pouvoir des Anglais. Défendu par les Troupes de l'Inde, il avait été surpris & escaladé. Le Colonel Forde qui était venu l'attaquer avec une poignée de Soldats, l'avait battu pendant un mois, sans produire autre chose qu'une breche imparfaite. Averti par son Commandant d'Artillerie, qu'il ne restait plus de munitions que pour deux

Mémoires de Lawrence.

jours, il avait formé un projet si hardi, que tous ses 1759.
Officiers, avant de l'éxécuter, avaient pris la précaution
de faire leurs testaments, aucun n'espérant en revenir. No. 112.
Cent trente-deux Anglais descendus dans les fossés, ayant
de la boue jusqu'aux genoux & de l'eau jusqu'à la poitrine, étaient arrivés au pied des palissades, sans perdre un
seul homme, tandis que tous auraient dû être exterminés. Au premier poste attaqué, l'Officier qui le gardait
s'était éclipsé, sous prétexte d'aller chercher du secours.
Dans un autre poste, l'Officier en robe de chambre, livré au sommeil, réveillé par le premier coup de fusil, n'avait
pas attendu le second. Ailleurs, l'Officier pris de boisson,
& pouvant à peine se soutenir, s'était roulé hors de son
poste. Les Soldats avaient suivi l'éxemple de leurs Officiers. Le Major la Roque, le Capitaine Willesme & quelques autres, après avoir ramassé une trentaine de fuyards,
avaient cherché vainement à lutter contre les Anglais,
dont toute l'Armée était entrée successivement sur les traces du premier détachement; ils avaient été obligés de
céder au nombre. Le Marquis de Conflans qui commandait, averti que les Ennemis étaient dans la Place, & voulant marcher contr'eux, s'était trouvé investi au même
instant. On lui avait déclaré *que s'il ne se rendait pas,
toute la Ville allait être passée au fil de l'épée.* Il avait été
obligé de se rendre, lui, ses Soldats & les Habitants,
prisonniers de guerre. Le Colonel Anglais était d'abord
parvenu à préserver la Ville du pillage. Mais nos propres
Troupes, les Troupes de la Compagnie des Indes Françaises
avaient imaginé de piller un établissement Français, pour
se consoler de l'avoir mal défendu. Les Anglais alors n'avaient pas cru devoir respecter les Français, plus que ces

1759. derniers ne se respectaient eux-mêmes : tous avaient pillé à l'envi, pendant trois jours entiers ; & l'on avait vû deux Armées ennemies faisant, de concert, le sac de la même Ville, que l'une venait de perdre & que l'autre venait de prendre.

Cependant les Officiers qui avaient si mal fait leur devoir lors de l'attaque, étaient les mêmes qui, quatre mois auparavant, par une conduite aussi indigne, avaient causé la perte de la bataille de Pédapour. Les premiers moments de trouble & d'agitation une fois passés, un de ceux qui avaient montré une bravoure trop peu imitée & trop infructueuse, avait adressé au Marquis de Conflans, une Plainte en regle contre ces Officiers ; & le Marquis l'avait envoyée à mon pere, en demandant un Conseil de Guerre. A peine les prisonniers de Mazulipatam ont-ils la liberté de retourner à Pondichery, que tous ces Officiers cherchent à se mettre à couvert par la récrimination, & dénoncent à leur tour leur Commandant. Mais ils ne se bornent pas à cette seule manœuvre. Ils veulent faire disparaître leur Accusateur. Des assemblées de Corps se tiennent, pour aviser aux moyens de se défaire du Capitaine Willesme. Deux fois il est attaqué ; & la seconde, il est dangereusement blessé. Les assemblées recommencent. Le Procureur du Roi rend plainte. Il présente sa Requête au Conseil. Leyrit refuse de l'appointer, *parce qu'il ne veut pas*, dit-il, *se brouiller avec les Officiers de l'Inde.* Au milieu de tous ces débats, le Marquis de Conflans meurt, & tout est éteint par sa mort. On a
Rapport. dit en rapportant le Procès, que c'était *le Marquis de Conflans* qui *avait récriminé*, & que mon pere l'avait *protégé.*

Les

Les Anglais venaient de recevoir un ſecond renfort, & Pondichery ne recevait pas un ſeul homme d'Europe. L'avant-garde de l'Eſcadre Anglaiſe ſe montrait déjà, & Pondichery n'avait aucune nouvelle de la ſienne. Le Colonel Lawrence, commandant l'Armée Ennemie, avait offert vainement le combat, pendant quinze jours de ſuite, au Chevalier de Soupire enfermé, depuis cinq ſemaines, dans Cangivaron, avec des Soldats qui criaient ſans ceſſe de n'être ni payés, ni nourris, ni armés, ni vêtus.

X. Nouveaux malheurs. Succès, Traités infructueux. Trahiſons. Détreſſe.

Le Major Bréreton, ſucceſſeur de Lawrence, réſolu d'attirer le Général Français à une action, malgré lui, ou du moins de le dépoſter, le coupe ſur ſes derrieres, paſſe le Paléar, & va mettre le ſiege devant le Fort de Vandavachy. Le Chevalier de Soupire qui avait refuſé de combattre les Anglais, lorſqu'ils avaient été à deux, trois & quatre lieues de lui, fait un circuit de vingt-deux lieues pour marcher ſur eux. Les Anglais le voyant arriver, inſtruits d'un autre côté que mon pere s'avançait au ſecours de Vandavachy, levent le ſiege la nuit même; rabattent par une marche forcée ſur Cangivaron; & dès le lendemain, entrent dans la Ville, où le Chevalier de Soupire n'avait ſeulement pas laiſſé un Soldat blanc pour la garder. Le Fort, défendu par un Partiſan Noir, eſt emporté le ſurlendemain. Toutes les conquêtes que mon pere avait faites cinq mois auparavant, ſur la rive gauche du Paléar, ſuivent le ſort de Cangivaron; & toutes les dépendances d'Arcatte ſe trouvent réduites à deux Paraganas ou Châtellenies, ſituées ſur la rive droite de ce fleuve, ſeule reſſource pour fournir à la ſubſiſtance de l'Armée.

Cangivaron pris par les Anglais le 13 Avril.

Mon pere rejoint cette Armée; lui annonce le projet

1759. de poursuivre l'Ennemi, & de le chasser de la Place qu'il vient de prendre. Les Cipayes, faute de solde, refusent de marcher pendant deux jours consécutifs. Le troisieme, un incident survient plus fâcheux encore. L'Amaldar ou Fermier que nous avions à Arcatte, après avoir refusé pendant une semaine entiere de nourrir la Garnison, se révolte ouvertement; va s'enfermer avec une Troupe Noire dans le Fort de Timery, & déclare *qu'il le défendra aussi-bien contre les Français que contre les Anglais.* Nous sommes obligés de faire le siege d'une de nos Places, & de la conquérir sur nos propres Soldats.

Huitieme révolte. 17 Avril. N° 181.

Toujours déterminé à marcher sur l'Ennemi; mais arrêté à chaque instant par le défaut de moyens, mon pere veut enfin user de la derniere ressource que le Conseil lui a indiquée, & il veut employer, pour se la procurer, le seul Agent que le Conseil lui a nommé. Il veut que M. de Bussy fasse contribuer les Paléagars. Une migraine avait empêché cet Officier de sortir de Pondichery, en même-temps que son Général. Mon pere imagine qu'au bout de sept jours, ce mal, plus vif que durable, sera sûrement guéri. Il écrit à M. de Bussy, & le mande sur le champ: il le mande en vain. Le même malheur qui avait voulu que M. de Bussy eût la *migraine* le 12 Avril, lorsque mon pere était parti pour l'Armée, veut que M. de Bussy ait une *indigestion* le 18 Avril, lorsque mon pere lui ordonne de venir joindre l'Armée. Le Brigadier répond à l'ordre de son Général, par un écrit ainsi conçu: » Nous, Chirurgien Major de Pondichery, certifions à telle fin qu'il » appartiendra, que M. de Bussy a eû le jour d'hier une » indigestion considérable, qui le met hors d'état de » partir pour l'Armée; & qu'il faut voir durant quel-

N° 54.

» ques jours quelles en feront les fuites. Ce 18 Avril 1759. 1759.
» Signé, AUBERT.

Dans une autre occafion, M. de Buffy avait écrit à mon pere : » ce ferait une faible excufe, mon Général, N° 182.
» de vous dire que des Dames m'ont empêché d'aller re-» cevoir vos ordres. Jefpere que vous trouverez plus fo-» lide celle de l'augmentation de mon rhume de poitrine.

On ne peut encore s'empêcher ici de regretter, qu'une Maladies de M. de Buffy. fanté auffi précieufe que celle de M. de Buffy ait été auffi chancelante pendant l'expédition de l'Inde. Les regrets augmentent & dégénerent prefqu'en défefpoir, lorfqu'en parcourant de fuite les divers échecs que cette fanté a reçus, on voit toutes les maladies, par une fatalité marquée, affiéger toujours M. de Buffy dans les moments les plus critiques, dans ceux où la Colonie & mon pere avaient le plus befoin de fon fecours. En fuivant toutes les différentes lettres que cet Officier a écrites lui-même, ou a fait écrire, foit par le Pere Lavaur, foit par le Gouverneur Leyrit, pour fe difpenfer de prendre ou d'éxécuter les ordres de mon pere, on trouve, que le 14 Septembre 1758, M. de Buffy avait *les douleurs de la gravelle*; N° 182. que le 6 Novembre, il avait *un rhume*; que le 7, il avait *un mal de poitrine affreux*; que le 17 Janvier 1759, il avait *le pied enflé, & ne pouvait fe lever*; que l'onze Avril, il avait *la migraine*; que le 15, il avait *une fluxion fur l'œil*; que le 18, il avait *une indigeftion*; que le 26, il *parlait d'un renouvellement de gravelle*; que le 30, *fa fanté ne lui permettait pas de fe rendre à l'Armée*; que le premier Mai, *il était enchifrené & touffait fréquemment*; que le 10, il avait *la gravelle & une obftruction au foie*; que le 20, il finiffait d'avoir *la gravelle & l'obftruction*,

1759. mais qu'à la place, il *lui était survenu une attaque de goutte*, &c. &c.

On a prétendu que mon pere n'avait pas été assez sensible à une situation aussi déplorable; & *l'aigreur contre M. de Bussy* a été, dans le Rapport du Procès, un des délits *partiels*, formans la *masse* du délit *composé* qu'offrait ce Rapport : mais certainement on s'est trompé. Il est bien vrai que mon pere refusait constamment à M. de Bussy la permission de repasser en Europe : mais c'est qu'il espérait toujours le rétablissement parfait de cet Officier, & les services qui n'auraient pas manqué d'en être la suite. Il était même d'autant plus fondé à l'espérer, que le Pere Lavaur, en faisant la peinture de toutes ces maladies, ajoutait cependant *qu'elles n'étaient pas mortelles, & qu'elles ne demandaient que du repos*; d'autant plus fondé, que M. de Bussy écrivait de son côté : *mon état ne demande que des remedes & du repos.* Mon pere calculait même que des maladies qui *demandaient du repos*, ne *demandaient* pas une traversée de six mille lieues. Il est bien vrai encore qu'il se désolait, comme citoyen, de voir cette complication effrayante de maux, qui du particulier rejaillissaient sur l'État : mais il plaignait, comme homme, l'individu qui en était la premiere victime; il cherchait même à relever son courage. A l'époque de la derniere maladie à laquelle nous nous sommes arrêtés, *l'attaque de goutte*; écrasé lui-même enfin par le chagrin & la fatigue; malade à son tour, mon pere présentait à M. de Bussy la consolation des infortunés dans le spectacle d'une infortune plus grande encore. » *Vous êtes heureux, Monsieur, dans* » *votre malheur*, lui écrivait-il, *vous avez fait le tour entier* » *de la boussole des maux. La goutte en est toujours le der-*

Rapport.

N° 182.

N° 182.

» *nier rhombe. Pour moi, j'essuie le premier, & le cercle sera* 1759.
» *long à parcourir. Si vous desirez de voir le sol natal, je ne*
» *le desire pas moins; & c'est-là où nous nous trouverons l'un*
» *& l'autre hors de Cour & de procès, Dieu merci.* »

C'était le 21 Mai que mon père écrivait cette dernière lettre, c'est-à-dire, environ un mois après avoir mandé M. de Bussy; après avoir, sur le refus de cet Officier, marché à l'ennemi; après s'être vu, dès la première marche, abandonné par le Chevalier de Soupire, par le Brigadier Landivisiau, qui étaient allés se reposer à Pondichéry; après être resté seul à l'Armée, sans Officiers supérieurs, à cheval nuit & jour, obligé tout à la fois de donner & d'exécuter les ordres; après avoir passé le Paléar; après avoir repris Caveripack; après avoir reconnu Cangivarom; enfin après avoir été, le jour même qu'il devait l'attaquer, saisi d'une fièvre si violente, qu'il avait fallu le transporter sur l'heure à Vandavachy, & de-là à Pondichéry. Depuis cet instant, & quatre mois encore après, il était sans cesse entre la vie & la mort, traîné de campagne en campagne, réduit à un état si misérable, que jusqu'aux Conseillers ne pouvaient s'empêcher de le plaindre, même de le secourir. Plusieurs allaient jusqu'à lui offrir leurs maisons, où, avec leurs femmes & leurs enfans, ils lui prodiguaient tous leurs soins. Il est vrai que l'ordre de faire rendre compte à tous ces Conseillers n'était pas encore arrivé d'Europe; ils n'étaient pas encore tous réunis; & ceux qui recevaient mon père chez eux, ne négligeaient pas, lorsqu'ils pouvaient lui parler, les moyens de l'attirer à leur faction, & cherchaient à l'indisposer contre leurs Camarades de la faction contraire.

Dans cet état non moins triste que celui de la Colo-

1759. nie, mon père méditait encore des conquêtes. Pondichéry était encore à couvert dans la partie du Nord. L'Armée française, formant une chaîne depuis Arcatte jusqu'à Carangouly, tenait en respect celle des ennemis, dont elle était séparée par le Paléar. Mais dans la partie du Sud, à seize lieues de Pondichéry, quarante Anglais à la tête de deux mille Noirs occupaient Thiagar, fort considérable, d'où ils faisaient des incursions jusques sous les murs de notre Capitale. Mon père forme le projet de le leur enlever, moitié par la force, moitié par la ruse. Il emploie les intervalles que ses souffrances lui laissent, à rédiger & à diriger son entreprise. Elle réussit : les ennemis sont surpris, les deux mille Noirs battus & dispersés, les quarante Anglais faits prisonniers; leur Commandant se tue lui-même de désespoir, & le fort se rend avec toutes les terres qui en dépendent. Les ennemis veulent se venger sur Arcatte, & mon père leur en fait lever le siége.

Thiagar pris. 5 Juillet.

Négociations. N°. 183.

Vers le même temps, & tout à la fois, il traitait avec le Roi de Tanjaour, avec le Nabab de Velours, avec le Souba du Dékan, avec les Maissouriens, avec les Marattes, avec les Danois, avec les Hollandais. Accablé par la maladie, mais soutenu par son courage, par sa haine implacable contre les Anglais, il formait encore des projets sur Madras, sur Trichenapaly. Il en formait sur Chandernagor même : il avait invoqué les lumières, l'intelligence, la valeur du Capitaine Laff, pour susciter une révolution dans le Bengale, où cet Officier commandait : il s'était adressé à Moracin pour mettre la dernière main à la rédaction & à l'exécution du projet. Ce Général qu'on a représenté comme le vil esclave d'une basse jalousie, avait écrit à son subalterne, à ſon ennemi déclaré : « mandez-moi ce que vous penſez » de l'entrepriſe. Envoyez-moi Alcara ſur Alcara *. Ajoutez-» y tout ce que l'ignorance du local peut me faire omettre. » Vous aimez la gloire ; vous avez une famille nombreuſe, » & ſa fortune à faire. Moi je ne tiens plus à la miſſion » dont on m'a chargé, que par les filets du devoir. Je » n'en veux & j'en refuſe toute récompenſe. Reprenez le » Gange, ſans qu'on ſache que je m'en ſuis mêlé ; rendez » à la Compagnie un établiſſement que l'ineptie de ſon Chef » lui a fait perdre ſi follement. Soyez le reſtaurateur de cette » Colonie, tandis que j'épuiſerai ici les cartouches de » l'Ennemi. »

1759. Lettre à Moracin, 23 Avril.

* Coureurs, Guides.

Il était difficile que ces ſuccès, que ces entrepriſes, que ces négociations euſſent beaucoup de fruit. Les Princes du pays voyaient depuis deux mois le pavillon Anglais dominer impérieuſement ſur toutes leurs mers, tandis que celui des Français ne s'y montrait ſeulement pas. Les cris de nos Soldats mourans de faim & de miſère retentiſſaient dans toute l'Inde. Des obſtacles plus terribles encore s'élevaient du ſein même de Pondichéry ; & dans les projets que mon père méditait pour ſauver la Colonie, c'était cette Colonie elle-même qu'il avait le plus à redouter. Le trait ſeul que nous allons citer, ſuffira pour donner une juſte idée des traverſes continuelles qu'il eſſuyait, & de ceux qui les lui faiſaient eſſuyer.

Trahiſons.

L'Officier chargé de la négociation avec les Hollandais, était arrivé dans l'Inde peu avant le ſiége de Madras. Il ne s'était pas beaucoup occupé d'y ſervir, & en avait même reçu un reproche public de la part de ſes Camarades : mais en quatre mois, il avait trouvé le moyen de ſe faire déli-

Dépêches vendues.

n.° 184.

1759. vrer pour 200,000 de lettres de change ſur la Compagnie, & auſſi-tôt il avait demandé à repaſſer en Europe. Mon père ne croyant pas faire une grande perte, lui avait accordé ce retour tant deſiré ; mais avait voulu l'employer du moins une fois pour le ſervice de la Compagnie. En conſéquence, il avait arrêté, de concert avec Leyrit, que cet Officier irait à Negapatam ; qu'il s'y embarquerait ſur le premier vaiſſeau partant pour Batavia ; qu'il ſerait chargé des paquets pour le Gouverneur de cette dernière Place ; & de lier un traité avec lui. Une lettre de change de 12,000 livres devait lui être remiſe pour ſon voyage, & le Contrôleur-Général devait être prié de lui faire payer douze autres mille livres en France, s'il réuſſiſſait dans ſa négociation. L'Officier s'était ſoumis & engagé à tout, & mon père l'avait chargé en particulier de ſes dépêches pour la Cour.

Cet Officier imagine de faire trafic de ſa dernière miſſion. Il la révèle aux ennemis de mon père. Auſſi-tôt on lui propoſe de vendre les dépêches dont il eſt porteur, c'eſt-à-dire le ſecret de l'Etat. Il marchande. On commence par lui donner en entier les 24,000 livres, dont la ſeconde moitié devait être conditionnelle & laiſſée à la diſpoſition du Miniſtre. On y ajoute une pacotille de 48,000 livres. Un des chefs de la cabale lui donne encore 48,000 liv. Un autre lui fournit une lettre de crédit, pour pareille valeur, ſur les Hollandais. L'Officier content du prix, tranſporté de joindre 168,000 liv. aux deux cents mille qu'il avait déjà ramaſſées, rompt lui-même le ſceau des dépêches ; ouvre tous les paquets ; les livre ; part pour Négapatam ; y reſte le temps de vendre

ſa

ſa pacotille; laiſſe partir tous les vaiſſeaux pour Batavia; revient à Pondichery, après un mois d'abſence; rend à mon pere ſes paquets, après quinze jours de demandes & de refus, d'ordres & de déſobéiſſances; mais ne veut pas rendre la lettre de change qu'on lui avait donnée pour ſon voyage, & déclare qu'il l'a négociée. Mon pere voit ſes paquets ſous une nouvelle enveloppe & ſous un cachet appliqué. Pour comble de mal-adreſſe, on avait remis dans le paquet du Maréchal de Belle-Iſle des lettres deſtinées au Contrôleur Général; & dans le paquet du Contrôleur Général, des lettres deſtinées au Maréchal. La ſeule inſcription, le ſeul bouleverſement de ces paquets en diſait ſans doute aſſez. Bientôt mon pere eſt inſtruit que la lettre de change a été portée au double de ce qu'elle devait être. Preſqu'au même inſtant, des diſputes inévitables dans la plupart des ſociétés de commerce, découvrent le marché tout entier. Mon pere informe le Miniſtre de cette conduite; ne dit rien aux acheteurs; ſe borne à mettre le vendeur aux arrêts: & l'on dira que mon pere était un homme cruel! ſi l'on venait l'accuſer aujourd'hui d'avoir été trop indulgent, même trop faible, en vérité je ſerais embarraſſé pour le défendre.

1759.

Miſere des Troupes.

On avait de l'argent pour payer la trahiſon & les traîtres; pour faire échouer toutes les opérations que mon pere projettait: mais on en manquait abſolument pour payer les Troupes qu'il commandait. Elles faiſaient la guerre ſans relâche, & elles ne touchaient pas un ſol. Leur miſere augmentait avec leurs fatigues, & leur mécontentement croiſſait avec leur miſere.

Le Conſeil aſſemblé de nouveau par mon pere; interrogé de nouveau par lui, ſur les *moyens & expédiens à*

1759. Délibération du 10 Juin. N° 185.

imaginer, pour fournir aux Soldats au moins deux mois de paie, de six qu'on leur devait, avait répondu par son refrein accoutumé, *que* TOUTES SES RESSOURCES ÉTAIENT ENTIEREMENT ÉPUISÉES. Il avait ajouté *que son crédit l'était aussi.* Il avait osé dire, pour *preuve certaine de son discrédit, que ses billets de caisse perdaient cinquante pour cent, & qu'encore avait-on bien de la peine à les escompter à ce prix :* c'était ving-cinq de plus que trois mois auparavant, & l'on peut juger par l'augmentation de la perte, celle du bénéfice pour les agioteurs. Il avait enfin dit & écrit à mon pere : *nous nous voyons dans l'impossibilité de vous donner des preuves de la* CONTINUATION *de notre zèle pour la réussite de vos entreprises.* On conviendra que si jamais il y eut un contre-sens, c'est celui que présente cette phrase dans un seul mot. Mon pere, malheureusement, ne demandait pas au Conseil une *continuation*, mais un commencement de zèle ; & le Conseil, au lieu de commencer à l'aider, *continuait* de le traverser.

Lettre de M. Magon. N° 186.

D'un autre côté, le Gouverneur de l'Isle de France *continuait* d'écrire, *qu'il doutait que les Vaisseaux eussent une envie réelle de partir ;* que tout au plus, *ils feraient une courte visite à Pondichery.* Il ajoutait : *je sens, mon Général, toute l'horreur de votre situation ; mais je suis hors d'état d'y apporter du remede.* Il ajoutait : *j'aurais voulu vous faire passer des Noirs ; l'Escadre les a tous enlevés. J'ai eu les bras liés pour les Soldats & pour les Noirs. Je n'ai pas été moins gêné pour les effets que j'ai voulu vous envoyer. Je n'ai jamais pu engager les Vaisseaux de Guerre à se charger de la moindre chose ; c'eût été trop visiblement blesser leur dignité.* Il ajoutait : *je vois le mal, mon Général, & je ne puis l'empêcher, quoique je me sois retourné de toute maniere pour en venir à bout. Heureusement, j'ai obtenu la permission de repasser en France, & je vais en profiter, puisque je ne puis plus être d'aucune utilité ici. Peut-être les lumieres que je vais porter en Europe, pourront encore déterminer à prendre les partis nécessaires pour sauver nos affaires.* JE CRAINS CEPENDANT QU'IL NE SOIT TROP TARD. 1759.

Enfin le Ministre *continuait* d'écrire, *que l'on était dans l'impuissance d'envoyer des fonds, par les dépenses exhorbitantes de la Guerre d'Europe.* Lettre de M. de Boulogne. Nº 187.

Pour toute ressource, Rajazaeb offrait à la Colonie un don de quarante mille roupies; mais à condition qu'on remplirait la parole qu'on lui avait donnée, de le nommer Nabab d'Arcatte; & le Gouverneur Leyrit s'opposait de tout son pouvoir à cette nomination. Il n'épargnait rien pour la faire rejetter par le Conseil, à qui mon pere la proposait.

Sur ces entrefaites, deux cens Soldats de la Compagnie, prisonniers depuis cinq ans, & récemment échangés; étonnés d'être plus mal nourris dans leur propre pays où ils se battaient, qu'ils ne l'avaient été dans le pays Ennemi où ils étaient captifs; soulevent une partie des Troupes. Les rebelles s'assemblent au moment où l'on s'y attendait le moins, sortent armés de leurs quartiers, & se mettent en route pour aller joindre les Anglais. Heureusement les Officiers en sont promptement avertis; ils courent après eux, les atteignent au bout de trois lieues, & à force de promesses parviennent à les ramener. Soixante & quinze seulement persistent dans leur révolte, & vont se retrancher deux lieues plus loin. Ils déclarent d'abord qu'ils veulent bien attendre, pendant quelques jours, l'éxécution des promesses qu'on leur fait, & *qu'ils ne sont encore ni aux Anglais ni aux Français*; mais eux-mêmes préviennent Huitieme révolte 17 Juillet. Nº 188. Nº 188.

1759. le terme qu'ils avaient fixé, & se hâtent d'aller joindre l'Ennemi. Les Officiers en Corps écrivent à mon Pere, pour l'instruire de ce funeste événement. Leur lettre portait : *Les Soldats sont obligés de servir sans chemises, sans bas, sans souliers, sans vivres. Notre vie n'est pas en sûreté auprès d'eux.*

N° 188.

Ces Soldats avaient déclaré qu'ils se contenteraient de la demi-solde : on a recours aux Fermiers, & les Fermiers répondent qu'ils ne peuvent pas même la fournir.

Dans cette extrémité cruelle, mon pere se détermine à profiter des offres de Rajazaeb. Cependant il ne veut encore rien décider, qu'après en avoir délibéré avec tout le Conseil. Le Gouverneur renouvelle son opposition ; mon pere répond à toutes les objections article par article. Un Conseiller seul se range du parti de Leyrit ; tous les autres approuvent unanimement la nomination du Prince Noir à la Nababie d'Arcatte ; chacun donne son avis écrit & motivé ; Rajazaeb est proclamé Nabab, quant au titre & aux honneurs seulement, avec défense d'en exercer les droits, & de rien innover dans l'administration d'Arcatte, qui reste toujours à la Compagnie en propre. Il paie les 40,000 roupies promises, qui sur le champ sont envoyées aux Troupes. Il offre un Nazer de 20,000 roupies à mon pere, qui sur le champ le remet au trésor. Il fournit à la garnison d'Arcatte le batt pour quinze jours ; il fait entrer dans le Fort 105,000 mesures de riz, 14,550 de coulou, 5356 de beurre, 2600 d'oignons, 120 d'huile de Gingely, 470 d'huile à brûler, 126 sorres de tamarin, 124 mesures d'ail, 1303 chiens marons, 415 poulets, & onze bœufs. Le revenu d'Arcatte ne fournissait seulement pas le nécessaire, & c'était du moins éloigner les désastres.

N° 189.

Rajazaeb, Nabab d'Arcatte le 30 Juillet.

Lettre du Jésuite S. Estevan 28 Août & 17 Septembre. N° 189.

On a fait un crime à mon pere, en rapportant le Procès, *d'avoir conféré à Rajazaeb la Nababie d'Arcatte*; & l'on a dit *qu'il l'a lui avait conférée*, MALGRÉ L'AVIS DU CONSEIL. 1759. Rapport.

XI. Nouveaux ordres de la Cour. Déchaînement universel contre mon pere.

Pendant que mon pere était livré à toutes ces inquiétudes; pendant qu'il oubliait le soin de sa santé pour celui de la Colonie, & qu'après avoir appaisé les Troupes, en partie avec son argent, il envoyait encore 36,000 livres de ce même argent au Commandant de Karical, pour avoir des vivres; une lueur d'espérance vient tout-à-coup briller à ses yeux. Une Frégate arrive des Isles, annonçant le retour de l'Escadre. Mon pere alors convalescent, se fait transporter à Pondichery. Sa santé commence à se ranimer avec son espoir. Il croit qu'enfin il va être secondé; qu'il va poursuivre des conquêtes commencées avec tant de rapidité, & interrompues par le défaut seul de Vaisseaux & d'argent. Il ne savait pas ce qui l'attendait dans le sein de cette Ville, dont le salut & la gloire lui étaient si fort à cœur.

La Compagnie des Indes révoltée de n'avoir pu encore recevoir aucun éclaircissement de Pondichery, ni sur le revenu des biens qu'on y affermait en son nom, ni sur l'usage des fonds immenses qu'elle y avait fait passer, avait enfin résolu de percer ce mistere d'iniquité. Son Commissaire Clouet, qu'elle avait chargé de ce soin, & que l'on a vu partir avec mon pere, avait inutilement cherché dès les premiers instans de son arrivée, à remplir sa mission. *Il ne lui avait pas même été possible de commencer son travail.* Arrêté à chaque pas, privé de toutes lumieres, environné de pieges, menacé ouvertement *d'être jetté à la mer*, Nº 6.

1759. il avait prétexté une mauvaise santé pour demander la permission de se réfugier aux Isles ; & après un séjour de deux mois, il avait quitté l'Inde, dans le dessein de n'y plus reparaître. Cet événement avait mis le comble à l'indignation de la Compagnie & du Ministere. L'un & l'autre avaient crû devoir employer des mesures plus efficaces pour se faire obéir. De nouvelles dépêches venaient d'arriver par la nouvelle Frégate.

Mon pere ouvre ces dépêches avec empressement ; il espere y trouver le rappel qu'il avait demandé depuis si long-tems & avec tant d'instances : il y trouve, pour le Conseil, les réprimandes les plus séveres, les menaces les plus rigoureuses ; & pour lui-même, l'ordre le plus précis de prendre connaissance de toutes les parties de l'Administration ; de *corriger le déspotisme* des Gouverneurs &
Nos 6 & 7. du Conseil ; de remonter jusqu'à *l'origine des abus ;* d'en *couper la racine ; d'exclure le Conseil de tout intérêt direct ou indirect dans l'exploitation des revenus de la Compagnie ;* enfin, *de faire poursuivre, à la requête du Procureur Général, tout Conseiller, Sous Marchand, Employé, qui aurait quelqu'intérêt à démêler avec les Fermiers.*

Jusqu'ici, nous avons vu des esprits soulevés par la présence d'un Supérieur, par la crainte d'un Censeur, par la suppression de plusieurs gains illicites, par des reproches amers sur des abus monstrueux, par des menaces réitérées d'en instruire le Roi & la Compagnie ; nous avons vu des haines sourdes, des complots couverts. Du moins il était encore quelque frein pour ces haines ; l'union
No 190. sur-tout manquait dans les complots. Le Pere Lavaur avait écrit de son Couvent, contre tous les Chefs de la Colonie. Le Conseiller Moracin avait écrit de Mazulipatam ;

contre tous ſes Confrères de Pondichéry. Le Conſeiller Denis avait écrit du même lieu, contre la geſtion du Dékan. M. de Buſſy, chargé de cette geſtion, avait écrit contre l'adminiſtration de Pondichéry. Le Capitaine Noirfoſſe avait écrit de ſon camp, contre ſon Commandant Durocher. Le Capitaine D'Herbouville avait écrit de ſon poſte, contre le Gouverneur Leyrit. Le Gouverneur Leyrit avait écrit de ſon gouvernement, contre l'infidélité de ſes Co-adminiſtrateurs. Nous avons vu comme ils le lui avaient rendu. Nous avons vu la guerre civile allumée entre le Bataillon de l'Inde & le Conſeil; entre les Officiers de ce Bataillon eux-mêmes, entre les Membres de ce Conſeil eux-mêmes. Nous avons ſuivi les débats du Conſeiller Nicolas, du Conſeiller Barthelemy, du Conſeiller Denis, du Conſeiller Gueullette, &c. L'animoſité, diviſée ainſi entre tant d'objets, perdait néceſſairement de ſa force contre mon père. 1759.

Mais à peine ſes nouvelles inſtructions ſont-elles arrivées, à peine a-t-il notifié ſes nouveaux ordres, que tout ſe déchaîne contre lui. Un torrent qui a rompu ſa digue, n'eſt ni plus rapide, ni plus impétueux. L'un s'écrie *qu'il ne ſe mêlera plus de rien;* les autres ne *ſe mêlent plus* que de rendre mon père odieux, & de traverſer tous ſes deſſeins. Il devient l'ennemi univerſel. La haine qu'on lui voue abſorbe toutes les autres haines. Tous ces individus qui s'étaient mutuellement accuſés, déchirés, ſe tiennent pour honnêtes-gens, & ſe liguent comme amis. Juſqu'à l'affaire de Deſvaux, après avoir entraîné encore quelques débats, finit par ſe pacifier; on le laiſſe partir pour l'Europe, ſur la caution du Gouverneur. Dès-lors, on oublie non-ſeulement les guerres domeſtiques, mais même la guerre extérieure, pour ne plus ſonger qu'à combattre l'homme revêtu d'un pouvoir déteſté. Dès-lors, on ſoudoie des calom-

(*)

1759. niateurs pour rédiger des libelles. Le Moine Lavaur dirige son intention, prodigue d'un côté les respects, les soumissions, les hommages à mon père; vend de l'autre sa plume, & le poison qu'elle distille, à l'imposture & à la rébellion. Toutes les opérations de mon père sont critiquées hautement, sont ouvertement traversées; ses malheurs attribués à incapacité, ses succès au hasard. On met tout en œuvre pour multiplier les premiers, & pour prévenir le retour des autres. Enfin, qu'on se représente tout ce que peuvent produire, dans des esprits aliénés & dans des consciences troublées, la nécessité de se soumettre & le desir de se venger, la certitude d'être démasqué & la crainte d'être puni: qu'on joigne à cela cette rigidité dont mon père offrait l'extérieur, cette indignation violente qu'excitait en lui la moindre apparence du crime, ce caractère hérissé, pour ainsi dire, de probité & d'inflexibilité, qu'il a porté jusques devant ses Juges; & l'on pourra se peindre l'état de combustion dans lequel était alors la Colonie, ainsi que les dangers qui menaçaient son Chef. Le Conseiller le Noir, en exhalant sa rage contre mon père, contre le Chevalier de Soupire, contre M. Godeheu, contre M. Clouet; en traitant la Compagnie de *calomniatrice détestable*, en lui reprochant de donner sa confiance à des Militaires, écrivait mot à mot: *La seule consolation qu'aient M. de Leyrit & le Conseil, c'est que la Compagnie en sera la victime.*

1er. recueil, page 5.

Mon père s'immole à son devoir. Il laisse la manutention entre les mains de ceux qui l'avaient eue jusques-là; mais il veut tout savoir & tout connaître. Il demande les comptes de recettes & de dépenses, les états, les registres. Il voit avec effroi, dans les uns, une confusion qui empêche d'y rien démêler; dans les autres, plus de cinq millions de lettres de change, tirées en moins d'une année sur la Compagnie par le Conseil; des

n°. 191.

des billets de caiffe perdans foixante-quinze pour cent; des créances de huit cens mille livres achetées tout au plus par deux cens mille ; des dépenfes énormes & inutiles; trois ou quatre Valets Noirs écrafans la Colonie du poids de leurs concuffions, à l'abri de la protection & de l'exemple de leurs Maîtres. Il enjoint au Teneur de livres de lui remettre tous les mois un bilan de toutes les recettes & dépenfes, en argent comptant, en billets, en viremens de parties. Il défend aux Tréforiers de recevoir ou de fournir aucuns fonds, de folder ou de délivrer aucune lettre de change, fans fon attache. Il ordonne que les billets de caiffe foient brûlés à mefure qu'ils feront retirés. Il fupprime la moitié des dépenfes. Enfin, il impofe une amende de trois cens douze mille livres fur les Valets Noirs, qui la portent au tréfor dès le cinquieme jour, tant les places de Valets étaient importantes dans l'Inde! & qu'on juge par les Valets de ce qu'étaient les Maîtres. 1759.

On conçoit aifément les nouveaux effets que devait produire dans les efprits chacune de ces opérations. Ils ne fuffent pas tous retombés fur mon pere feul, fi l'adminiftration eût été obéie, fi la Compagnie eût été fervie par tout le monde comme par lui. En même-temps qu'il avait reçu fes derniers ordres, Clouet en avait auffi reçu à l'Ifle de France, qui lui enjoignaient de retourner à Pondichery, & d'aider le Commiffaire du Roi dans fon travail. Mais Clouet n'avait pas oublié la maniere dont il avait été accueilli dans cette Ville l'année derniere; & quelque defir qu'il eût d'être utile à la Compagnie, il avait encore plus de peur d'être noyé. Il reftait à l'Ifle de France. Mon pere en était plus furchargé & plus détefté; il réuniffait fur lui feul les occupations & la haine qui au-

1759. raient été partagées entre deux. Il le ſentait. Il écrivait aux Miniſtres : *la commiſſion que j'ai, porte que je ſerai en horreur à tous les gens de ce pays.* Il demandait toujours ſon rappel, qu'on lui refuſait toujours.

Et pour comble de maux, l'Eſcadre n'arrivait point. Les Anglais, enhardis par ſon abſence, ne ſongeaient à rien moins qu'à venir attaquer la Capitale Françaiſe. Leur groſſe artillerie était déjà ſur la plage de Madras, prête à être embarquée. Le Chevalier de Crillon que ſa ſanté avait forcé de ſe rembarquer pour l'Europe, qui avait été fait priſonnier en mer, & ramené dans l'Inde par la Flotte

Nº 192. Anglaiſe, venait d'apporter la nouvelle, qu'on ne parlait ſur cette Flotte que du ſiege de Pondichery.

XII. Arrivée & départ de l'Eſcadre.

» Enfin Pondichery voit paraître dans ſa rade cette Eſcadre tant déſirée, augmentée preſque du double, & » telle qu'il ne s'en était encore jamais montré dans les » mers de l'Inde «. (1) Il reſpire à cette vue, & ſe croit non-ſeulement délivré, mais même triomphant; ſa joie ne devait pas être de longue durée.

Troiſieme Bataille navale gagnée par les Anglais, le 10 Septembre.

L'Amiral venait d'eſſuyer un troiſieme combat & une troiſieme défaite. Ce n'étaient pas les forces qui lui avaient manqué : il avait combattu avec onze gros Vaiſſeaux contre neuf inférieurs; avec 740 canons contre 536; & avec 6440 hommes contre 3966. Ce n'était pas la bravoure : il s'était comporté dans ce dernier combat, comme dans les deux précédents qui s'étaient donnés l'année derniere, en Guerrier loyal; il y avait même été bleſſé aſſez grave-

(1) *Extraordinary force, like which none had ever yet been ſeen in the Indian ſeas.* An account of the war in ind. Page 245.

ment, comme dans celui de Karical. Ce n'était pas le défaut de concours : il avait été parfaitement ſecondé par la valeur de ſes Officiers ; le Chevalier de l'Eguille, entr'autres, avait mérité à ſon Vaiſſeau, de la part des Anglais, le ſurnom glorieux de *Bouche de Feu*. Qu'était-ce donc ? Il faut ſe rappeller le mot du Cardinal Mazarin ; & croire que le Comte d'Aché n'était pas *heureux*. Si quelque choſe prouve que la bravoure & le nombre ne ſuffiſent pas encore pour remporter des victoires, ce ſont les opérations navales des Français dans l'Inde, pendant toute la derniere guerre. La Bourdonnais, dans la guerre précédente, avait prouvé la même vérité en ſens contraire. 1759.

Mais cette défaite n'était pas ce qu'il y avait de plus douloureux pour la Colonie. Les Anglais, quoique moins maltraités que nous, l'avaient cependant été conſidérablement. Ils n'avaient retiré de leur victoire, que l'avantage ſtérile de garder le champ de Bataille. D'autres raiſons, des malheurs d'un bien autre genre, allaient changer en deuil public la joie univerſelle qu'avait produite l'apparition de l'Eſcadre.

L'Amiral, après treize mois d'abſence, arrivait le 15 Septembre pour ſignifier qu'il repartait le 17 ; il mandait à mon pere : *je ſuis enfin arrivé... je pars, & je ſacrifie le plaiſir que j'aurais de vous voir à celui de reparaître plutôt à la côte l'année prochaine.* No 56.

Pour toute conſolation, il lui annonçait, en échange des deux millions retenus l'année précédente, quatre cens mille livres en piaſtres, avec des diamants *évalués* trois cens quatre-vingt mille ; en échange des onze cens Soldats retenus avec les deux millions, *quelques hommes ;* & il ajoutait : *n'attendez de moi rien de plus.*

1759. Enfin, en se félicitant sur la promptitude de sa traversée, il écrivait à mon pere : *je n'ai songé uniquement qu'à vous, & au danger dont je devais craindre que Pondichery nè fût menacé.* Ainsi lui-même avouait *le danger dont Pondichery était menacé* par l'éloignement de l'Escadre : & il voulait emmener cette Escadre ! En s'excusant sur la longueur de son séjour à l'Isle de France, il marquait : *je ne suis pas arrivé aussi-tôt que je l'eusse voulu, mais* A TEMPS, PAR BONHEUR, *de vous remettre le peu de secours que nous avons pû arracher.* Ainsi lui-même convenait, qu'après avoir abandonné Pondichery pendant treize mois, il s'était attendu à trouver cette place prise par les Anglais ; que si elle ne l'était pas, c'était PAR BONHEUR : & il parlait d'y revenir *l'année prochaine*, en continuant de l'abandonner !

Cette annonce inattendue de la part du Comte d'Aché, jette toute la Colonie dans la consternation. Le Gouverneur assemble le Conseil & les principaux Membres de tous les Corps. On y arrête unanimement des représentations pour l'Amiral. Elles sont rédigées par le Pere Lavaur, signées de toute l'assemblée, & envoyées à l'instant au Comte d'Aché. On lui demandait au moins *de ne pas quitter la côte, jusqu'à ce que l'Escadre Anglaise fût obligée également de la quitter.* On le *déchargeait de tout accident.* On lui disait : *la Colonie touche à son dernier instant.* On lui disait : *c'est une même chose pour vous de nous quitter dans la situation présente, ou de signer notre perte. Rien ne pourrait justifier un tel parti.*

Représentations nationales au Comte d'Aché, 17 Septembre. N° 57. 193.

A toutes les remontrances, à toutes les discussions, à tous les raisonnemens, l'Amiral répond encore par une seule phrase : *Messieurs, je suis battu, & je veux m'en aller.*

On lui observe que le dernier combat n'a été rien moins que décisif ; que les Anglais ont prodigieusement souffert; qu'en fuyant aux Isles, sans doute il constatera sa défaite : mais qu'en ne quittant point la côte, il peut même hazarder de se dire vainqueur ; qu'on lui a déjà préparé les voies, en annonçant à Pondichery la nouvelle d'une victoire ; que dans l'instant même, pour en convaincre les Noirs prêts à se déclarer contre nous, on chante dans toutes les Eglises de la Ville un *Te Deum* solemnel. Mon pere, à l'appui de ces discours, ordonne une salve de cent coups de canon. Sous prétexte de complimenter l'Amiral, & dans le dessein de l'ébranler, il lui dépêche successivement des Officiers, des Conseillers, le Brigadier Bussy, le Chevalier de Crillon, jusqu'au Gouverneur, jusqu'au Pere Lavaur, jusqu'au Pere Freinch, Aumônier du Régiment de Lally, & dans la sainteté duquel le Comte d'Aché avait une confiance singuliere. L'Amiral ne se rend à rien. Il se maintient *battu* envers & contre tous, sauf à se dire *vainqueur*, lorsqu'il fera imprimer des Mémoires en Europe. Il part. 1759.

Cependant tous les Ordres de la Colonie, Ecclésiastiques, Magistrats, Militaires, Employés, Marchands, Bourgeois, convoqués une seconde fois par le Gouverneur, tenaient Conseil dans la salle du Gouvernement. A peine le Comte d'Aché s'est-il mis en devoir d'appareiller, que tous délibérent de former contre lui une protestation Nationale, & de la lui signifier à lui-même. Il est impossible d'omettre un seul mot de cette piece énergique.

1759.

» *A Monsieur le* COMTE *d'*ACHÉ.

Protestation nationale contre le départ du Comte d'Aché. 17 Septembre. Nº 58.

» M. de Leyrit, Gouverneur des Établissements Fran-
» çais dans l'Inde, & Président du Conseil de Pondichery,
» ainsi que tous ses Membres qui vous ont été députés,
» ayant épuisé, sans aucun succès, tous les moyens imagi-
» nables pour vous retenir ici encore au moins quelques
» jours, afin de rassurer les Noirs du pays prêts à se dé-
» clarer contre nous; & vû la consternation générale, ré-
» pandue dans la ville de Pondichery; il a été résolu
» d'assembler un Conseil national, lequel a protesté una-
» nimement contre votre départ précipité, vous déclarant
» seul responsable de la perte de cette Colonie. Il a été
» délibéré en conséquence, qu'il en serait porté des plain-
» tes au Roi & au Ministre, pour en demander justice;
» la Compagnie n'ayant jamais eu d'autre objet, en de-
» mandant des vaisseaux au Roi, que celui de sauver ses
» Établissements aux risques de ces mêmes vaisseaux: &
» sera délivré une copie de cette Déclaration à tous les
» Capitaines des vaisseaux de l'Escadre de M. d'Aché, si
» on en a le temps. Fait dans la Chambre du Conseil,
» au Fort Louis de Pondichery, le 17 Septembre 1759.
» *Signés*, Lally. Duval de Leyrit. Renault. Barthelemi. Le
» Chevalier de Soupire. Michel Lally. Bussy. Dubois.
» Carriere. Verdiere. Gadeville. Dure. Dupassage. Beauf-
» set. Renault. De la Selle. Guillard. Porcher. Desvaux.
» L. P. Dominique, Capucin, Curé de l'Eglise de Notre-
» Dame des Anges. F. S. Lavaur, Supérieur des Jésui-
» tes Français dans l'Inde. L. Mathon, Procureur Géné-
» ral des Missions étrangeres. Potier. Delorme. Ducha-

» tel. Audouard. Aimard. Conbault. D'Auteuil. Goupil. 1758.
» Keyffer. J. C. Baron d'Eunift. Banal. Rauly. Termeillier.
» S. Paul. Ebé. Launay. Deshayes. Fifcher. Dulaurent,
» l'aîné. Audoyer. Dupetitval. D'Arcy. Madin. Piaret.
» Bertrand. Legris. Miran. Bourville. F. Nicolas. Duplan
» de Laval. Boret. Delarche. Boyeleau, & Gueullette.

Cette Proteftation parvient au Comte d'Aché, lorfque déjà il était à douze lieues en mer. Il revient à Pondichery; écrit au Confeil pour le traiter *d'affemblage*, & pour lui reprocher d'être *peureux ;* defcend lui-même à terre, pour déclarer qu'il perfifte dans fon projet d'abandonner la Colonie; allegue *une expédition fecrete*, qu'il voulait faire à lui tout feul, & dont on n'a jamais vu rien éclorre; reçoit une nouvelle lettre du Confeil, qui n'a pas plus d'effet que toutes les autres; croit faire beaucoup en débarquant 450 mouffes, l'écume de fa Flotte, qui quatre mois après ont introduit les Anglais dans une de nos Places; & fe difpofe à partir après cet effort qu'il appellait *un grand facrifice :* il a même dit depuis, dans le Procès, *qu'il s'était attendu à recevoir des remercîments de M. de Lally.*

N°. 194.

16 Septembre. N°. 194.

Interrogatoire du 25 Mai 1765.

Comme il allait mettre à la voile, l'Efcadre Anglaife, qui ne le foupçonnait pas de retour, & qui avait formé le projet d'enlever quelques bâtiments de tranfport dans la rade de Pondichery, paraît à la débandade, occupant quatre à cinq lieues de terrein, & remorquant un de fes vaiffeaux. Mon pere averti, monte auffi-tôt fur la terraffe du Fort, & fait donner à notre Efcadre le fignal d'un coup de canon. Au bout d'une heure, il voit qu'elle n'a pas encore bougé; il fait tirer un fecond coup. Le même-temps s'é-

27 Septembre.

1759. coule encore, sans qu'il apperçoive plus de mouvement, & il allait donner un troisieme signal, lorsqu'il voit enfin l'Escadre désafourcher. Elle avait la même supériorité de forces que dans le dernier combat. Elle était rangée en ordre. Elle avait le vent. Les vaisseaux Anglais cherchaient vainement à se rallier. Tout Pondichery était sur les toîts du Gouvernement, & comptait avant trois heures, voir tous les vaisseaux prisonniers dans sa rade. Plusieurs Officiers de terre avaient demandé à s'embarquer, pour partager l'honneur de la victoire. Toute la Marine était pleine d'ardeur. Le Chevalier de Joannis qui était à l'avant-garde de notre ligne, se portait avec rapidité sur l'Ennemi. L'Amiral croit devoir tempérer le zèle de cet Officier; il lui fait signaux sur signaux pour l'arrêter. Bientôt, au lieu de profiter de tous ses avantages pour marcher droit aux Ennemis, il prend le parti de se porter dans le Sud, pendant que l'Escadre Anglaise se laissait dériver dans le Nord. Les deux Flottes s'éloignent en proportion. Au bout de cinq heures, Pondichery ne voit plus un seul des vaisseaux Ennemis, & toutes nos espérances disparaissent avec eux. Nous croirions manquer à la fidélité que nous nous sommes prescrite, si nous n'observions pas que le Comte d'Aché a donné, au Procès, l'explication de ce fait, surprenant au premier coup d'œil. Interrogé *pourquoi il n'avait pas profité de la circonstance pour combattre les Anglais*; il a répondu que c'était une *précaution* de sa part, d'avoir remis à combattre ces Anglais *le lendemain* du jour où ils s'étaient échappés; *qu'il se fiait médiocrement à quatre de ses vaisseaux, qui l'avaient abandonné dans le combat précédent; & qu'il avait pensé que le lendemain* IL AURAIT LE LOISIR *d'être plus assuré de l'état de son Escadre.*

Déposition de Léaumur.

Interrogatoire du 25 Mai 1765.

Enfin,

1759.

Enfin, après être revenu encore une fois se montrer à Pondichery; après y avoir reçu encore de nouvelles instances du Conseil; après y avoir répondu encore par de nouveaux refus; l'Amiral part pour les Isles, en renouvellant la promesse de reparaître au Printemps prochain. On ne l'a plus revû. Ainsi, pendant vingt-neuf mois de guerre, l'Escadre a passé douze jours à la côte de l'Inde.

Il arrive à l'Isle de France après six semaines de traversée. A peine s'y est-il montré, que le nouveau Gouverneur qui avait succédé à M. Magon, écrit à mon Pere: » Le retour de l'Escadre a été un coup de foudre pour » moi, & pour toute la Colonie, qui n'avait point encore » pu respirer des efforts qu'elle avait faits pour la mettre » en état de partir pour l'Inde. En vérité son retour ici » me touche aussi sensiblement que vous pouvez l'avoir » été de la voir abandonner l'Inde. Depuis son arrivée, » nous sommes réduits au pain, moitié froment & moitié » mahy; sous six semaines, nous le ferons aux racines de » manioc & de mahy, pour toute nourriture. Plaignez-» moi; car depuis le retour de l'Escadre je ne vis plus. « Ainsi, pendant la guerre de l'Inde, l'Escadre a été constamment où on ne la voulait pas, & n'a jamais été où on la voulait.

Lettre de M. Desforges N°. 1951

XIII. Suites du départ de l'Escadre. Victoires stériles; malheurs réels Séditions. Disette. Projets avortés.

Le jour du départ de l'Escadre, à l'instant même où le Comte d'Aché avait appareillé pour abandonner l'Inde, on avait reçu à Pondichery la nouvelle d'une Bataille gagnée par nos Troupes de terre. Les Ennemis étaient venus attaquer dans Vandavachy, notre Armée dépourvue de tous ses Officiers supérieurs qui se reposaient à Pondichery, n'ayant pas même en tout douze Officiers

1759. par Bataillon aux Drapeaux, & commandée par le Chevalier Geoghegan, simple Capitaine de Grenadiers dans le Régiment de Lally. Cet Officier s'était conduit de maniere à ne laisser regretter aucun des Chefs qu'il suppléait. A la tête d'onze cens combattants, il avait repoussé, battu, mis en fuite deux mille Anglais & quatre mille Noirs; avait tué aux premiers de deux à trois cens hommes; leur avait pris quatre pieces de canon, & aurait encore poussé plus loin ses avantages, si, malgré ses ordres réitérés, la Cavalerie de l'Inde, tranquille spectatrice du combat, n'eût refusé même de tomber sur l'Ennemi en déroute.

Malheureusement, ce triomphe passager ne donnait point de Vaisseaux pour couvrir nos établissements; il ne donnait point d'argent pour payer nos soldats; il ne donnait point d'hommes pour les renforcer. Le séjour seul du Comte d'Aché eût pû nous en faire retirer quelques fruits. Il en avait encore été instruit à temps; mais il n'en avait pas fait moins de diligence pour partir. Il n'avait pas même voulu accorder à mon pere un instant, pour faire ses dépêches, & pour envoyer la nouvelle, tant aux Isles qu'à la Cour. L'Amiral restant, notre victoire pouvait nous procurer des moyens de salut : l'Amiral parti, elle ne pouvait tout au plus qu'éloigner notre perte. Enfin l'on en était réduit, pour toute ressource, aux gens du Pays, puisqu'on était oublié d'Europe; & le triomphe de nos Troupes inspirait moins de confiance à ces gens du Pays, que la fuite de nos Vaisseaux ne leur donnait de méfiance.

Traité avec Salabetzingue. Cependant, Salabetzingue paraissait desirer sincérement de venir à notre secours. Il entretenait depuis quelque-temps, avec mon pere, une correſpondance ſuivie, & dans laquelle il multipliait les aſſurances réitérées du plus vif intérêt pour le ſuccès de nos affaires. Mon pere l'avait amené au point de ſigner un traité, & de nous fournir douze mille hommes. Baſſaletzingue, frere du Souba, & Général de ſes Troupes, s'avançait avec cette Armée; il mandait à mon pere : *je viens me jetter dans vos bras;* il le priait d'envoyer au-devant de lui un Officier de marque, avec un détachement, pour faciliter la jonction : mon pere fait choix de M. de Buſſy, & lui annonce ſa nouvelle miſſion. 1759.

Marche de Baſſaletzingue à notre ſecours.

Envoi de M. de Buſſy au-devant de ce Prince.

La Cour venait d'envoyer des Lettres de rappel, pour tous les Officiers principaux de l'Armée. M. de Buſſy était déſigné par les mêmes dépêches, pour commander cette Armée, en cas de mort ou de maladie de mon pere : cette circonſtance eſt eſſentielle à obſerver.

M. de Buſſy Commandant en ſecond.

M. de Buſſy, dès l'inſtant où mon pere lui parle d'aller à la rencontre de Baſſaletzingue, éxige un prêt de 24,000 liv. & mon pere conſent à lui faire ce prêt. Il éxige une lettre de change du Conſeil ſur la Compagnie, pour 240,000 livres, à compte d'une ancienne créance, qu'il répétait, & mon pere conſent à la remiſe de cette lettre de change, pour la moitié de la ſomme demandée. Il éxige enfin qu'on le proclame publiquement, & à la tête de l'Armée, Commandant en ſecond, & mon pere conſent à cette proclamation. Mais il enjoint à M. de Buſſy de ne reſter que vingt-quatre heures à l'Armée; de partir ſur le champ avec la Cavalerie Européenne; & de courir, ſans perdre une minute, au-devant de Baſſaletzingue. Le Prince Maure avait déjà fait plus de cent lieues; il n'était plus qu'à trente-cinq d'Arcatte; & le

1759. trajet qu'avait à faire M. de Buſſy pour le joindre, était tout au plus de huit ou dix jours.

Séjour de M. de Buſſy à l'Armée.

M. de Buſſy part pour l'Armée ; s'y fait recevoir Commandant en ſecond ; y paſſe trois jours pleins au lieu d'un ; y fait chanter un *Te Deum* pour la Bataille de Vandavachy, à laquelle il n'était pas, & à laquelle il aurait dû être ; tient un Conſeil de Guerre pour marcher à l'Ennemi & le laiſſe s'échapper ; part enfin pour Arcatte, où il demeure encore ſept autres jours : Baſſaletzingue ne voyant arriver ni Officier, ni Détachement, s'éloigne au lieu de ſe rapprocher, & retourne en arriere de quarante lieues.

Dixieme révolte. Défection générale de toutes les Troupes.

Le ſurlendemain du jour où M. de Buſſy avait quitté l'Armée, une révolte générale éclate, telle qu'on n'en avait pas encore vue, & telle peut-être qu'il ne s'en verra jamais. Cet événement préſente un aſſemblage de circonſtances trop ſingulieres, pour que j'en omette une ſeule, duſſé-je même paraître un peu long.

17 Octobre.

L'Aide-Major général Allen commandait alors les Troupes. Il était occupé à tenir Conſeil avec les Officiers, quand tout-à-coup une rumeur ſubite ſe fait entendre dans le camp. C'était le Régiment de Lorraine, qui donnait le premier ſignal de la rebellion. Ses Chefs accourent, & le trouvent en bataille, avec armes & bagages ; bientôt ils le voient ſe mettre en marche, & prendre la route
N°. 121 qui conduiſait aux Ennemis ; ils ſont d'inutiles efforts pour l'arrêter ; ils ſont obligés de le ſuivre, cherchant tous pendant le chemin à émouvoir les rebelles, & chacun criant tour-à-tour à ſes Soldats : *Commencez donc par nous livrer aux Anglais, puiſque vous voulez vous joindre à eux.*

Après avoir marché environ une demi-lieue, les rebelles

s'arrêtent, se rangent en bataille, & commencent à prêter l'oreille au Capitaine Folenay, leur Commandant. Celui-ci n'a rien de plus pressé que de leur demander le sujet de leur mécontentement. En un instant, il découvre un abyme d'horreurs, une suite de manœuvres, plus infâmes les unes que les autres; il voit enfin, que cette révolte est moins le crime des Soldats, que celui d'une cabale secrette qui a versé dans leurs cœurs tout le poison de la calomnie, & tout le fiel de la haine. 1759.

Causes de la révolte, complots découverts.

On devait aux Troupes dix mois de paie: on venait de leur persuader, & les rebelles le rendaient hautement, que mon pere avait touché cette paie; qu'il y avait ajouté l'argent & les diamans remis nouvellement par l'Escadre; qu'il faisait fréter un Vaisseau pour y embarquer ses millions, & qu'il allait partir, emportant tout avec lui en Europe. Ces dix mois de paie étaient dûs cependant par le Gouverneur Leyrit. L'argent remis par l'Escadre avait été reçu par le Gouverneur Leyrit, & on le convertissait alors à la Monnaie en especes du Pays. La cassette de diamans était dans le cabinet du Gouverneur Leyrit; & mon pere, presque toujours moribond depuis quatre mois, ne songeait en vérité pas à fréter un Vaisseau. N°. 59.

Pour mettre le comble au désespoir des Soldats, on leur avait représenté le départ de l'Escadre, & le rappel des Officiers Généraux, comme étant pour eux le signal d'un abandon total, & d'un éxil éternel, dans lequel ils devaient vivre & mourir loin de leur patrie, de leur Roi, de leurs femmes & de leurs enfants. Ils s'écriaient avec fureur, *qu'on les laissait à la côte; que se voyant bannis, ils n'avaient plus rien à ménager; qu'ils ne se croyaient plus Français.* N°. 59.

1759. Le Capitaine Folenay n'oublie rien pour les déſabuſer; pour leur faire ſentir toute l'extravagance de la perſuaſion où ils ſont, & toute la noirceur de ceux qui la leur ont inſpirée. Il parvient à les ébranler, à les convaincre. Déjà ils avaient demandé que tout fût oublié. Déjà, ſur la promeſſe qui leur en avait été ſignée par leur Commandant, & par tous les Officiers réunis à lui, ils avaient rebrouſſé chemin, proteſtant *qu'ils étaient prêts à vendre leur vie pour leurs Chefs;* & ils regagnaient
N° 59. paiſiblement leur quartier. Déjà ils y arrivaient, lorſqu'ils entendent des Tambours battre aux champs. Auſſi-tôt tout eſt changé. Ils s'arrêtent; ils pouſſent des cris; on leur répond; ils voient tout le reſte des troupes qui marchent à eux, & qui les traitent de *poltrons, s'ils s'en dédiſent.* En un clin d'œil la ſédition ſe rallume; le feu ſe communique de toute part; la voix des Officiers ſe perd au milieu des cris confus qui s'élevent, & qui ſe ſuivent ſans interruption; les Rebelles ſe choiſiſſent deux Généraux parmi leurs Sergents; un détachement va s'emparer, la bayonnette au bout du fuſil, des munitions & du canon; l'Armée entiere, Infanterie, Cavalerie, Artillerie, abandonne ſes Drapeaux, & va camper à une demi-lieue de ſes quartiers, ſous les ordres du Général *la Joie* & du Général *Saint Jacques.*

L'Aide Major Général Allen la ſuit avec le Corps des Officiers. Tous s'épuiſent inutilement en repréſentations, en prieres, en larmes, pour chercher à la ramener. *Les dix mois de ſolde, l'argent & les diamans de la Flotte, les millions & le Vaiſſeau* de mon pere, étaient la ſeule réponſe des Rebelles à chaque mot qu'ils entendaient. Il y a plus: on leur avait remis un état de toutes les taxes,

un état de toutes les amendes imposées sur les Habitants 1759.
Européens ou Noirs, un état des revenus de la Colonie.
Ils ne manquaient pas d'ajouter toutes ces sommes à celles
que mon pere allait emporter ; ils en faisaient l'énumération. Ils les détaillaient objet par objet : c'était quelque N°. 59.
chose d'inconcevable, que de voir des Soldats connaissant
chaque partie de l'administration d'une Colonie, aussi-bien
que les Administrateurs eux-mêmes. Et il n'y avait pas de
cabale contre mon pere. Et ces Soldats savaient tout sans
que personne le leur eût appris.

Le jour paraît ; on bat la générale ; un Conseil s'assemble, formé des anciens de tous les Corps ; on délibere sur N°. 196.
le parti à prendre. Les uns veulent qu'on s'empare du Fort
de Vandavachy ; les autres ne parlent de rien moins que
de venir assiéger Pondichery ; tous se réunissent enfin pour
accorder à mon pere quatre jours de délai. Ils notifient
cette résolution à leurs Officiers ; ils promettent d'être
tranquilles pendant ces quatre jours ; ils jurent même *de
se battre comme des lions*, si les Anglais viennent les attaquer dans cet intervalle : mais ils menacent en même-
temps de se porter aux dernieres extrémités, s'ils voient expirer ce terme, sans avoir été payés de tout ce qui leur est dû.

Les rebelles, en prenant cette derniere résolution, la
plus douce qu'on pût attendre d'eux, avaient été inspirés
par *la Joie* & *Saint Jacques*, qui l'avaient été eux-mêmes
par l'Aide-Major général Allen. Cet Officier, désespérant de
pouvoir, dans ces premiers instants, faire entendre la voix
de la raison à une multitude effrénée, avait imaginé de
s'assurer d'elle, en gagnant les deux Chefs qu'elle s'était
choisis, & il y avait réussi. Sans cette présence d'esprit,
sans la conduite sage & courageuse dont elle a été accom-

1759. pagnée & suivie, c'en était fait de l'Inde dès cette journée, & Pondichery, peut-être, n'eût jamais été détruit que par l'Armée Française.

Averti par ces mêmes Chefs, que la présence des Officiers ne faisait qu'aigrir l'esprit du Soldat, le Major Général les emmene tous, & se retire avec eux à Vandavachy. Il y retrouve quelques Soldats restés fideles : il leur ordonne d'aller rejoindre le reste des Troupes, aimant mieux les donner pour surveillans aux rebelles, que les garder inutilement aux drapeaux. Il envoie à ces rebelles des vi-
N°. 196. vres, des bœufs de trait, ce qui leur manquait de munitions, des espions même pour éclairer les démarches des Anglais. Il leur adresse & en reçoit des messages à chaque quart-d'heure. C'était encore une chose singuliere de voir une Armée révoltée communiquer à l'amiable, par le ministere des Chefs fantastiques qu'elle s'était choisis, avec les Chefs légitimes dont elle s'était séparée ; réclamer les secours & les conseils de ceux dont elle méconnaissait l'autorité, & ne pas les réclamer en vain. Mais cette nouvelle singularité produisait un double bien. D'un côté, les rebelles pourvus de tout ce qui était nécessaire à leurs besoins, ne songeaient pas à l'aller chercher parmi les Ennemis. De l'autre, flattés, malgré eux, de la confiance que leur témoignaient leurs Officiers, ils voulaient la justifier. N'ayant plus de haine que pour mon pere seul, qu'on leur avait montré comme l'unique auteur de leur misere, comme le ravisseur injuste de leurs fortunes, ils attendaient tranquillement, & sous les loix d'une discipline exacte, le terme fixé par eux-mêmes, qui devait voir éclorre les effets de cette haine, si l'on n'en avait pas détruit le principe. Toujours résolus d'être Français jusqu'à cet instant ; toujours prêts

prêts à recevoir & à combattre l'Armée Anglaise, ils observaient religieusement l'espece de treve qu'ils avaient accordée à leur Général & à leur Patrie. 1759

Tous les Officiers n'avaient pas plutôt été rentrés dans Vandavachy, qu'ils avaient écrit conjointement à mon pere, déjà trop accablé par toutes les séditions intestines qui déchiraient le sein de Pondichery. Le désespoir lui-même avait tracé chaque mot de cette lettre fatale. — No. 196.
» Notre Général, nous avons vû hier sortir l'Armée en» tiere, armes & bagages. Le canon est entre ses mains. » L'Officier s'est vû sans autorité, dans l'instant où il a » voulu courir à son devoir.... Nos soins n'ont fait que » mieux montrer notre faiblesse & notre humiliation.... » les prieres, les larmes même ont été employées. S'il » nous eût resté d'autres ressources, ces faibles armes » n'auraient point fait le témoignage authentique de no» tre honte. Voyez, notre Général, à parer ce coup ter» rible. Il n'est plus moyen de compter sur aucune voie » de conciliation. Le Soldat a mis hautement ses condi» tions. Dans quatre jours, tout est fini. On est sans » Armée. *Il leur faut leur paie entiere*, disent-ils, *point » d'arrangement; les paroles ne sont plus rien; l'on nous a » abusés trop long-temps.* Qu'avons-nous pû répondre?... » Nous ne pouvons penser à notre état, & nous envisa» ger les uns les autres, sans nous voir tous les larmes » aux yeux, le désespoir dans le cœur, & l'abattement » dans l'ame. Voilà la discipline perdue, & l'autorité à » jamais bannie. Représentez-vous le Soldat effréné, sans » Officiers, à deux lieues de nous, en marche du côté » de l'Ennemi. « — A cette lettre étaient joints des détails particuliers, sur les motifs allégués, sur les plaintes

1752. formées par les Soldats ; sur les rumeurs, sur les diffamations répandues & accréditées parmi eux.

Mon pere hors de lui, à la réception de ces nouvelles effrayantes, convoque le Gouverneur & le Conseil. Il leur demande d'écrire à l'Armée, pour la détromper, pour l'instruire que ce sont eux qui sont dépositaires des fonds de la Colonie, de l'argent & des diamants apportés par l'Escadre : tous le lui refusent. Il leur demande de contribuer avec lui, pour appaiser les Rebelles, en leur envoyant du moins un à compte : tous le lui refusent. Il les oblige d'envoyer leur vaisselle à la Monnaie. Sur ses propres fonds, qu'il avait apportés d'Europe, il ne lui restait plus que cinquante mille francs : il ne balance pas à les sacrifier sans réserve. Il exige du Pere Lavaur une somme de trente-six mille livres. Il y fait joindre le peu de fonds qu'avait le Directeur de la Monnaie, pour l'achat courant des matieres d'or & d'argent. Le Chevalier de Crillon, le Chevalier de Gadeville lui apportent, d'eux-mêmes, chacun quatre mille roupies, qui étaient tout ce qu'ils possédaient. Un Bourgeois lui en prête deux mille autres, & encourt par cela seul la disgrace du Gouverneur. Il ordonne au Trésorier de l'Armée de prendre un état de toutes ces sommes ; il promet de les faire rembourser sur les piastres & sur les diamants remis au Conseil, après la conversion des uns & la vente des autres ; il se hâte enfin d'envoyer aux Troupes tous ces différents secours réunis.

Il s'en fallait bien que ces fonds pussent suffire à l'entier paiement des Soldats. Mon pere ordonne au Vicomte de Fumel, ancien Major Général, de se rendre auprès d'eux, pour les engager à se contenter d'une partie de ce qui leur était dû. Déchiré par mille sentiments divers; troublé par la douleur, à la vue du danger que courait la Colonie; transporté d'indignation, à la vue des calomnies & des manœuvres tramées contre lui personnellement; réduit à la nécessité de caresser encore des Rebelles, qui, dans un instant, pouvaient décider la perte de Pondichery; il écrit à cet Officier une lettre qu'il le charge de lire aux Troupes, & qu'il faut transcrire ici, quelle que soit son étendue. Si elle n'était qu'une preuve de plus du zèle & du patriotisme de mon pere, il serait superflu de la citer, on ne doit plus en avoir besoin: mais elle a été rangée parmi ses crimes, même parmi ses crimes capitaux, & je me suis fait un plan de citer de préférence tout ce qu'on lui a reproché. Qu'on ne soit pas surpris de ce plan, & sur-tout qu'on ne croie pas de mérite à ma franchise: en présentant ce que les Juges de mon pere ont appellé ses crimes, on est presque toujours sûr de faire son éloge. Voici la lettre toute entiere. 1759.

» Je suis outré & indigné, Monsieur, d'apprendre que N°. 196.
» le Soldat & le Cavalier sont persuadés que la Flotte, » ainsi que les Noirs que j'ai taxés, m'ont remis des sommes considérables, pour le paiement de ce qui leur » est dû.

» Si je découvre les auteurs de cette calomnie abominable, » j'en ferai un châtiment effrayant. Je n'ai pas encore touché » un sol de la Compagnie, depuis que je suis aux Indes. » Ce que j'ai payé aux Troupes, depuis trois mois, je » ne l'ai arraché que des Valets Noirs du Gouverneur » & des Conseillers, qui ont fait passer tous leurs fonds » en Europe, & que je viens d'obliger d'envoyer leur » vaisselle à la Monnaie.

1759. » Je vous ordonne donc, Monsieur, si-tôt la présente » reçue, de faire battre l'ordre, & de la lire en plein » cercle. J'ai fait partir tout ce que j'ai pû ramasser d'ar» gent dans la Ville ce matin, montant à près de 50,000 » roupies, qui suffisent à payer le demi-mois à l'Officier, » & tout le mois au Soldat, si l'on ne donne rien à » l'Officier.

» Vous commanderez aussi sur le champ un Officier & » vingt hommes par chacun des trois Corps, ainsi que dix » hommes de celui de l'Artillerie, dont je veux bien laisser le » choix aux Soldats mêmes, lequel détachement de soixan» te-dix hommes se rendra tout de suite à Pondichery, » non-seulement pour y vérifier l'argent que la Flotte a » apporté pour les Troupes, & ce que la taxe des Noirs » a produit jusqu'ici, mais aussi pour m'aider à contrain» dre les Habitants à se cottiser, pour fournir à la paie » des Troupes, d'ici à la récolte de Janvier; car je suis » tout aussi prêt à me soulever que le Soldat, puisqu'il » m'est dû bien plus qu'à lui.

» Voici donc, Monsieur, l'arrangement que je pro» poserai. C'est de payer d'abord le demi mois dû à cha» que Soldat; de laisser ensuite un fonds pour le payer » dorénavant par tiers, le premier, le dix, & le vingt » du mois. Quant à ce qui leur est dû d'ancien, de leur » proposer, s'ils veulent, pour sûreté de leur paiement, » les terres de Chetoupet & de Vandavachy. Ils nom» meront alors un Sergent ou un de leurs camarades de » confiance par Régiment, qui assisteront avec les Fer» miers à la perception du revenu de ces terres, jusqu'à » parfait payement.

» Au reste, si quelque Soldat découvre que moi tout le

» premier, ou qui que ce soit dans la Colonie, aient quel- 1759.
» que somme d'argent en dépôt quelque part, je lui prê-
» terai main-forte pour y fouiller en regle; & si son rap-
» port se trouve vrai, il y aura un dixieme dans tous les
» biens pour le dénonciateur.

» Voilà, Monsieur, tout ce que je peux faire pour sa-
» tisfaire le Soldat, dont je condamne la conduite, sans
» pouvoir blâmer tout-à-fait les motifs. Vous pouvez mieux
» que personne leur faire sentir que non-seulement j'ai
» donné tout mon argent à la Compagnie, mais que ce
» n'est peut-être que la rage de ceux à qui j'ai ôté le ma-
» niement des finances, qui les a induits à répandre que je
» recevais leur argent; & c'est du mien, & de l'empri-
» sonnement que j'ai fait des voleurs, que j'ai pû four-
» nir à leur prêt depuis trois mois. «

On est sans doute impatient de savoir comment une lettre de cette espece a pû être travestie en délit. On s'attend bien au refrein accoutumé, au reproche d'*emportements*, de *fureurs*, d'*invectives*, d'*imprécations* : mais on a de la peine à se défendre d'un sentiment d'indulgence pour un Général, dont tout le crime consisterait à n'avoir pû apprendre de sang froid que toutes ses Places étaient à la merci de l'Ennemi; que ses propres Soldats révoltés menaçaient de les saccager; qu'enfin ces mêmes Soldats qu'il avait payés, nourris de ses deniers, séduits par de vils imposteurs, le qualifiaient hautement de voleur public. Du moins ne peut-on pas se résoudre à traiter ce crime de capital. Voici où existe le crime capital. Voici le compte qui a été rendu, dans le Rapport, de la lettre que l'on vient de voir : *La nouvelle de la révolte, portée à Pondichery, effraie M. de Lally. Il envoie le Vicomte* Rapport.

1759. *de Fumel à l'Armée*, *avec une lettre qu'il le charge de lire aux Troupes assemblées*, *dans laquelle il marque*, EN TERMES FORMELS, *qu'il blâme dans la forme la conduite de l'Armée*, *quoiqu'il fût dans le cas de faire cause commune*, *n'étant pas payé de ses appointements.* Ainsi mon pere, en écrivant aux Soldats *je condamne votre conduite*, leur avait écrit *je ne blâme votre conduite que dans la forme !* Ainsi rendre une lettre *en termes formels*, & la rendre *en termes supposés*, sont deux choses absolument synonimes! Je ne m'arrêterai pas à l'étonnement qu'on éprouve malgré soi, à la vue d'une lettre de trois pages rapportée en trois lignes. On m'a tant parlé d'*extraits;* on m'a tant dit que trente Juges décidaient un Procès sur les *extraits* d'un seul; on m'a tant répété que le mérite de ces *extraits* était en proportion de leur brieveté, qu'il a bien fallu me déterminer à croire, même ce que je ne concevais pas. Mais ce que je crois aussi, c'est que bien souvent *extraire* & *tronquer* sont encore deux choses absolument synonimes.

Au reste, on n'a pas pu nier, dans le Rapport, le sacrifice généreux que mon pere avait fait de tous ses fonds, pour appaiser la révolte. Mais il est un art d'atténuer le mérite de la vertu même, comme il en est un d'embellir

Rapport. jusqu'au vice. On a donc dit que *le sieur de Lally*, *revenu de son mouvement de fureur*, *s'était détaché à regret de son or*, *& l'avait envoyé à l'Armée.* On n'a pas vû qu'en prétendant obscurcir la gloire de mon pere, on la faisait briller davantage. Tout sacrifice est apprécié en raison de ce qu'il coûte. Plus mon pere aurait eu de peine à *se détacher de son or*, plus il aurait été héroïque à lui de *s'en détacher* pour la cause publique.

Enfin, dans ce même Rapport, on a affecté de tout

confondre. On n'a diſtingué, ni les différentes ſommes qui avaient été fournies, ni les différents poſſeſſeurs par qui elles l'avaient été. On n'a cité que mon pere ſeul; on a fait provenir de lui ſeul la totalité des fonds envoyés à l'Armée. Il n'avait contribué que d'une ſomme de cinquante mille francs : on a dit *qu'il avait tiré de ſes coffres quatre-vingt mille roupies*. Ainſi, tour-à-tour, dans l'impoſſibilité de conteſter le ſacrifice qu'il avait fait, on en a défiguré la forme pour lui en ôter le mérite, & l'on en a exagéré la valeur pour en ternir la ſource, pour faire croire qu'il avait des tréſors, pour faire *ſoupçonner* qu'il commettait des concuſſions. Ainſi, l'on a dit : » voilà » un acte de vertu qui ne peut pas être révoqué en doute : » mais cet acte de vertu nous ſervira du moins à faire » conjecturer quelque crime. M. de Lally a ramené ſes » Troupes révoltées avec ſes propres deniers : donc il » avait de l'argent. M. de Lally avait de l'argent : donc » il en volait «. Reprenons le fil hiſtorique.

1759.

Rapport.

Le Vicomte de Fumel ſe rend à l'Armée. Malheureuſement, il ne jouiſſait pas auprès des Soldats de toute la conſidération qui eût été néceſſaire pour le ſuccès de ſa miſſion. Reçu avec froideur, à peine a-t-il prononcé le mot d'*à compte*, qu'il eſt accueilli avec des huées univerſelles. Quelques Officiers veulent haranguer après lui : auſſi-tôt recommencent les déclamations infâmes ſuggérées aux Troupes contre mon pere, & la fable de ſon vaiſſeau, & l'énumération de toutes les ſommes qu'il allait emporter en Europe. Le Vicomte de Fumel pouvait détromper les Soldats, en mettant ſous leurs yeux la lettre qu'il avait de mon pere ; il le devait, puiſque telles étaient ſes inſtructions : il laiſſe ces Rebelles dans

1759. leur persuasion, & se retire sans leur avoir dit un mot de cette lettre, qu'il avait *ordre de leur lire en plein cercle.* Il s'est vanté au Procès de ce silence, & en rapportant ce Procès, on a loué sa *sagesse.* Un Conseil de guerre eût puni sa désobéissance.

Mon pere se hâte de terminer l'échange du Chevalier de Crillon, & l'envoie à l'Armée, chargé de la même mission dans laquelle avait échoué le Vicomte de Fumel. Le Chevalier de Crillon conservait toujours, sur l'esprit des Soldats, l'ascendant que lui avaient acquis sa valeur & son affabilité. Pour lui, il n'y avait pas de moyen de le ruiner dans leur esprit ; il ne les commandait pas en chef, & on ne pouvait pas leur faire accroire qu'il volait leur paie.

L'arrivée de cet Officier n'est pas plutôt annoncée aux Rebelles, qu'ils envoient au-devant de lui vingt-cinq Grenadiers, pour lui servir de Gardes. A son entrée dans le Camp, il est salué de vingt-deux coups de canon. Toutes les Troupes se mettent sous les armes. Le Chevalier de Crillon est conduit, à travers une double haie, au quartier général. La Joye & Saint Jacques s'avancent avec leur Etat-Major, environnés des Chefs de chaque Corps, dans tout l'appareil de leur nouvelle dignité : c'étaient deux Généraux qui en recevaient un autre. Le Chevalier de Crillon voyait avec surprise, l'ordre, la discipline, la subordination qui régnaient dans ce Camp de révoltés. La négociation s'entame. L'Aide-Major Général Allen avait rejoint l'Armée, & secondait les démarches du Chevalier de Crillon. La Joye & Saint Jacques, prévenus par mon pere qui était en correspondance directe avec eux, avaient préparé les voies.

Cependant

Cependant mon pere ſe conſumait en efforts, à Pondichery, pour tâcher de ramaſſer encore quelques ſommes. Il parvient à raſſembler dix-huit mille roupies; il ſe hâte de les faire paſſer à l'Armée; il les annonce au Chevalier de Crillon; il lui envoie en même-temps une lettre oſtenſible, deſtinée, ainſi que la premiere, à être lue aux Troupes, & qu'il faut faire connaître, ainſi que la premiere. 1759.

» Je m'épuiſe, Monſieur, le corps & l'ame, pour completter la ſomme que le Soldat demande, & je fais partir encore dix-huit mille roupies, en attendant qu'on en ait fabriqué avec ma vaiſſelle. Une pareille levée de bouclier ne peut être qu'une malice infernale répandue dans l'Armée contre moi, & déjà commencée pendant le ſiege de Madras, où j'ai enrichi ce même Soldat du plus grand butin qu'il ait jamais fait. C'eſt l'ouvrage de cent, peut-être deux cens mutins, qui ont entraîné l'Armée malgré elle dans cette FAUTE ÉNORME d'inſubordination; & je me garde bien d'imputer au grand nombre ce qui n'eſt l'ouvrage que de quelques fous qui ont perdu la tête. Car je ne peux imaginer que des Soldats ſenſés renoncent de ſang froid à leur devoir envers le Roi, à leur Patrie, à leurs femmes & enfants. « N°. 196.

Cette nouvelle lettre n'a été ni extraite, ni même citée dans le Rapport. Le Général qui reprochait ſi vivement à ſes Soldats révoltés, *l'énormité de leur faute envers leur Roi & leur Patrie*, eût été difficilement préſenté comme un Général encourageant ſes Soldats à la révolte.

Le Chevalier de Crillon convenu de tout avec les Chefs, fait aſſembler les Grenadiers, leur lit la lettre de mon pere, ajoute tout ce que ſon zèle & la vérité lui ſuggerent. Les Grenadiers perſuadés, ſe répandent dans l'Armée qu'ils

1759. Les Troupes rentrent dans le devoir.

persuadent à leur tour. Les Rebelles se rendent enfin, & consentent de recevoir un à-compte sur ce qui leur est dû, en laissant vingt jours pour le paiement du reste. Ils parlaient encore en maîtres dans leur acte de soumission. Cet acte portait : *L'Armée réunie en une seule voix*, ACCORDE *de recevoir six mois à compte de la paie, en attendant jusqu'au 10 du mois prochain, pour finir le reste. L'argent sera délivré à l'Aldée où nous sommes, & ensuite on se mettra en marche pour Vandavachy, nos Officiers à notre tête.*

En effet, l'argent distribué, chaque Officier va se mettre à la tête de sa Compagnie; le Chevalier de Crillon ramene l'Armée entiere à ses drapeaux; elle rentre dans Vandavachy, après cinq jours d'absence, & l'on y publie aussi-tôt un pardon général. Une chose remarquable, c'est qu'on avait sourdement insinué aux Soldats de demander une amnistie du Conseil, outre celle de leur Général; c'est que ce Conseil Marchand a osé donner une amnistie à des Troupes du Roi, commandées par un Commissaire du Roi; c'est qu'enfin ce Conseil a osé accuser ensuite de despotisme ce Commissaire du Roi.

Ainsi s'appaise, sans l'effusion d'une goutte de sang, par le seul désintéressement, par le zèle seul de mon pere & de quelques Officiers, une révolte dont les auteurs s'en étaient promis de bien autres effets, & qui pouvait, dès cet instant, causer la perte de l'Inde entiere. Ceux qui portent dans la lecture de l'histoire un esprit observateur; qui sont curieux de comparer les temps, les événements, & les caracteres, n'ont qu'à ouvrir les fastes de la République Romaine, à l'époque de la guerre d'Espagne, sous le

Tit. liv. lib. 28.

commandement de Scipion : Ils verront une révolte semblable à celle que je viens de décrire; ils verront les Soldats Romains se séparer de même de leurs Chefs, parce qu'ils ne sont point payés; se choisir de même deux Généraux parmi eux; & rentrer de même dans le devoir, lorsque des Tribuns envoyés par le Général leur annoncent leur paiement. Mais ils verront aussi par quels supplices terribles, par quels flots de sang, Scipion fit expier aux Rebelles leur attentat: & l'on apprendra peut-être enfin à apprécier la prétendue barbarie de mon pere; à distinguer la vivacité dans les discours, d'avec la cruauté, & même d'avec la sévérité dans les actions. 1759.

Les vingt jours accordés par les Soldats, s'écoulaient, & l'on n'était rien moins que sûr de pouvoir remplir l'engagement contracté avec eux. Mon pere retire l'armée de Vandavachy, où elle avait épuisé les subsistances par un séjour de cinq mois; la porte sous Arcatte, pour y attendre l'arrivée de Bassaletzingue; sépare du reste des Troupes le Bataillon de l'Inde, comme étant la partie la plus séditieuse, & le détache avec les Grenadiers des autres Corps, aux ordres du Chevalier de Crillon, pour aller s'emparer de Cheringham, dans le Sud. Ce Poste, N°. 197.
évacué pendant le siege de Saint David, n'avait rapporté jusques-là aucun profit à la Compagnie: mais la possession de Thiagar, Place nouvellement conquise entre lui & Pondichery, pouvait le rendre désormais précieux pour nous, en assurant une perception facile de ses revenus. C'était du moins la seule ressource qui se présentât dans le moment, & mon pere remplissait un double objet: il cherchait des fonds dont on manquait absolument, & dans le cas où l'on n'en trouverait pas, il prévenait une seconde révolte, en divisant les Troupes.

Le Chevalier de Crillon ne perd pas une minute. C'é-

1759. tait le temps où le Colram, une des plus larges rivieres du monde, & sujette à des débordements périodiques, commençait à s'enfler : le Chevalier la passe à pied, ayant de l'eau jusqu'au menton, & dérobe le lieu de son passage à l'Ennemi qui l'attendait sur l'autre bord. Sa valeur est parfaitement secondée par celle du Capitaine Allemand Keyser & du Partisan Guillot, qu'il avait sous ses ordres. Le détachement était arrivé sans vivres, sans argent ; il n'avait en tout, que quinze mille cartouches : le Chevalier de Crillon & ses deux seconds font entre eux six échelles, escaladent de nuit Cheringham par trois côtés différents, l'emportent, tuent aux Ennemis deux cents cinquante hommes, n'en perdent que quinze, & se rendent Maîtres d'un Pays qui promettait la récolte la plus abondante. Malheureusement cette conquête devient stérile. De nouvelles *intrigues* sont mises en jeu, pour frustrer mon pere des espérances qu'il avait conçues. On parvient à écarter tous ceux qui auraient pû se présenter pour la Ferme des nouveaux Domaines. Les Brames, accoutumés de temps immémorial à offrir un Nazer au Commandant de Cheringham ; les Brames sauvés du pillage par le Chevalier de Crillon, qui s'était mis lui-même à la bouche d'un canon braqué par les Soldats contre leur Couvent ; les Brames, pour toute reconnaissance, chose inouïe ! offrent à leur Sauveur une guirlande de salade. Peu importait que la chose publique souffrît, pourvû que les projets du Général fussent renversés. Mon pere, quelque temps après, prend le parti d'y faire passer le Conseiller la Selle qui ne lui envoie aucun secours, qui ne lui rend aucun compte.

Cheringham pris sur les Anglais 22 Novembre.

N°. 197.

Le seul moyen que l'on avait alors pour payer les

Troupes qui venaient de faire une conquête, était du mauvais vin envoyé par la Compagnie. On donnait au Soldat son argent; on lui vendait aussi-tôt le vin pour retirer l'argent, qui le lendemain lui était encore donné & retiré de même. Le Chevalier de Crillon se plaignait d'un impôt établi sur la raison de toute une armée, qui n'avait déjà donné que trop de marques de son indiscipline. Il demandait à ne plus commander des Soldats qui, n'ayant pas de quoi manger, buvaient toujours, & dont l'ivresse perpétuelle était pour leur Chef un ennemi plus terrible que les Anglais. » Il n'y a pas de mal, mon » cher Crillon » lui mandait mon pere que « vous voyiez, » par vous-même les inconvéniens de commander une ar» mée, dont la nourriture, la paie & la discipline vous oc» cupent plus que les opérations militaires, qui seules de» vraient suffire à toute l'attention du Général. Mais quel» les ressources pouvez-vous vous promettre d'ici, puisque » l'objet de votre envoi dans le Sud, est de fournir de l'ar» gent & des vives aux Troupes qui sont dans le Nord? » Vous n'auriez pas même une cartouche & un canon, si je » ne faisais vingt visites par jour, pour vos envois, à MM. » Dure & Mabille. Les coulis sont amassés avec peine à » sept heures du matin. On les charge à dix heures. Ils » mettent bas leur fardeau, parce qu'ils ne reçoivent point » le batt. Si l'on punit le Fermier, il est dégradé, & » hors d'état de faire payer les Noirs qui sont de son dis» trict. Que faire? Comme on peut, & s'en aller le plu» tôt qu'on pourra «. Et en effet mon pere demandait sans cesse à s'en aller. Tout récemment encore, il venait d'écrire au Ministre de la Guerre : » Un mot de satisfaction » de votre part, & un prompt rappel de ce Pays, sont

1759.

N°. 197.

N°. 197.

N°. 198.

1759. » toutes les graces que j'envifage & ambitionne ; & il » m'eft fort égal que le Public foit content de moi ou » non, pour les reftes d'une vie languiffante que j'ai à » traîner en Europe ; après les fatigues & les chagrins » dont il faut avoir été témoin pour les croire «.

Les Anglais, depuis fix femaines, avaient encore reçu d'Europe feize cents hommes de Troupes réglées, & Pondichery reftait toujours oublié. Le Confeil venait de dé-
N°. 199. pêcher en France un Sous-Marchand, pour informer l'Adminiftration générale de la Compagnie que Pondichery était perdu, fi on ne le fecourait. Mon pere avait écrit *qu'il n'en répondait que jufqu'au premier Novembre 1760*. On n'a point envoyé de fecours, & mon pere l'a gardé jufqu'au feize Janvier 1761.

On n'efpérait plus que dans l'arrivée de Baffaletzingue.
N°. 200. M. de Buffy, après s'être *arrêté tout court* à Arcatte, pour voir ce que deviendrait la révolte de l'Armée ; après avoir
N°. 201. *fufpendu encore fa marche*, fur une mauvaife *difpofition d'efprit*, qu'il difait *avoir apperçue dans fa Troupe* ; s'était enfin mis en route pour joindre le Prince Maure. Depuis cette époque, mon pere n'avait reçu que deux lettres de cet Officier. Dans l'une, M. de Buffy avait annon-
N°. 202. cé *un accès de fievre, une rétention d'urine, & une violente migraine*, caufe d'un nouveau retard dans fa marche. Dans l'autre, il avait propofé le plan d'un nouveau traité
N°. 203. avec Salabetzingue, mais d'une profondeur encore énigmatique. C'était toujours M. de Buffy, tel que nous l'avons vû ; toujours les mêmes maladies, toujours la même politique. Quant aux premieres, mon pere ne pouvait rien que gémir ; quant à la feconde, fe défiant de fon intelligence, il avait envoyé chercher le Pere La-

vaur, furnommé *l'Œdipe des Jésuites*, pour lui expliquer l'énigme du nouveau traité ; il l'avait chargé de répondre, à fa place, à M. de Buffy, & avait figné aveuglément la lettre du Moine, acquiefçant à toutes les nouvelles demandes que l'on faifait. Vingt-cinq jours s'étaient écoulés depuis cette derniere lettre de M. de Buffy, & & l'on n'en avait plus entendu parler. 1759. N°. 104. N°. 107.

L'Armée Anglaife, commandée par le Colonel Coote qui était arrivé avec fon Régiment, fupérieure du double à la nôtre en Européens, forte de cinq mille Noirs, tandis que nous n'en avions pas un feul, marchait fur plufieurs de nos Places. Le Chevalier de Crillon était rappellé avec la plus grande partie de fon détachement; mais fans Cavalerie, il était impoffible de tenir la Campagne, & la nôtre avait été emmenée toute entiere par M. de Buffy, dont on ignorait jufqu'à la pofition. L'Ennemi, profitant de notre impuiffance, s'empare de Carangouly; entre dans Vandavachy que nos Marins lui ouvrent, fans donner même à leur Commandant le temps de capituler; & va jufqu'à menacer la Ville d'Arcatte. Mon pere réduit à mandier des fecours étrangers, députe le Chevalier Macgrégor à Morarao, Chef Marate, auprès duquel l'Evêque Noronha, réfidait déjà en qualité de notre Ambaffadeur, & les charge de négocier conjointement, pour obtenir de ce Chef deux mille Cavaliers. La négociation réuffit. Ibid.

Enfin, M. de Buffy arrive, après une abfence de deux mois, qui, dans le principe, ne devait être que de dix jours. Il amene avec lui quelques Blancs, un Chef noir jadis fon Sécrétaire, & dix-huit cents ou deux mille Noirs qui avaient fervi précédemment fous fes ordres dans le Dékan. Tous ces Noirs répétaient avec menace une fom-

1759. N°. 206. me d'environ deux millions. M. de Buſſy ſoutenait qu'elle leur était légitimement due ; il prétendait même qu'il y allait de ſa vie, ſi l'on ne faiſait pas honneur à cette dette. Il demandait à mon pere, qu'il ſavait ne pas avoir deux mille ſols à ſa diſpoſition, de payer deux millions, ou du moins quelques gros à-comptes & des lettres de change pour le reſte.

N°. 206. D'un autre côté, Moracin, qui revenait alors de ſon expédition de Ganjan, préſentait un autre Chef noir, pour lequel il réclamait une autre ſomme de cinq cents mille francs. Mon Pere avait attendu des auxiliaires, & il voyait arriver des créanciers.

Quant à Baſſaletzingue, M. de Buſſy déclarait que ce Prince avait changé d'avis, & qu'on ne le verrait, ni lui, ni ſes Troupes. Pour dédommagement d'une Armée de douze mille hommes, il préſentait à mon pere quatre-vingt Diplômes ou Patentes, dans leſquelles le Souba du Dékan lui conférait une foule de titres auſſi ſtériles que faſtueux, en ſuppoſant même les Diplômes réels. Mon pere ne concevait pas par quelle fatalité ſon allié l'abandonnait ſi ſubitement, après lui avoir écrit : *je viens me jetter dans vos bras*. M. de Buſſy prétendait qu'ils n'avaient jamais pû convenir enſemble du cérémonial. Il a prétendu depuis, que des lettres écrites contre lui, de Pondichery même, avaient ruiné tout ſon crédit auprès du Prince Maure. On

Rapport. a dit dans le Rapport, que c'était *du ſieur de Lally que le Général Maure ſe défiait*. Pluſieurs mois après le retour de M. de Buſſy, quand Pondichery a commencé à courir des dangers, le Prince ou *le Général Maure* a écrit lui-même à mon pere, une lettre dans laquelle on lit ces mots : » Nous » ſommes tous deux amis, il n'eſt pas néceſſaire de nous

» répéter

répéter si souvent notre amitié. Lorsque M. de Bussy est venu à Carpet, je lui ai prédit ce qui arriverait. J'avais pris des arrangemens pour les terres du Carnateck, & il n'a pas voulu les suivre. Le temps & les occasions font les affaires. M. de Bussy n'a pas voulu me croire, & s'il m'avait cru, nous aurions actuellement une grande réputation dans les terres. 1759. N°. 207.

On conviendra que cette lettre prouve du moins que le mauvais succès du traité ne doit pas être attribué à mon père. Je n'entreprendrai pas de l'expliquer davantage. Rien de si difficile à pénétrer, que la situation de M. de Bussy dans le Dkan pendant tout le temps qu'il y a été; rien de si extraordinaire que cette vicissitude perpétuelle de confiance & de soupçons, de haine & d'amitié entre lui & le Souba. Un Officier anglais qui a long-temps séjourné dans l'Inde, & qui a eu une grande part dans tous les événemens militaires & politiques, a prétendu résoudre ce problême en quatre lignes: « M. de Bussy, dit-il, était souvent en querelle avec Salabetzingue; mais aussi souvent il allait, à la tête de ses Européens, aider ce Prince à ramasser ses revenus. C'est par cette conduite qu'il a fait quelquefois les affaires de la Compagnie, toujours les siennes, & qu'il est devenu un des hommes les plus riches de l'Europe (1). »

---

(1) *M. Bussy frequently quarreled with Salabetzing, and as often again assisted with his Europeans in collecting his revenues; by wich conduct he sometimes promoted the interest of the company, alwais his own, aud is thereby become one of the richest subjects in Europe.* Voyez, mon cher Lecteur, dans les Mémoires originaux du Colonel Lawrence, imprimés à Londres en 1761, la page 40 où se trouve cette phrase: voyez ensuite, dans la traduction de ces Mémoires imprimée à Paris en 1766, quatre mois avant la condamnation de mon père, la page

1759.

XIV. Intrigues du Jésuite Saint-Estevan. Prise des magasins anglais à Cangivarom. Siége & seconde bataille de Vandavachy.

On touchait à l'année 1760. Mon père avait rejoint l'Armée le 27 Décembre ; il y avait été reçu avec les plus grandes démonstrations de joie & de confiance, malgré la révolte d'Octobre. Campé sous les murs d'Arcate, & séparé des Anglais par le Paléar alors à sec, il attendait la réunion des Marates qui arrivaient successivement, résolu d'en tirer tout le parti qu'il pourrait. D'autres soins demandaient d'abord son attention ; de nouveaux complots se tramaient au milieu de son Camp, & avant de songer à l'ennemi du dehors, il fallait se mettre en garde contre l'ennemi intérieur.

Dans le fort d'Arcate était ce Jésuite St. Estevan dont nous avons déjà parlé ; il y avait le titre d'Aumônier, & y
N°. 208. faisait les fonctions d'Administrateur, surveillait nos Fermiers, les plaçait, les déplaçait, recevait leurs comptes, traitait en un mot avec les Nababs voisins.

Ce Jésuite avait peint lui-même toute sa politique dans ce
N°. 60. peu de mots : *Faire paraître beaucoup de franchise, revenir sur ses pas & interprèter ses intentions.* C'était l'enfant chéri de Lavaur, & jusqu'à la différence de leurs caractères contribuait à resserrer leur union. Le Disciple était aussi bouillant, aussi impétueux, que le Maître était calme & sachant se posséder : dans d'autres pays & dans un autre siècle, Lavaur eût été *Mahomet* & St. Estevan *Seide*.

93, où cette même phrase est supprimée : voyez enfin, dans le Mémoire de M. Bussy, imprimé à paris en 1766, quatre jours avant cette même condamnation, la page 12, où l'on ose invoquer contre mon père *les Mémoires du Colonel Lawrence, composés en anglais & traduits en français* : & ne manquez pas d'admirer la fidèlité de vos Traducteurs, l'utilité de vos Censeurs, & l'excellence des moyens qu'on a su trouver, pour bannir la vérité de tout un Pays.

Depuis quelques jours ce Disciple docile avait reçu de son 1759.
Supérieur l'ordre d'abdiquer les fonctions d'Aumônier d'Arcate,
pour s'attacher à la personne de M. de Bussy. Il s'était fait N°. 209.
Secrétaire de cet Officier, ne le quittait pas pendant le
jour, & pendant la nuit couchait dans sa chambre.

A l'en croire, M. de Lally n'avait pas d'ami plus ardent,
la Patrie de Citoyen plus désintéressé que lui. *Je vous suis*
dévoué & à la Nation, écrivait-il à mon père..... *Je suis* N°. 61.
Religieux & n'ai besoin de rien, Missionnaire & ai renoncé à
toute ambition qui ait rapport au monde. On peut donc se fier
à la pureté de mes intentions.

Tout-à-coup ce bon Religieux dont les intentions étaient si pures, cet homme si fortement dévoué à mon père, forme le projet de faire révolter une seconde fois l'Armée contre lui. Il imagine de persuader aux Soldats que leur Général est un traître qui les a vendus à l'ennemi, d'annoncer au Général que ses Soldats sont des assassins qui en veulent à ses jours, de soulever les uns, de dégoûter l'autre, & de faire passer le commandement des Troupes à M. de Bussy.

En conséquence il quitte l'appartement de cet Officier, se fait fournir par le Fermier noir une tente, un lit, deux chevaux, & va s'établir au milieu du Régiment de Lorraine sous prétexte d'y prêcher la mission; il la prêche en effet, multiplie les Sermons, les Catéchismes; jamais zèle n'avait été plus dévorant, jamais Apôtre n'avait été plus infatigable. Mais son texte était toujours la piété & le bonheur de M. de Bussy, les victoires & les richesses qui suivraient l'Armée s'il la commandait en Chef, parce qu'il était *l'homme de Dieu*, qu'il était *tout en Dieu*, c'était là son expression familière. Il reprochait à mon père de ne point attaquer l'ennemi, que M. de Bussy eût battu dès long-temps s'il eût commandé. Il

1759. insinuait chrétiennement aux Soldats qu'il fallait que leur Général fût d'intelligence avec l'ennemi pour ne l'avoir pas encore combattu.

Dans le même temps M. de Bussy écrivait, de sa chambre,
N°. 210. à mon père, logé au dessus de lui, pour le détourner de combattre avant d'avoir rappellé les Troupes qui étaient dans le sud.

Le Jésuite voyant que sa mission n'opérait pas des conversions aussi subites qu'il se l'était proposé, écrit au Com-
N°. 123. mandant d'Arcate. Il faut le lire lui-même. . . . *Mon cher & bien aimé Commandant, plus d'une fois j'ai eu le desir de vous aller voir, mais je suis bien plus occupé que je ne l'eusse cru ; ce n'est que vers le soir que je me trouve un peu plus libre, & vers les sept heures la prière du soir m'empêche de m'écarter. . . . Que vous dire de la situation actuelle de l'Armée ? . . . . Je ne saurais confier au papier les discours que j'ai entendus dans les différens Corps. . . . JE TREMBLE QUAND JE SONGE AU DANGER AUQUEL S'EXPOSE M. DE LALLY, & je n'ose le lui faire connaître, par la crainte que j'ai de ses préjugés & de ses préventions. . . . . L'Armée se décourage de l'inaction où l'on est, & le Soldat publiquement attribue à trahison la lenteur qui le désespère.* Il veut nous livrer, il nous a vendus, *sont les expressions ordinaires, & en conséquence on tient des propos qui ME FONT TREMBLER TÔT OU TARD POUR M. DE LALLY. Nous avons eu déjà bien des crises : Dieu nous en a tirés. CELLE QUI MENACE NE REGARDE PAS TANT LA NATION QUE LE PARTICULIER. . . . . . . Vous m'entendez. Hélas ! que fera-t-il d'une Armée semblable ? Non, je vous le dis à cœur ouvert & en ami, jamais cette Armée (fasse le Ciel que je me trompe !) ne fera rien sous ses ordres par mauvaise volonté. Il serait à souhaiter qu'il en*

connût la façon de penser : mais il faudrait que l'avis vînt de quelqu'un sur qui il n'aurait aucune prévention. Alors il pourrait avoir son effet, & il en résulterait un vrai bien, soit pour lui, soit pour la Nation. 1759.

Il y avait déjà deux mois que le Jésuite avait préludé à ces prédictions d'assassinat, par lesquelles il espérait intimider mon père & l'éloigner de l'Armée. Il lui avait écrit à lui-même : *Les murmures ne sont pas ce qu'il y a de plus à craindre pour vous ; on doit s'attendre à tout de la part de furieux qui n'écoutent que leur fureur.* ***LA MORT N'EST PAS CE QUI ARRÊTERA UN FANATIQUE A QUI L'ON MET EN TÊTE QUE C'EST RENDRE SERVICE A LA PATRIE QUE DE COMMETTRE UN CRIME QUI PAR LA DEVIENT A SES YEUX UNE ACTION HÉROIQUE.*** *Plus d'un se trouve dans le cas dans cette Troupe furieuse, je le sais à n'en pouvoir douter, & vous en avertis.* N°. 63.

Le Commandant d'Arcate montre la lettre du Moine à mon père, qui avait déjà reçu quelques avis, & qui écrit aussi-tôt au premier Factionnaire du Régiment de Lorraine. Cet Officier répond que les déclamations séditieuses du Jésuite sont vraies, qu'il s'est sur-tout attaché à séduire les Grenadiers, *au milieu desquels il passe toutes ses journées ;* mais que ses intrigues n'ont point réussi. *Vous avez bien raison, mon Général,* mandait cet Officier, *de vous méfier des menaces que vous fait le Révérend Père. La joie & la confiance que l'Armée vous a témoignée à votre arrivée, il y a huit jours, quand vous en avez fait l'inspection, vous en sont de sûrs garans. . . . . . Sur ce que plusieurs Officiers & Soldats du Corps m'avaient dit que ce Père prodiguait des louanges excessives de M. de Bussy, & vantait l'avantage que l'Armée retirerait s'il la commandait en Chef, j'ai cru qu'il était de mon devoir d'approfondir sa conduite, & il ne me l'a pas laissé ignorer long-temps ; car il m'a* N°. 64.

1760. *tenu à moi les mêmes discours. Dès ce moment j'ai cherché à découvrir l'effet qu'ils pouvaient faire sur le Soldat ; ils n'en ont fait aucun. Les Soldats n'ont pas tenu les discours séditieux dont ce Père les accuse, & je peux vous répondre de l'attachement & de la bonne volonté du Régiment de Lorraine.*

Mon père, cet homme cruel, ce tigre altéré de sang, se borne à ordonner au Jésuite de quitter l'Armée & de retourner à Pondichéry. On le croyait parti, lorsque deux jours après son audience de congé, une moitié de l'Armée, obligée par un mauvais pas de se porter à cinq cents toises du grand-chemin, trouve le Père S^t^. Estevan & M. de Bussy en conférence dans une Pagode isolée, & tous deux s'entretenant avec une action étonnante. Mon père le lui pardonne encore. Accablé de tant de preuves, cet imposteur entreprend de se justifier par lettres. La force de la vérité lui arrache
N°.65. des aveux qui suffisaient seuls pour constater son crime. Son grand argument, pour prouver qu'il n'était ni *Aumônier*,
N°.66. ni *Confesseur séditieux*, c'était *le grand nombre de Grenadiers qui avaient fréquenté les Sacremens en huit jours*. Ce Jésuite qui avait tracé en maître un portrait si frappant du Fanatisme, l'avait-il donc sitôt oublié ? Ne se souvenait-il plus comment *on persuade qu'un crime est une action héroïque & un service envers la Patrie ?* Ignorait-il que Jacques Clément, Chatel, Ravaillac, avaient aiguisé sur les marches de l'Autel le poignard dont ils ont frappé leurs victimes, & que l'assassin du Prince d'Orange *n'avait pas cru pouvoir entreprendre son action, sans avoir fortifié par le pain céleste son ame purgée par la confession aux pieds d'un Moine* (1) ?

---

(1) *Non antè facinus aggredi sustinuit, quàm expiatam noxis animam apud Dominicanum Sacerdotem, cœlesti pane firmaverit.* Strada.

On a osé, dans ce Mémoire produit pour M. de Bussy, lorsque mon père ne pouvait plus le réfuter, taxer de calomnie les plaintes de ce dernier contre le P. S^t. Estevan. « M. de Lally, a-t-on dit *, prétend avoir chassé ce Missionnaire comme coupable de ce qu'il lui impute. Il oublie que le 12 Janvier 1760, il écrivait à M. de Leyrit : *je vois jusqu'ici peu d'apparence à une action générale avec les Anglais ; c'est ce qui a engagé le P. S^t. Estevan à s'en retourner, voyant qu'il n'y avait ni plaie ni bosse à craindre dans les fruits qu'il se proposait de tirer de sa mission.* » 1760.

* Page 27.

Mauvaise foi insigne ! & qui tourne à l'avantage de mon père, ainsi que presque toutes les calomnies dont on l'a accablé. Il est bien bien vrai qu'il écrivait cette phrase au Gouverneur Leyrit le 12 Janvier 1760 : mais, le même jour, il écrivait au P. Lavaur une lettre qui explique la première. Victime de la confiance la plus malheureuse que l'hypocrisie ait jamais inspirée à la crédule sensibilité, mon père respectait Lavaur & sa Société jusques dans le traître S^t. Estevan ; il épargnait le coupable en faveur de celui qu'il croyait innocent ; il cherchait à ensevelir le crime de son ennemi pour ne pas déchirer le cœur de celui qu'il regardait comme son ami. Il faut transcrire en entier sa Lettre au P. Lavaur. Je m'écarte de mon plan, je le sens ; les citations se multiplient ; je ne voulais présenter qu'un tableau historique ; mon sujet s'étend sous ma plume ; les détails me pressent en foule ; tous sont importans, ceux-ci ne peuvent être sacrifiés.

« *A Ayaucoulon ce 12 Janvier 1760.*

» Mon respect & mon amour pour la Société, M. R. N°. 221.
» P. *me rendent muet* sur les sujets de plainte que j'ai contre le

1760. » P. S[t]. Eſtevan. Ses prédictions de bouche & par écrit, » que je garde précieuſement, ne ſortiront point leur effet. » Nous ſommes, en quelque façon, convenus d'un point, » qu'il avait la tête chaude : je l'ai éprouvée brûlante & même » brûlée, & *c'eſt un ſecret qui ne ſe déploiera que quand je » vous reverrai*. Je l'ai prié de s'en retourner à Pondichéry : il » a obéi après quarante-huit heures de réſiſtance & même » de déſobéiſſance. Il me mande aujourd'hui de Tirvatour » que vos ordres l'appellent à *Pouchepaquéri*, Egliſe ſituée à » quatre lieues au-delà d'Arcate dans le territoire de Velour. » Je ne le veux point-là, ſous quelque prétexte que ce ſoit. » Je vous prie inſtamment de le rappeller & de nommer un » autre à ſa place, ſi cette place eſt devenue tout-à-coup » ſi importante.

» Je ſuis auſſi zèlé pour la foi que la Congrégation de la » Propagande. La guerre eſt un temps peu propre aux miſ» ſions. Vous avez même jugé celle-là de trop peu d'im» portance, par la dernière lettre qu'il a reçue de vous & » qu'il a montrée à tout le monde ici. La morale eſt le » caractère diſtinctif de notre religion : à quoi ſert la foi » ſans les œuvres ? Moins de Chrétiens & plus d'honnêtes » gens, voilà la vraie religion du Commerçant. Le P. S[t]. » Eſtevan eût été un grand Apôtre du temps de Charlemagne, » même du temps de S[t]. Dominique : aujourd'hui c'eſt un » homme qui nage à ſec après le martire, *& martirium non » dabitur ei*.

» Je vous ſuis bien obligé de votre Almanach, & tous » les jours de l'année me ſont égaux dans les ſouhaits que » je fais pour vous, *quia jugum tuum ſuave eſt & onus tuum » leve*.

» J'ai toujours haï les pilules depuis que je ſuis au monde, » &

» & quand je les ai avalées, mes Médecins avaient grand soin de les dorer. Je vous aime, M. R. P. parce que vous êtes pour moi très-aimable. Je vous respecte parce que vous êtes membre d'une Société à laquelle je puis dire hardiment : *quod spiro & placeo, si placeo, tuum est.* » 1760.

Lecteur, pardonnez-moi l'horreur que je vous cause : mais songez que l'homme à qui mon père écrivait cette lettre, travaillait à le perdre. Vous desirez sans doute connaître quelque chose de la réponse : vous venez de voir la bonté, la loyauté, la générosité ; vous allez lire le P. Lavaur.

« Monsieur,

« Je suis affligé, plus que je ne saurais vous l'exprimer, des sujets de plainte que le P. de St. Estevan vous a donnés. Je ne suis pas moins sensible, Monsieur, mais dans un sens bien différent, à la manière dont vous avez bien voulu vous en expliquer avec moi. Il est aisé d'y reconnaître les sentimens dont vous m'avez fait souvent l'honneur de m'assurer en faveur de notre Société. J'y vois en même temps, avec une nouvelle satisfaction, la justice que vous nous rendez en restreignant dans le personnel votre mécontentement; ..... je vais exécuter sans délai les ordres que vous m'y donnez..... Le P. de St. Estevan ne sera à la Mission, où il s'est retiré, qu'autant de temps qu'il en faut à une lettre qui part d'ici aujourd'hui pour s'y rendre.... Je coupe court, Monsieur, à tout ce que j'aurais envie de vous dire à ce sujet. C'est que je crains de donner le lieu même le plus innocent au soupçon d'être un homme qui cherche à couvrir de la moindre dorure ses sentimens, comme s'il en fallait cacher la laideur. Que n'y a-t-il quelque N°. 112

1760. » fenêtre par où l'on pût considérer ce qui est dans les cœurs ! » On verrait dans le mien, Monsieur, comment peuvent se » réunir & s'accorder parfaitement des affections qui, ne » pouvant subsister ensemble dans un autre, les lui font juger » incompatibles. On y verrait aussi un si grand éloignement » de toute dissimulation, qu'on ne pourrait me soupçonner » de faire le moindre usage de celle-ci, avec l'assurance de » n'être jamais découvert. C'est le fruit de la morale dans » laquelle j'ai été élevé, & que les vues de religion n'ont » fait que fortifier en moi : vous savez, Monsieur, pour le » moins aussi bien que moi, malgré l'axiome du Commer- » çant, que le vrai Chrétien & l'homme vrai ne sont qu'un : » en visant à l'un on vise sûrement à l'autre.

» Les assurances d'amitié (je ne me sers de ce terme qu'après » vous, Monsieur) que vous daignez me faire, me flattent » beaucoup plus que le compliment dont vous les accom- » pagnez. Le moindre doute là-dessus me coûterait trop pour » qu'il puisse naître chez moi. Je vous avouerai ingénuement » que j'ai toujours compté & compterai toujours sur vos bontés, » *quæcumque obtrudant infesti nubilaventi.*

» J'ose assurer avec encore plus de confiance que rien ne » saurait altérer, ni mon dévouement, ni le profond respect » avec lequel je suis,

» MONSIEUR,

Le plus humble & le plus
obéissant de vos Serviteurs.

FR. L. LAVAUR, J.

Ce 16 Janvier 1760.

O funeſte aveuglement! ô pouvoir invincible de la fatalité! Mon père, c'eſt-à-dire un des hommes qui aient jamais eu le plus de pénétration & de ſagacité, n'a pas vu dans cette lettre le plus fourbe & le plus hypocrite des traîtres. Reprenons le fil hiſtorique; je ne crois plus que déſormais on reproche au Général Lally d'avoir *calomnié* le Jéſuite S[t]. Eſtevan. 1760.

Quelque peu d'effet qu'euſſent produit les déclamations du pieux Miſſionnaire, il était cependant de la prudence d'en effacer juſqu'à la trace, de mettre les troupes en mouvement, & de faire quelque tentative, en attendant que le retour du détachement du ſud & l'arrivée de l'eſcadre permiſſent de ſonger à des opérations déciſives. Mon père forme le projet de reprendre Vandavachi ſur les Anglais. Vu leur trop grande ſupériorité, il n'y avait de moyen, pour y réuſſir, que de les mettre hors d'état de tenir la campagne pendant huit à dix jours, en leur enlevant leurs magaſins. Mais ces magaſins étaient ſur leurs derrières dans Cangivarom; & de la rive gauche du Paléar où ils étaient campés, ils voyaient le moindre mouvement de nos troupes poſtées ſur la rive droite. Il fallait, ſous leurs yeux même, leur dérober une marche, il fallait tromper tout à la fois & l'armée ennemie pour qu'elle ne pénétrât point le projet, & notre propre armée pour que quelque déſerteur ne le divulguât point. Mon père combine, exécute une des plus belles manœuvres de guerre qui ait jamais été faite. Après avoir pourvu à la défenſe d'Arcate, il décampe, & fait deux marches rétrogrades comme s'il n'eût eu que l'intention de ſe replier ſur Pondichéry. Arrivé de nuit à Papatenguel, à deux lieues de Tirvatour, & à cinq de Vandavachi, il donne l'ordre pour partir à la pointe du jour. L'armée entière ſous les armes,

Projet ſur Vandavachi.

Belle manœuvre.

1760. sous prétexte de lui faire faire quelques évolutions avant de se mettre en marche, il la reporte subitement dans une plaine à gauche, à une lieue en avant sur le grand-chemin de Cangivarom, la rompt en deux colonnes, fait dire aux équipages qui attendaient ses ordres, de le suivre, se rejette sur Cangivarom, & arrive la nuit devant cette place.

Prise des Magasins Anglais à Cangivarom.

La riviere avait de l'eau en cet endroit, il la passe à gué avec ses troupes légères, force la Ville & s'empare de tous les magasins ennemis. Les Anglais, persuadés que mon père se retirait vers Pondichéry, ne s'étaient pas hâtés de le poursuivre; ils n'avaient passé le Paléar que le lendemain de son départ : instruits de sa manœuvre, ils rebroussent chemin, & tâchent, par une marche forcée, d'arriver au secours de leurs magasins : mon père attend qu'ils aient repassé le Paléar, le repasse lui-même, emmenant tous leurs vivres & tous leurs bestiaux, sort de Cangivarom quatre heures avant leur arrivée, rabat sur Tirvatour, y laisse le gros de l'armée sous les ordres de M. de Bussy, prend six cents hommes avec lui & va mettre le siége devant Vandavachi, où arrivent à point nommé quatre pieces de canon, qu'un Officier dans le secret avait été chargé de lui amener de Pondichéry.

Siége de Vandavachi.

N°. 213.

A peine était-il campé, qu'il reçoit une lettre de M. de Bussy, par laquelle cet Officier lui annonce que son temps d'être malade est arrivé, que la gravelle l'a pris à pareil jour l'année dernière, qu'il en a eu de violens pressentimens pendant la nuit; & en conséquence il demandait la permission de se retirer à Pondichéry. Il faut croire que le P. St. Estevan qui, dans les *Lettres édifiantes*, se félicite d'avoir eu le don des miracles, s'était promis d'en faire un pour M. de Bussy, & que s'il eût réussi à lui donner le commandement en Chef, il lui eût donné subitement la santé nécesfaire pour en supporter le fardeau; car cet Officier écrivait en propres termes que l'*Inde entière lui connaissait une maladie incompatible avec les fatigues de la campagne.* Quoi qu'il en soit, mon père ne peut lire, sans une vive émotion, la lettre du Brigadier. C'était déjà quelque chose de bien triste que cette fatalité morbifique toujours acharnée à frapper M. de Bussy dans les momens les plus intéressans : mais ce qui était plus désespérant encore, c'est qu'on disait que ses troupes du Dekan, qu'il avait nouvellement amenées, ne voulaient obéir qu'à lui. La décision était délicate. Fallait-il négliger la maladie de M. de Bussy? Fallait-il sacrifier la sûreté de l'armée? Tout-à-coup un Officier Major vient faire cesser l'embarras. Entré dans la tente du Brigadier à l'improviste, il l'avait trouvé mangeant *un cari, ragoût asiatique*, porte la note de mon père, *composé des plus fortes épices de l'Inde, & capable d'attaquer la vessie la mieux conditionnée de toute l'Europe.* Sur ce rapport, mon père ne se croit pas obligé de ménager la gravelle de M. de Bussy plus qu'il ne la ménageait lui-même; il lui conseille de s'abstenir de *cari* pour sa santé, & lui ordonne de rester à l'armée pour son service. M. de Bussy obéit non sans murmurer, & mon père poursuit ses opérations non sans inquiétude. 1760. N°. 213.

La Ville Noire de Vandavachi était fortifiée. Un mur assez mauvais dans quelques parties, mais flanqué de tours de distance en distance, & garni d'un fossé, en fermait l'enceinte. Mon père veut la forcer de nuit. Deux cents Mousses qu'on était obligé d'employer comme Soldats, devaient former une fausse attaque par la droite, sous les ordres du Chevalier de Genlis, tandis qu'une autre colonne commandée par mon père devait attaquer réellement par la gauche. Quelques coups de fusil partent des remparts; la colonne du Chevalier de

1760. Genlis s'enfuit à toutes jambes & se jette sur celle de la gauche, qui, la prenant pour des fuyards ennemis, la salue d'une décharge générale. L'attaque était manquée; il n'y avait plus qu'une heure de nuit; tous les momens étaient chers; il ne fallait pas que l'ennemi assiégé s'apperçût de notre désordre; il ne fallait pas que l'ennemi du dehors eût le temps de venir au secours de la place. Mon père s'éloigne de l'Aldée à trois cents toises dans la plaine, fait battre la générale, rassemble les fuyards, déclare à ses troupes que *puisqu'elles ont manqué l'Aldée de nuit, il leur apprendra à s'en emparer de jour*, & aussi-tôt ordonne qu'on batte la marche, & se met à leur tête. Déjà il était à quarante pas du mur; à la premiere salve d'artillerie, toute sa colonne met ventre à terre. Il était seul à cheval avec un de ses Gardes; le Chevalier de Crillon était seul à pied à sa gauche, se consumant en efforts pour faire relever cette troupe prosternée. Le Chevalier du Poëte, immobile sous le feu de toute la garnison, sondait un gué

Bravoure de mon père.

à vingt pas sur la droite. Tout-à-coup mon père apperçoit dans le mur une brèche par où un homme à cheval pouvait à peine passer; il se retourne, il s'écrie, *à moi les gens de bonne volonté!* Sept Soldats se relèvent, il leur montre le chemin, se jette dans le fossé, arrive à la brèche, entre à cheval par

N°. 67. Il force Vandavachi.

cette brèche large de trois pieds : des sept Volontaires qui l'ont suivi, cinq sont tués ou blessés à ses côtés; le Chevalier de Crillon parvient enfin à relever la colonne, l'entraîne sur les pas de son Général, & l'Aldée est emportée.

On charge le Commandant de l'artillerie de faire brèche au fort. Hélas, c'était toujours ce Chevalier Dure que nous avons vu opérer à S^{t}. David & à Madras. Deux mois auparavant les Anglais avaient battu ce fort à barbette, l'avaient ouvert & pris en quarante-huit heures. L'Artilleur français fait ses dispositions *comme s'il eût été question d'assiéger Luxembourg*, c'était le cri du Soldat. Il emploie quatre jours à construire sa batterie, deux à tirer pardessus le fort : le septieme jour, l'ennemi qui avait eu le temps de se pourvoir de vivres, marche au secours de la place, & présente la bataille que mon père n'avait jamais voulu risquer, mais qu'il ne lui était plus possible de refuser. 1760. Ineptie du Chevalier Dure.

Notre excessive infériorité ne nous laissait de ressources que dans l'excès de la bravoure, & sur-tout dans la sagesse des dispositions. Dès le matin les postes avancés des deux armées se fusillaient. L'ennemi longeait le front de notre camp, à une lieue en avant. Il avait reconnu que notre front était inexpugnable : mais il méditait de prendre une position dans laquelle il eût été lui-même invincible, appuyé à la montagne de Vandavachi, sa gauche défendue par un terrein inabordable, sa droite protégée par le feu du fort, maître d'y jeter autant de troupes qu'il voudrait, & de nous attaquer à son choix par notre flanc ou sur nos derrières. Mon père *pénètre du premier coup d'œil l'intention de l'ennemi, il sent toutes les conséquences de cette savante opération* (1), il se détermine sur-le-champ à marcher sur lui, détache quelques partis de Cavalerie pour le troubler dans ses dispositions, & se prépare à déboucher dans la plaine avec sa trop faible armée, qui allait le devenir encore bien davantage. Seconde Bataille de Vandavachi, 22 Février 1760.

Des dix-huit cents Cipaies que M. de Bussy avait amenés,

---

(1) « The English army had no sooner began their march along » the foot of the mountain, than M. Lally perceived the intention » with alle othe consequences of this able operation. The camp imme- » diately beat to arms &c. » *Orme's hystory of indostan*, 2d. *vol. page 581.*

1760. quinze cents refusent net de combattre. Mon père obtient avec grande peine d'en faire marcher 300, qui, au premier coup de canon, se retirent.

Quant aux deux mille Marates que Morarao lui avait en-
N°. 214. voyés, en lui écrivant que *les Anglais ne soutiendraient pas leur vue;* corrompus, si l'on en croit M. de Bussy, par l'argent de ces mêmes Anglais, ils étaient déjà à deux lieues de l'armée avant qu'elle fût sortie de son camp. L'Evêque Norongha, la croix sur la poitrine & le sabre à la main, courait vainement après leur Chef Inis-kan, menaçant de punir sa lâcheté ou sa perfidie, s'il ne rebroussait chemin : il ne peut l'atteindre. Le seul *Chivrambaba*, neveu de *Morarao*, nous reste fidèle avec 60 Cavaliers : il se range près de mon père, accompagné du vieux *Baboukan* & du brave *Patancar*, tous trois pleurant de honte & frémissant de rage, mais ne pouvant offrir à leur allié trahi que leur zèle stérile & leur impuissant courroux.

Mon père se trouve enfourné dans la plaine avec 1350 Européens contre 2600, & avec 60 Noirs contre 3500.

Il s'avance à la faveur d'un rideau, prend de vîtesse une redoute formée, moitié par la nature, moitié par l'art du Paysan, y poste le Chevalier du Poëte à la tête de deux cents marins & déserteurs, avec deux pieces de canon qui prenaient l'armée anglaise de revers & commandaient toute la plaine. Derrière cette redoute était un étang auquel il appuie sa gauche, formée par le Régiment de Lally, & commandée par M. de Bussy. Il place le bataillon de l'Inde au centre, à la droite Lorraine & la Cavalerie. Cette droite était absolument en l'air faute d'étoffe ; mais à deux cents toises en arrière étaient deux défilés protégés par une digue; mon père y place deux pieces de canon & cinquante Européens

avec

avec des Cipaies Abiſſins qui pouſſaient une tête au débouché des défilés, pour faire croire à l'ennemi que nous avions un corps de réſerve deſtiné à ſoutenir notre première ligne, & en même temps pour protéger notre retraite en cas d'événement. 1760.

On ſe canonnait de part & d'autre depuis plus de trois heures. L'artillerie anglaiſe était mieux ſervie que la nôtre; mais nous avions plus de pièces. Les ennemis rangés ſur deux lignes qui débordaient la ſeule que nous euſſions, & ayant encore derrière eux un corps de réſerve, s'avançaient avec le plus de rapidité qu'ils pouvaient. S'approcher promptement de nous était le ſeul moyen qu'ils euſſent pour rendre l'avantage du nombre déciſif, & pour parvenir à éteindre notre feu. Leur premier vœu ſur-tout était d'emporter ce poſte de la marine qui les foudroyait.

Mon père courait à la tête de ſa ligne, au milieu du feu des deux armées, recommandant à chaque troupe de laiſſer faire l'artillerie, & de reſter immobile juſqu'à ce que les baïonnettes puſſent ſe croiſer. Il voyait ſes deſirs remplis; la redoute de la gauche fixait l'effort des ennemis dont elle troublait la marche. Il voulait les réduire à ce ſeul point d'attaque; il venait de le renforcer de deux piquets de Lally, & de trois pièces de canon.

Tout-à-coup il s'apperçoit que notre feu cauſe un flottement conſidérable dans la gauche ennemie. Il veut en profiter. Il paſſe à la droite de Lorraine, l'avertit qu'il va charger à la tête de la Cavalerie, lui enjoint de ſuivre ſes mouvemens; mais de n'avancer que progreſſivement, en faiſant marcher ſon canon avec lui, & en obſervant de ne pas dépaſſer le reſte de l'armée, qui était plus près que lui de la ligne anglaiſe. Il court auſſi-tôt à la Cavalerie, & lui ordonne de le

1760. ſuivre à l'ennemi ; elle ne bouge pas. Il s'adreſſe à l'Officier qui la commandait ; il n'en eſt point obéi. *Je vous interdis*, s'écrie-t-il ; *M. d'Aumont prenez le commandement à ſa place : marche*. Même déſobéiſſance. Les momens ſe perdaient ; il n'en faut qu'un pour décider d'une victoire : les ennemis qui avaient vu le Général français ſe porter rapidement à la tête de ſa Cavalerie, ſoupçonnaient ſon deſſein & faiſaient avancer leur troiſième ligne pour marcher à ſa rencontre ; mon père frémiſſait d'impatience. Il harangue les Cavaliers : un Capitaine de la gauche * ſe charge de les mettre en mouvement : Un Cornette * s'écrie en jurant, *qu'il eſt honteux d'abandonner ainſi ſon Général !* La troupe s'ébranle, ſuit mon père au galop environ cinquante pas. Il n'en reſtait pas deux fois autant à faire pour pénétrer l'ennemi ; déjà ſa troiſième ligne & les Cipaies de ſa gauche, effrayés de notre mouvement, prenaient la fuite (1) ; lorſqu'un coup de canon, chargé à cartouche, & qu'on n'aurait pas eu le temps de recharger, nous tue un cheval & nous bleſſe un Cavalier. Dans l'inſtant toute la troupe s'éparpille, & laiſſe mon père ſeul, exactement ſeul, à quatre-vingts pas de l'ennemi qui le ſalue de tout le feu de ſa gauche : il reçoit deux balles dans ſes habits, une dans le pommeau de ſa ſelle ; une autre perce le devant de ſon chapeau. *Ah ! mon Général, vous êtes bleſſé*, s'écrie, en lui portant la main ſur le front, un de ſes Aides de Camp * qui le rejoignait dans cet inſtant. *Plût à Dieu !* répond mon

* M. ô Héguerty.

* M. de Bonneſay.

* Le Chevalier Macgrégor.

---

(1) « Prétended to wheel, in order to meet the ennemy's, but » purpoſely confuſed themſelves ſo much, that ſome went of imme- » diately, which gave a pretext to the reſt to follow them &c. » *Orme's hiſtory vol. 2d. pag. 583.*

père, maudiffant la vie : *mais je ne le fuis que de la jean-f.. trerie de ces gens-là.* 1760.

Du même côté Lorraine perdait nos efpérances par l'excès contraire. A peine avait-il vu mon père à la tête de la Cavalerie, qu'il s'était laiffé emporter à cette impétuofité dangereufe qui a coûté aux Français les batailles de Créci, de Poitiers, d'Azincourt. Les Officiers avaient voulu inutilement le retenir. Les Soldats, ivres d'ardeur, avaient jeté leurs chapeaux en l'air, en criant : *fonçons, fonçons*, & ils s'étaient précipités la baïonette au bout du fufil, dépaffant le refte de l'armée & mafquant leur canon. Leur premier choc avait été terrible; mais la gauche ennemie n'étant plus contenue par notre Cavalerie, fe replie par un quart de converfion fur le flanc de cette troupe auffi imprudente que brave. Après s'être confumé en efforts non moins infructueux qu'héroïques, après avoir perdu fon Commandant & fes plus valeureux Soldats, Lorraine accablé fubitement par le nombre, rompu de toute part, & fur le point de fe voir enveloppé, eft obligé de quitter le champ de bataille. La gauche ennemie continuant à s'avancer dans la même direction, marche fur le flanc de notre centre.

Mon père, abandonné par fa Cavalerie, avait cherché des yeux Lorraine, & ne l'appercevant plus fur la même ligne que le refte de l'armée, il s'était écrié en ferrant la main du Chevalier Macgregor : *Tout eft perdu!* Après d'inutiles efforts pour le rallier, il fe hâte de rejoindre la gauche. Comme il était prêt d'y arriver, un malheureux Mouffe, pofté à la redoute, met le feu à un de nos caiffons d'artillerie, derrière lequel il fe cachait pour tirer fon coup de fufil. Le caiffon éclate; le brave du Poëte faute en l'air avec une moitié de fon détachement; le refte des Marins fe pré-

1760. cipite hors de la redoute ; nos cinq pièces de canon sont brisées ; l'ennemi qui, dans cette partie, commençait à se rebuter, reprend courage & profite du désordre où nous jette cet accident, pour attaquer le poste. Le Major anglais Bréreton saute avec sa troupe dans le retranchement. Le Chevalier de Meade, & le Capitaine Gernon, restés seuls avec les deux piquets de Lally, le défendent jusqu'à la dernière extrêmité ; le premier tue de sa main le Commandant anglais. Celui-ci, en tombant, crie aux siens de *songer à vaincre & non à le secourir.* Le nombre seul pouvait décider, là où tant de valeur éclatait de part & d'autre. Mon père court aux Abissins de M. de Bussy, postés à la digue, & leur ordonne de venir soutenir le poste attaqué : *aucun n'obéit* (1).

Victoire des Anglais.

L'ennemi fait marcher sa seconde ligne, s'empare de la redoute, presse le flanc gauche de Lally, sur la droite duquel l'Inde se rejetait, & la bataille est perdue.

Le nombre des morts est à peu près égal dans les deux armées. *M. de Bussy seul, avec un Officier de l'Inde, se rend prisonnier sans avoir été blessé* *, & descend de cheval pour se remettre au pouvoir des Anglais, tandis que le Grand-Prévôt *, surnommé par eux *le Prévôt-Guerroyant*, ramassait les traîneurs avec un détachement, & trouvait encore moyen de dégager quelques pièces de canon qu'il arrache au Vainqueur (2). Mon père, à la faveur de celles qu'il avait placées à l'entrée

* *Mém. de Lawrence.*

* M. de Pouilly.

(1) « M. Lally turned suddenly, and ordered the Sepoys stationed » along the ridge in front of the camp to advance. None obeyed. » *Orme's history. ibid. pag. 587.*

(2) Nous ne devons pas dissimuler que M. de Bussy a opposé, dans le temps, aux discours de l'Armée & du Public, qu'il avait mis pied à terre, parce que son cheval avait été frappé à mort. Il est

de la digue, se rallie dans son camp, y reste deux heures sans que l'ennemi ose l'y poursuivre, ramène dix pièces de campagne sur dix-huit, attend que le détachement du siége l'ait rejoint, fait prendre les devants à l'artillerie & aux blessés, brûle les munitions qu'il est obligé de laisser dans son parc, gagne successivement Chetoupet qu'il fallait déblayer, Gingi qu'il fallait pourvoir, & Valdaour d'où il fallait couvrir Pondichéry, dont l'ennemi était plus près que nous de cinq lieues après la bataille. 1760.

Comme il entrait dans ce dernier poste, accablé du chagrin de sa défaite & l'expression du désespoir peinte dans tous ses traits, il voit tous les Soldats s'attrouper autour de lui; il les entend tous s'écrier: *ce n'est pas votre faute, mon Général; vous êtes trahi.* Arrivé au fort, les Officiers vont le trouver en Corps; un d'eux *, portant la parole au nom de tous, lui adresse ces mots énergiques: « Notre Général, vous » avez perdu la bataille, mais vous avez gagné l'Armée. » Vous n'êtes point secondé. On veut faire échouer toutes » vos entreprises. Ne vous découragez point, nous vous sou- » tiendrons tous. »

* Le Chevalier de Géoghégan.

Les Conseillers de Pondichéry eux-mêmes ont cru ne pouvoir se dispenser de lui donner satisfaction pour la désobéissance qu'il avait éprouvée; ils ont cassé le second Commandant de la Cavalerie qui avait refusé d'exécuter le second ordre de marcher à l'ennemi. Cet Officier a été entendu comme

---

vrai qu'on lui a objecté que ce cheval frappé à mort avait porté à huit lieues deux de nos blessés. Mais M. de Bussy a répondu * que *la confiance plus ou moins grande dans un cheval blessé, dépend de l'opinion du Cavalier qui monte l'animal & le connaît;* & il n'y a plus eu moyen de repliquer.

* Page 35 de son Mémoire.

1760. témoin dans le procès ; il eſt arrivé à ſa confrontation d'un air triomphant, muni d'une longue atteſtation dans laquelle ſes camarades commençaient par déclarer *qu'ils n'avaient pas pu agir, parce que le canon de l'ennemi tirait ſur eux ;* & finiſſaient par dire : « Nous certifions à tous ceux qu'il appartiendra » que M. Aumont s'eſt comporté avec toute la bravoure re- » quiſe, & que *nous n'avons rien à lui reprocher.* »

N°. 215. Un mois après la bataille, Morarao a écrit à mon père une lettre qui débutait par cette phraſe : « Les armes ſont » journalières, & il n'y a que le grand Dieu ſeul qui ſache » les ſuites de la Guerre. *Chivram-Baba* mon neveu a vu la » façon dont vous vous êtes comporté dans cette action, & » que vous y avez fait des prodiges de valeur..... Votre » défaite ne peut être attribuée qu'à vos propres Troupes » qui ont refuſé de vous ſuivre. »

Enfin, il n'eſt pas juſqu'au Vainqueur qui n'ait juſtifié & vengé mon père dans ſon malheur. Le Général Coote, indigné contre les traîtres tout en jouiſſant de leur trahiſon, inſtruit que ces mêmes Marates, qui avaient refuſé de combattre, ſe répandaient dans les terres & dans les Villages indéfendus, pour y piller indiſtinctement amis & ennemis, a envoyé à leur Chef *Inis-Kan* un ordre ainſi conçu : « Votre » conduite dans la dernière action ayant montré que vous » veniez dans le pays, non comme Soldat, mais comme » Voleur & comme Maraudeur, ayez à en ſortir ſur-le-champ; » ſinon, je vous y contraindrai, & je ne ferai quartier ni à » vos Troupes, ni à vous (1). »

---

(1) Colonel Coote wrote to Jnnis-Cawn to advertiſe him, « That » ſince he ad ſhewn by his behaviour in the late action, that he » came not into the country as à ſoldier, but only as à plunde-

1760.

XV. Progrès des Anglais. Arrivée de leur Escadre. Révoltes dans Pondichéry. Zèle infructueux de mon père. Derniers efforts. Blocus. Investissement.

Il ne s'agissait plus de songer à faire des conquêtes. Si l'ennemi, après sa victoire, se fût porté sur Pondichéry, il s'en fût rendu maître en huit jours. Il n'y avait pas un grain de riz dans la Place. Les lettres, prières, ordres, menaces de mon père n'avaient rien produit : soit impuissance, soit mauvaise volonté, on n'avait pas formé un seul magasin. Les Fermiers, frustrés de la récolte du nord, vendaient sur pied les grains de la partie du sud. Ils ne fournissaient ni vivres ni solde aux troupes, ni approvisionnement pour Pondichéry. Le Gouverneur Leyrit demandait à mon père *de se joindre à lui pour réveiller leur activité.* Les Marates, que les Anglais menaçaient, & que les Français ne payaient point, s'étaient retirés dans leur pays. Les Cipaies, amenés par M. de Bussy, s'étaient dispersés. Mon père, hors d'état de tenir la campagne, se voyait réduit à défendre le plus long-temps qu'il pourrait les approches de sa Capitale. Il s'était campé à quatre lieues en avant de la Place, pour observer les mouvemens de l'ennemi, & pour protéger l'entrée des vivres qu'il voulait faire venir. Il fallait qu'il fît tout, & qu'il fût tout. N°. 121.

Le Colonel Coote, vainqueur à Vandavachi, s'était hâté de prendre Chetoupet, & assiégeait Arcate. Mon père ose projeter de le délivrer. Ses combinaisons étaient aussi justes que son entreprise était hardie. Il voulait attaquer Chetoupet, dont la brèche n'était pas encore refermée. Si les ennemis venaient au secours, alors ils quittaient leur siége, & Arcate N°. 216.

» rer and marauder, he must now immediately quit the country, » or he must be compelled to it; and, if intercepted, that he must » expect no quarter for himself, or his troops. » *The General history of the late war. vol. 5, pag. 32. Colonel Lawrence's Mem.* &c.

1760. était sauvé. S'ils restaient devant cette dernière Place, alors mon père prenait Chetoupet, délivrait les Prisonniers que nous y avions, enlevait la garnison, l'artillerie, les munitions, & se reportait aussi-tôt sur Vandavachi. Pour cette fois, l'ennemi n'eût pas manqué de voler à la défense d'un poste si important; alors mon père se retirait à Chetoupet, & Arcate était encore sauvé.

Les ordres étaient donnés, l'armée en marche; mon père allait la rejoindre : la Cavalerie de l'Inde était encore destinée à déconcerter ce projet. On lui devait un mois de solde : animée par le souvenir de ce qui s'était passé trois mois auparavant à Vandavachi, elle a recours au même expédient pour se faire payer : elle sonne le boute-selle & à cheval, & enfile le chemin de l'ennemi, à l'exception d'une seule Compagnie commandée par un Gentilhomme nommé Desgras, que le Chevalier de la Fare avait amené d'Europe avec lui, & qui n'était pas fait pour conniver à ces sortes de manœuvres usitées dans l'Inde; car il est à observer que les Capitaines y ont la manutention des deniers de la troupe, & s'y chargent, à un prix exorbitant, de la nourriture de leurs chevaux : c'est un objet, en un mot, de plus de 100 liv. par mois, en paix ou en guerre, par cheval. On court après cette Cavalerie, on la rejoint à trois lieues, on la ramène à l'exception de 27 Cavaliers qui, armés & montés, passent à l'ennemi.

Onzième révolte.

Trois jours après, les Soldats de la Marine faisant le service de la Place, menacent hautement, si on ne les paie pas, de *monter sur les remparts*, de *tourner le canon contre le Gouvernement*, de *brûler* & de *piller la Ville*. Leurs murmures excitent ceux du reste des Troupes. Des Bourgeois mêlés à cette Soldatesque effrénée, l'encouragent à la rébellion, & lui crient sur la place même de Pondichéry : *vous n'avez qu'à commencer nous*

Douzième révolte.

N°. 217.

nous vous soutiendrons. Le Conseil s'assemble. On s'adresse aux Fermiers. On les somme de remplir leur engagement. Ils déclarent qu'ils sont dans *l'impuissance de donner un sol.* Alors Ramalinga, ce Régisseur d'Arcate, produit par le Jésuite St. Estevan, vanté par lui comme *le seul homme qui pût nous tirer d'affaire*, offre de prendre les Fermes à 50 mille roupies en sus de ce qu'avaient promis Abeille & Miran. Il promet de plus 50,000 roupies comptant dans dix jours, & 80 mille autres vingt jours ensuite. Le Conseil, *après un mûr examen*, résilie le bail de Miran & d'Abeille, le transporte à Ramalinga, & consigne dans la Délibération, souscrite de tous ses Membres, que *c'est le seul moyen de sauver Pondichéry.* C'est ce même Conseil qui a dit dans sa dénonciation, & d'après lequel on a dit dans le Rapport, que mon père avait, *de sa seule autorité, dépouillé Miran & Abeille, & fait casser leur bail, pour le faire passer à un Noir plus que suspect, & sauvé de la corde à prix d'argent.*

1760. — N°. 218. — N°s. 62, 117. — Le Conseil donne les Fermes à Ramalinga.

Au milieu de cette détresse & de toutes ces convulsions; le 23 Février l'Amiral Cornish paraît à la côte, venant renforcer de quatre vaisseaux de ligne & de deux frégates l'Amiral Stéeven. Le 17 Mars il paraît avec son Escadre à la vue de Pondichéry, qui attendait envain la sienne.

Arrivée de l'Escadre anglaise.

Mon père ayant tout à la fois à protéger la place contre les vaisseaux ennemis, & à retarder la marche de l'Armée de terre, qui se rapprochait chaque jour, s'était replié successivement, & occupait un poste avantageux à deux lieues en avant de Pondichéri.

Sur l'apparition de cette Escadre, espérant voir arriver la sienne d'un jour à l'autre, & craignant jusques-là quelques tentatives de la part des forces combinées de l'Ennemi, mon

1760. père imagine une ruse pour en imposer à l'Amiral Stéeven. Il commande une parade générale sous les murs de la Ville & sur la plage. Il ordonne que tous les Européens de la Colonie y paraissent comme Soldats en uniforme. Il fait distribuer du drap à ceux qui n'étaient pas en état de s'en pourvoir eux-mêmes, & indique le jour de cette montre, dont il n'excepte que le Conseil & les Religieux.

Révolte du Conseil & des Employés, 20 Mars.

Le jour fixé, comme il se préparait à sortir de la Ville avec le Gouverneur Leyrit, tous les Employés de la Compagnie entrent tumultueusement dans sa cour, les armes à la main, le Conseil à leur tête, criant *qu'ils n'obéiront point*, & *qu'ils ne veulent pas aller au rendez-vous* : ces Marchands se prétendaient avilis d'être Soldats & d'avoir un Général d'Armée à leur tête. Mon père mande le Conseil, l'interroge. *Monsieur*, s'écrie insolemment le Conseiller la Selle, le plus jeune de sa Compagnie, *les Employés ne sont pas faits pour passer des revues, ni pour porter les armes hors de la Ville. Leur service se borne à l'intérieur de la place. Si vous voulez les voir vous êtes le maître de descendre dans la cour, mais certainement ils n'iront pas plus loin.* Deux sous-Marchands, S^t^. Marceau & Lecomte, s'étaient glissés avec les Conseillers dans l'appartement, animant l'Orateur du geste & de la voix. La harangue finie, ils se hâtent de descendre pour la répéter à leurs camarades, courent de rang en rang attiser le feu de la révolte : de toute part on n'entendait que cette exclamation séditieuse : *que nous veut M. de Lally ? nous ne connaissons d'autre Gouverneur que M. de Leyrit.* En vain mon père leur rappelle ses patentes de Commissaire du Roi, qui avaient été lues publiquement le jour de son arrivée : en vain il leur envoie ce Gouverneur chéri qui leur enjoint de marcher au rendez-vous, & offre de se mettre à leur tête : ils persistent dans leur désobéissance. 1760.

Cependant mon père, seul avec deux ou trois Officiers de son Etat-Major au milieu de deux cents mutins armés, avait dépêché en toute hâte un Aide de Camp pour faire rentrer dans le fort une Compagnie de Grenadiers. Cette Compagnie arrive, entoure les Rébelles. On s'attend sans doute à quelque punition d'éclat : jamais attentat contre l'autorité royale ne fut plus caractérisé ; jamais sévérité n'eût été plus justifiée, plus nécessaire peut-être. Mon père se borne à faire désarmer les Rébelles, ne punit les trois Harangueurs qu'en les exilant l'un à Valdaour, les deux autres à Gingi ; & s'adressant au second du Conseil, que son âge & son caractère mettaient à l'abri de tout soupçon personnel, *je voudrais, Monsieur*, lui dit-il, *pouvoir vous épargner ; je sens qu'on a abusé de votre faiblesse : mais vous êtes à la tête d'un Conseil assemblé sans permission de son Président & révolté contre l'autorité du Roi ; je ne puis me dispenser, pour la forme, de vous donner les arrêts ; vous les prendrez chez moi, coucherez dans mon appartement & serez nourri à ma table.* On a dit en interrogeant mon père, & en rapportant son procès, que *sa conduite avait été celle d'un despote furieux & injuste.* On a dit que les représentations du Conseil & des Employés étaient *très-touchantes & très-respectueuses, quoique fondées sur des prétentions peut-être mal placées.* On a dit enfin, que *cette opération avait développé la mauvaise disposition de M. de Lally contre le Conseil & les Employés :* cette opération cependant avait pour but de préserver & a préservé en effet le Conseil & les Employés de l'assaut & du pillage. On a dit que M. de Lally voulait, dans cette revue, *placer le Conseil après les Coulis & les Valets de l'Ar-*

Rapport. Interrogatoire. Rapport. Ibid.

1760. mée : il eſt cependant avéré au procès que le Conſeil était
N°. 215. *exempt de cette revue*, & le Conſeiller le Noir en eſt convenu formellement. On a dit que *M. de Lally avait pris les fuſils*
Rapport. *de ces Employés*, *& que pluſieurs avaient été trouvés dans les malles du Chevalier de Gadeville* : le Conſeiller Denis cepen-
Dépoſition de Denis. dant avait dépoſé au procès ces propres mots : *Peu de temps après la prétendue révolte du Conſeil & des Employés*, *M. de Lally leur fit rendre leurs armes & faire le ſervice.*

Ce que ces Conſeillers ont encore dit, & ce qui eſt à re-
N°. 219. marquer, c'eſt que le Gouverneur Leyrit avait été inſtruit par eux, dès la veille, de leur oppoſition aux volontés de mon père, & qu'il ne l'en avait pas prévenu.

De ce moment, mon père, ne voulant pas compromettre l'autorité dont il était revêtu, a ceſſé de préſider aux Délibérations du Conſeil.

Les Anglais s'emparent des poſtes de la campagne. L'Eſcadre n'arrivait point. Pondichéry reſte ſans vaiſſeaux, ſans argent, preſque ſans Soldats. Tous les poſtes de la campagne ſont ſucceſſivement enlevés. Pluſieurs ont tenu au-delà de ce qu'on pouvait eſpérer. Le Capitaine Huſſey s'eſt couvert de gloire par ſa défenſe d'Arcate ; le Brigadier ô Kénelly par celle de Carangouli & de Permacoul. Des places commandées par des Officiers de la Compagnie, ont été rendues ſans coup férir : deux Chefs ont été caſſés & dégradés par des Conſeils de Guerre. Mon père a fait tout ce qu'il était hu-
N°. 220. mainement poſſible de faire, pour ſecourir ces différens poſtes. Il ne pouvait être queſtion de diviſer l'Armée en vingt petits pelotons, qui euſſent été ſucceſſivement enlevés. C'était le cas au contraire d'imiter les Anglais, qui, après la priſe de S^t^.
Mém. Lawrence. David, avaient évacué toutes leurs places pour renforcer Madras. Le ſeul but de mon père était de retarder l'approche des

ennemis, en traversant leurs opérations. Son zèle, quelque fois secondé, a été plus souvent trahi. Tantôt la lâcheté des Commandans de la Compagnie ne donnait pas le temps d'arriver à leur secours; ils arboraient le Pavillon blanc à l'aspect du détachement qui venait les défendre, *& glaçaient tout à la fois nos Troupes d'horreur, & les ennemis de surprise.* Tantôt une troupe mutinée, faute de solde, faisait manquer le projet à l'instant du départ. Ici c'était un Chef de détachement qui s'arrêtait en pleine marche, parce que, disait-il, les *Cuisiniers manquaient*, & que les *pistolets de ses Cavaliers ne s'étaient pas trouvés chargés au moment de tirer.* Là c'étaient les troupes de l'Inde qui, dans une surprise de nuit, faisaient une décharge générale sur mon père, tuaient à ses côtés le cheval d'un de ses Gardes, blessaient celui de son Ecuyer & donnaient l'alerte à l'ennemi. Quelquefois mon père écrivait avec découragement: *Je vois bien que le bon Dieu ne veut pas que je m'en mêle.* D'autre fois il écrivait avec fureur: *Le Ciel, ou plutôt l'Enfer, s'oppose à tout ce que j'entreprends.*

1760. Villenour. Orme's, vol. 3, pag. 649. Arcate. Karikal. Valdaour. N°. 220.

L'ennemi n'était plus qu'à quatre lieues de Pondichéry. Mon père, par sa bonne contenance, le tient trois mois dans cette position, & donne le temps de faire entrer dans la Ville de quoi nourrir la garnison pendant six. Depuis long-temps il s'occupait de cet objet, pour lequel nous l'avons vu envoyer 36000 liv. de son argent à Karikal. Il avait encore prêté depuis 40000 liv. à la caisse; il venait d'envoyer tout ce qui lui restait à Tranquebar & à Portonovo. Jusqu'au dernier instant, il a tout sacrifié à l'approvisionnement de Pondichéry; il a fini par autoriser le Capitaine Fisher à s'engager solidairement avec lui pour toutes les avances nécessaires. On a traité de *commandement labial* ses injonctions perpétuelles au Conseil pour fournir les magasins: je vou-

N°. 221. Rapport.

1760. drais savoir de quel nom l'on appellera les sacrifices qu'il a faits, les engagemens qu'il a contractés, les traites personnelles dont il s'est chargé, & qu'il a acquittées, après son retour à Paris, entre les mains des Banquiers Tourton & Bord.

Blocus de Pondichéry. Pondichéry n'avait point à craindre un siége régulier. Les Anglais le jugeaient *impraticable*, ils y trouvaient *des difficultés sans nombre*, en songeant à *l'habileté du Général Lally*, à son *courage*, à cet *orgueil opiniâtre qui devait le faire persévérer, comme il a persévéré en effet, à défendre jusqu'à la derniere extrêmité le dernier établissement français de l'Inde* (1). Tous leurs projets, tout leur espoir s'étaient tournés vers le blocus, & ils s'occupaient chaque jour des moyens de le resserrer.

Traité avec les Mayssouriens. La place commençait à entamer ses magasins. Mon père se hâte de conclure un traité avec ce fameux Hider-Ali-Kan, qui dès-lors avait jeté les premiers fondemens de sa grandeur, & dominait dans le Mayssour sous le nom de l'Esclave Roi qu'il y tenait dans ses fers. Il y avait trois mois que
N°. 222. l'Evêque Norongha avait commencé cette négociation. Tant qu'elle avait été secrette, elle avait été facile. Depuis qu'on l'avait pénétrée, on ne cessait de la traverser. *Le Général Anglais était averti de tout ce qui se passait par ses Correspondans de Pondichéry* (2). Le Gouverneur recevait des lettres

---

(1) « A regular siege was at that time impracticable.... it would » have proved a task of infinite difficulty to attempt,... to taking » of a place..... defended by *a good* garrison, and by *an Officer* » *able, and resolute, and whose pride and obstinacy would have made him,* » *as in effect they did made him, persevere to the veri last moment in de-* » *fence of the last Stake, which the French had left in India.* » *Annal Register of 1761, pag. 54.*

(2) « Colonel Coote receiv'd intelligence of this unexpected al-

anonimes qu'il remettait à mon père ; le Conſeiller Moracin lui en écrivait de directes ; & toutes cherchaient à lui rendre Hider-Ali-Kan ſuſpect. D'un autre côté, on avait inſinué au Mayſſourien que le Général français n'était que paſſager dans l'Inde, & que ſes promeſſes diſparaîtraient avec lui : en conſéquence Hider demandait *des ſûretés*. 1760.

Enfin ſes Ambaſſadeurs arrivent avec un détachement de Cavalerie, pour ſigner le traité définitif. On cédait Thiagar au Chef Mayſſourien, & il s'engageait à envoyer au ſecours de Pondichéry trois mille chevaux & cinq mille Cipaies, mais ſur-tout à faire entrer dans la place 4000 bœufs pour la ſubſiſtance, 400 de trait pour l'artillerie & une quantité proportionnée de riz & de beurre.

Au moment de conclure, les Ambaſſadeurs déclarent qu'ils ne ſigneront rien, ſi le Conſeil ne s'engage par écrit avec mon père à garder les conditions du traité. C'était une choſe inouie dans l'Inde, où les Noirs ne connaiſſent jamais que le Chef. Mon père envoie le traité au Gouverneur Leyrit. Le Conſeil *l'approuve en apparence*, *le ſigne*, *l'enrégiſtre*, écrit à mon père *qu'il n'avait pas beſoin pour le ſouſcrire d'autre motif que le ſalut de Pondichéry qui en dépend*, & *au ſortir de la Délibération*, *fait*, *ſur une feuille volante*, *une proteſtation ſecrette contre ce traité*, qu'il venait de ſigner parce que *le ſalut de Pondichéry en dépendait* : c'eſt lui-même qui l'a dépoſé en Juſtice, & je tranſcris les propres paroles d'un de ſes principaux Membres. On peut voir dans les Hiſtoriens anglais, de quelle honte ce procédé avait couvert la Nation française aux yeux des Etrangers. 28 Juin. Dép. de Courtin. Orme's, 3e. vol. page 643.

» liance by a letter from one of his correſpondents in Pondichery, » &c. » *Orme's, 3e. volume, page 538.*

1760. Les Mayssouriens que toutes ces menées plus ou moins secrettes avaient remplis de méfiance, le lendemain même du traité signé
29 Juin. s'enfuient pendant la nuit, & reprennent la route de leur pays.

Mon père dépêche Emissaire sur Emissaire après eux. On les rejoint à quinze lieues, & au bout de vingt jours d'une nouvelle négociation l'on parvient à les faire revenir.

Ils partent de Thiagar au nombre de 2700, Cavalerie & Infanterie, avec onze ou douze cents bœufs. Ils trouvent sur leur chemin un détachement ennemi qu'ils sont obligés de combattre, & que l'Evêque Norongha met en déroute : les
N°. 222. deux tiers de leur convoi disparaissent pendant le combat, & ils arrivent à une lieue de Pondichéry, avec trois ou quatre cents bœufs & quelques cruches de beurre, que l'Intendant & le Commis préposé par le Gouverneur Leyrit font entrer dans la Ville.

Le premier acte de ces Auxiliaires est de refuser à mon père un détachement de 400 chevaux pour marcher avec lui au secours de Villenour. Pendant 27 jours qu'ils séjournent dans les environs de Pondichéry, on ne peut en tirer aucun
Ibid. service. L'insubordination, le brigandage, la superstition, la lâcheté régnaient dans leur camp. Quand mon père commandait un détachement de 200 chevaux, ils en envoyaient 8 ou 10. Quand il demandait 300 Cipaies, il en voyait arriver 40. Le reste de la troupe s'éparpillait pour marauder. Le bonjour, le bain, la prière, le dîner consumaient les heures les plus précieuses. Les Brames se disputaient avec les Généraux : les deux Ambassadeurs ne s'accordaient point entre eux ; ils n'exécutaient aucun article du traité. Mon père se plaignait à Hider-Ali-Kan, il le sommait d'arriver en personne
Ibid. pour remplir ses engagemens ; il lui mandait : *Jusqu'ici vous avez été accoutumé à tâcher de tromper les Européens, & les Européens*

Européens à tâcher de vous tromper. Je ne connais point cette façon de traiter, & le sublime Empereur mon Maître m'a envoyé ici pour la détruire. Hider n'arrivait point ; il écrivait *que son Armée ne savait pas faire la guerre aux Européens, qu'elle n'avait jamais combattu contre eux, mais qu'il avait ordonné à ses Chefs d'obéir à mon père comme à lui-même ;* & ces Chefs n'obéissaient pas davantage. En vain mon père pressait leur Général Macdounsaëb, beau-frère d'Hider-Ali-Kan ; en vain il lui proposait mille projets pour qu'au moins il en choisît un ; en vain il cherchait à le stimuler par l'aiguillon puissant de l'honneur. *Marchez avec moi,* lui écrivait-il, *& attaquons l'ennemi si vous l'osez, je ne vous demande que de me regarder faire. Laissez vos Brames prier Dieu, & suivez-moi.* Toutes ces instances étaient inutiles. Enfin, après avoir vainement essayé de faire camper ces troupes en ligne avec lui, après les avoir menées deux fois reconnaître l'ennemi, & être deux fois resté seul dans la plaine avec ses Gardes au premier coup de fusil, mon père envoie tout ce que ces Mayssouriens avaient de combattans, avec sa Cavalerie, pour enlever 500 de nos Prisonniers qu'on gardait mal aux environs de Madras, & avec lesquels il avait pratiqué une intelligence. Les deux troupes se mettent en marche, dérobent à l'ennemi, dans une nuit, la moitié du chemin qu'elles avaient à faire, quittent tout-à-coup la route de Madras, se replient sur Gingi, & mon père n'a plus entendu parler ni des Mayssouriens, ni de sa Cavalerie. Les premiers, après s'être comportés dans les environs de Gingi, comme ils avaient fait dans ceux de Pondichéry, après avoir abandonné le Major-Général Allen en présence de l'ennemi, comme ils avaient abandonné mon père, ont regagné leur pays. Quant à la Cavalerie, la plupart des Officiers se sont révoltés contre leur

1760.

N°. 222.

Ibid.

1760. Chef, & ont entraîné les Soldats dans leur défection. Tous, dans un instant où ils croyaient ce malheureux Chef empoisonné par des eaux pestilentielles, ont dansé autour de lui, en chantant : *Plus de Commandant ! Plus de Pondichéry ! Plus de Pavillon français !* & ils ont fini par se vendre au Mayssour. Ces faits sont incroyables, mais ils sont vrais.

Au reste il a été avéré que Macdounsaëb avait été corrompu par les Anglais, comme Inis-Kan l'avait été six mois auparavant. Hider-Ali-Kan, en plein *Dorbar*, lui a donné un soufflet avec sa *babouche*, l'a chassé de sa présence, & a écrit à mon père, que n'ayant pas pu exécuter le traité, il lui rendait le Thiagar. Les honnêtes-gens de Pondichéry avaient déjà écrit en Europe que *M. de Lally avait vendu le Thiagar cent mille écus.* Le Conseiller le Noir n'a pas voulu en avoir le démenti, & il a fait une note exprès dans le second volume de ses libelles, pour dire qu'*on était persuadé que Thiagar, malgré sa reddition, avait été vendu à Hider-Ali-Kan.*

N°. 222.

Pag. 211, 285, 1er. rec. pag. 263, 2d. rec.

Séditions, désordres dans Pondichéry.

Pondichéry resserré & bloqué au dehors, était déchiré au dedans. Depuis la révolte du 20 Mars, le Conseil avait levé l'étendard de l'insubordination. Tremblant qu'on n'imputât à sa mauvaise administration la perte prochaine de la Colonie, il ne s'occupait plus que de rejeter sur mon père le blâme dont sa propre conscience le chargeait intérieurement. Ce n'était qu'assemblées nocturnes, que projets de Mémoires. Un des Chefs de la cabale s'était insinué dans la confiance de mon père par des démonstrations d'attachement pour sa personne & de zèle pour la Patrie. Il passait les journées entières avec lui, & dans les instans d'épanchemens où ce malheureux Commandant pleurait sur le sort de la Colonie expirante, le perfide Conseiller tirait de lui tous les sujets de plaintes qu'il avait contre les différens Chefs de cette Colonie, & allait régulièrement, après chaque entretien, rendre à ceux-ci mot pour mot tout ce qu'on lui avait confié, en les exhortant à prévenir mon père par un corps d'accusations dirigé contre lui. C'est ce Conseiller lui-même qui s'en est vanté dans sa déposition. 1760. Déposition de Courtin.

Un autre Employé de la Compagnie, résidant à Négapatam, avait la commission de faire venir des vivres. Mon père demandait sans cesse ce que faisait cet Employé, & sans cesse on lui répondait qu'on n'en avait point de nouvelles. Enfin il intercepte une de ses lettres : il n'y était seulement pas question de vivres : c'était une forte exhortation au Gouverneur Leyrit pour qu'il eût à se tenir étroitement lié au Conseil, & à faire conjointement avec lui un Mémoire, que l'Employé se chargeait de faire passer en Europe. Cet Employé se nommait *Dumont*, & pour le distinguer d'un autre Employé qui portait le même nom, & qui était assez honnête homme, on l'appellait dans toute l'Inde *Dumont le coquin* : le Conseiller le Noir traitait cela *d'un surnom de badinerie.* N°. 213. Page 283, 1er. recueil.

Ce Conseiller le Noir était celui qui ramassait les matériaux pour ce fameux Mémoire. Il passait sa vie à dresser un Journal de calomnies. Il ne se faisait pas une seule opération, il ne s'écrivait pas une seule lettre, qu'il ne l'enrégistrât aussi-tôt avec une glose à sa façon. Il donnait *le tarif de toutes les places* prises par l'ennemi, *à tant chacune*. Mon père avait *vendu* Masulipatam, il avait *vendu* Chetoupet, il avait *vendu* Arcate, il avait *vendu* Permacoul, il avait *vendu* Thiagar quoiqu'on le lui eût rendu, il *vendait* tous les jours nos approvisionnemens *à ses chers Anglais*. Il avait déjà pris des engagemens pour leur *vendre* Pondichéry, & *l'argent était tout prêt.* Il avait fait bien Libelles du Conseiller le Noir. P. 147, 1er. rec. Pag. 211, 279, 285, 1er. rec. 36, 174, 183, 239, 253, 2d. recueil. Page 85, 2e. recueil.

1760. plus; il n'avait assiégé Madras, que pour *vendre au Gouverneur Pigot l'honneur de défendre sa place.* Bien plus encore; Page 140, 1er. recueil. *il n'avait imposé des conditions si dures au fort St. David*, que pour forcer le Gouverneur anglais à les refuser, & pour lui *vendre* aussi l'honneur d'une belle défense : *malheureusement ce Gouverneur n'avait pas entendu à demi-mot, & il s'était lâchement rendu.* Toutes ces belles idées étaient énoncées parmi une foule d'imprécations & d'apostrophes d'un genre nouveau. C'était trop peu des épithetes de *monstre*, de *scélérat*, de *bête féroce*, qui se trouvaient à chaque page : mon père n'était Pag. 276, 287. rien moins que *possédé ; le diable résidait en lui ;* il ne faisait que *mentir au Saint-Esprit*, & le dévôt Conseiller terminait ses déclamations brillantes par cette pieuse apostrophe : *l'argent est votre Dieu, implorez-le bien; nous verrons s'il vous sauvera. Pour le nôtre, il est au Ciel, & nous espérons de sa miséricorde* Page 279. *que, malgré votre malice, il nous sauvera, si c'est sa sainte volonté.* Tel était le stile, tel était le génie des Conseillers de l'Inde : on peut juger combien un Rédacteur leur était nécessaire, & combien était précieux pour eux le Jésuite Lavaur.

Vers le milieu de Juin, la plume de ce Rédacteur avait enfanté un chef-d'œuvre. Mon père craignant quelqu'entreprise de l'ennemi du côté de la mer, où la place n'était défendue que par un mur assez bas, sans fossé, ni chemin couvert, avait annoncé le projet de placer trois cents hommes dans les varangues du fort, & de sacrifier lui-même son appartement pour le logement des Officiers. Aussi-tôt, le Conseil s'était assemblé, & il avait adressé à mon père, sous N°. 70. le titre de *Remontrances*, l'Ecrit le plus injurieux & le plus insensé, lui parlant de respect & l'accablant d'outrages à Le Conseil menace mon père. chaque ligne, calomniant toutes ses opérations, & finissant par le menacer ouvertement de *suites funestes s'il mettait ja-*

mais son projet à exécution ; & tout cela parce que MM. du Conseil se trouvaient *gênés* d'avoir des Soldats dans le fort. Cet Ecrit avait été porté à mon père en pleine campagne, & l'on avait choisi, pour le lui remettre, l'instant où il partait pour une expédition. Le lendemain, un Officier nouvellement échangé avait apporté du camp ennemi la nouvelle des REMONTRANCES, & avait récité à mon père ce qu'elles contenaient. Mon père n'avait encore fait que les parcourir; cet Officier en savait plus que lui, & les Anglais avaient connu l'Ecrit du Conseil de Pondichéry avant celui à qui il était adressé. 1760.

Un mois après, mon père avait imposé une amende à un Marchand de Pondichéry, qui écrivait au Général anglais, qu'*il avait toujours montré son attache pour la Nation anglaise*, qu'*il s'était sacrifié pour elle*, qu'*il aurait souhaité le faire d'une façon plus éclatante*, & qu'*il se faisait une fête de se jeter aux genoux de son cher Vainqueur.* Ce Marchand, nommé Berthelin, fils de la Chandelière de l'Opéra de Paris, était apparenté à tout le Conseil de l'Inde; il était Commissionnaire du Gouverneur; il était Revendeur à la toilette d'une Dame toute-puissante à la Cour de Pondichéry; le Conseil avait crié à la barbarie. L'amende avait rapporté au trésor vingt mille roupies : le coupable eût été pendu si l'on eût suivi la lettre de l'Ordonnance. *Le salut de Pondichéry était désormais la Loi suprême*, & mon père *n'avait d'autres ressources pour le faire subsister, que de mettre à profit les crimes ou les fraudes de quelques Habitans.* Berthelin. N°. 74. Interrogatoire.

Vaincu par cette nécessité, il projette une taxe de trente mille roupies sur quelques Négocians, qui, s'emparant des marchandises de première nécessité, & les revendant à un prix exorbitant, avaient absorbé tout l'argent de la Colonie. Le Gouverneur demande une assemblée nationale, mon père la Conseil national, 18 Août.

1760. convoque, s'y rend en personne, expose les besoins des Officiers qui ne recevaient ni argent ni vivres en nature, s'engage personnellement pour l'emprunt qui doit être levé, somme le Conseil, qui ne peut le refuser, de se rendre solidaire avec lui, remet à l'Assemblée le soin d'établir & de régler l'imposition, & se retire en déclarant *qu'il ne veut point*
N°. 224. *gêner les suffrages*. A peine avait-il fini de parler, que le Conseiller Moracin s'écrie : « nous n'avons pas besoin de sa » caution. M. Courtin & moi, nous nous chargeons de trouver » la somme qu'il demande, à condition que l'Assemblée nous » déchargera de l'obligation de lui rendre compte des moyens » que nous emploierons & des personnes qui contribueront. » L'offre des deux Conseillers est acceptée. Ils remettent au trésor quinze mille roupies au lieu de trente mille. L'Intendant de l'Armée les somme, de la part du Commissaire du Roi, de fournir l'autre partie de la somme, ou de déclarer quelles sont les personnes qui ont, ou qui n'ont pas contribué : on
N°. 75. ne lui répond que par un refus insultant. Le Conseiller Courtin offre avec emphase *son sang* à mon père. On a prétendu que mon père lui avait répondu : *si votre sang était bon à quelque chose, j'en ferais faire du boudin pour mes Soldats*. Le Conseiller s'est vanté d'avoir répondu en *Romain* : » plût à Dieu que » le Soldat pût y prendre goût ! » Mon père a nié le propos ; quand il l'eût tenu, c'eût été peut-être un malheur, mais ce n'était certainement pas un crime d'ignorer *à quoi était bon le sang du Conseiller Courtin*.

Le Conseil, qui n'avait pas fait un seul magasin pendant que nous étions maîtres de la campagne, était tout étonné de ne pas voir les vivres arriver dans une Ville bloquée, comme en pleine paix. Il s'en prenait à mon père, il lui reprochait de tenir toute son Armée rassemblée, & d'occasionner ainsi une *consommation inutile*. Mon père fait partir un détachement ſous les ordres du Major général Allen, pour aller du côté de Gingi ramaſſer des convois, & en faciliter l'entrée. Dix jours après il commande un ſecond détachement pour le même objet ſous les ordres de Norongha : le Conſeil s'écrie que mon père dégarnit la Ville, & l'expoſe à être emportée d'emblée. Mon père contremande le détachement. 1760. N°. 225.

La petite Armée française était campée à une lieue de Pondichéry & à une demi-lieue en avant de ce qu'on appelle les *limites*. Ces limites ne ſont autre choſe qu'une haie d'environ ſix à ſept toiſes d'épaiſſeur, embraſſant autour de la Ville une circonférence de deux lieues & demie. Tous les établiſſemens Européens ſont entourés de ces ſortes de haies; elles ſervent à éloigner les Marates, Cavalerie nue qui n'oſe les traverſer à cauſe des ronces : on y place même des canons de diſtance en diſtance, pour empêcher cette Cavalerie de ravager les riſières & les habitations à portée de cette haie. Les Anglais avaient de ces limites à Goudelour, à S^t. David, à Madras, elles étaient moins étendues & mieux entretenues, & ils n'ont jamais oſé, avec cinq fois le nombre d'hommes qu'avait mon père, ſe préſenter pour les défendre. Celles de Pondichéry étaient ouvertes de toutes parts. Nous avions entre 7 à 900 hommes pour les défendre, l'ennemi en avait 14 à 15 mille pour les attaquer; il avait ſept quarts de lieues de droite & de gauche pour y pénétrer & pour y camper entre Pondichéry & ſon Armée. Mon père frémiſſait du danger qu'elle courait en reſtant dans ce poſte.

Deſcription des limites de Pondichéry.

D'un autre côté, les troupes, ainſi en avant, augmentaient l'enceinte de la place, & favoriſaient de temps en temps l'entrée de quelques denrées. Une marche rétrograde eût rétréci cette enceinte, & mon père ſentait les calomnies qui l'attendaient s'il l'eût ordonnée.

1760. Dans cette perplexité, il propose au Gouverneur d'assembler un Conseil mixte, pour y décider si l'on soutiendra ou si l'on abandonnera le poste d'Oulgaret.

30 Août. N°. 225.

Le Conseil, assemblé le même jour, refuse de délibérer, sous prétexte que *les deux premiers Commandans & l'Intendant de l'Armée ne sont pas nombre suffisant pour conférer vis-à-vis de MM. les Conseillers.*

Ibid.

Mon père ordonne une nouvelle assemblée pour le lendemain, & nomme onze Officiers pour y assister. Mais pendant qu'elle se tenait, excédé de toutes ces traverses, accablé du fardeau d'un pouvoir qui ne rencontrait que des obstacles & des désobéissances, effrayé d'une division qui ne pouvait que hâter la perte de la Colonie, l'esprit troublé, le cœur déchiré, mon père envoie au Conseil une déclaration que le désespoir sans doute avait dictée, mais où chaque ligne portait l'empreinte du patriotisme le plus ardent. *Nous touchons*, disait-il au Conseil, *à la catastrophe que je vous ai annoncée : votre haine pour moi, l'a emporté sur l'envie de sauver Pondichéry.* Il rappellait aux Conseillers *le jour de leur première désobéissance aux ordres du Roi, jour mémorable où l'ennemi s'était présenté par terre & par mer pour nous attaquer ;* & après le tableau de toutes les traverses qu'on lui avait suscitées à chaque pas depuis cette époque, il finissait par cette triste déclaration : *il est temps de prendre un parti ; celui de sévir est, je le sens bien, le parti auquel vous voudriez me forcer : il avancerait d'un mois la perte de cette Ville, par le refus que j'essuierais du peu de moyens qu'il nous reste à employer pour en prolonger le terme. Voici donc à quoi je me détermine, c'est de me démettre de l'autorité que le Roi & la Compagnie m'ont confiée, & de vous charger seuls de l'événement. Je ne me regarde plus ici désormais que comme un Particulier, qui paiera de sa personne,*

Désespoir de mon père.

N°. 76.

Il veut se démettre de son autorité.

personne, ainsi que le dernier Bourgeois, si l'ennemi attaque nos murs, & j'ordonne, de la part du Roi, que cette déclaration soit inscrite sur vos registres. 1760.

A peine cette déclaration est-elle lue dans l'Assemblée mixte, que tous les Militaires se lèvent, & s'écrient que *ni eux ni leur Corps ne serviront sous un autre Général que M. de Lally.* Le Conseil déclare *qu'il ne se croit pas compétent pour accepter la démission de M. le Comte de Lally.* Mon père continue à être chargé du même commandement, & à essuyer les mêmes traverses. Quatre heures après avoir protesté de sa soumission, le Conseil désobéit formellement & finit par ne vouloir rien décider sur la question pour laquelle il avait été convoqué. Gardons-nous d'oublier la nouvelle apostrophe qui termine le récit de ces faits dans les registres du Conseiller le Noir : *Voilà donc, M. de Lally, comme vous avez joué la comédie. En vérité vous êtes un pauvre Comédien & vous ignorez parfaitement les règles de cet art... vous ferez bien de les apprendre du Conseil qui les sait mieux que vous, comme vous pouvez le voir par la déclaration qu'il fait au bas de la vôtre.* On n'est pas fâché d'apprendre de la bouche d'un Conseiller de l'Inde, que lui & tous ses camarades étaient *d'excellens Comédiens*, & de savoir par eux-mêmes à quoi s'en tenir sur leurs déclarations, sur tous ces Ecrits pompeux, sur toutes ces protestations de patriotisme, sur toutes ces *offres de leurs vies & de leur sang*, qui n'étaient que des jeux de *l'art* destinés à cacher les traits de la nature.

L'Armée réclame son Général.

N°. 226.

Premier rec. p. 323.

Pendant que le Conseil de Pondichéry *jouait la Comédie* & refusait de délibérer sur la position de notre Armée, le Colonel Coote songeait à couper entr'elle & la Ville, en s'emparant du fort d'Ariancoupan. Le malheur n'éteint pas

1760. le génie, le patriotiſme remonte le courage : mon père, ſur un mouvement du Général anglais, pénètre ſon projet (1), & en forme un qui eût dû l'immortaliſer. Avec la poignée de Soldats qui lui reſte, il oſe entreprendre d'attaquer la nuit toute l'Armée anglaiſe dans ſon camp, de la mettre en déroute, & de faire lever le blocus de Pondichéry.

Projet de mon père pour mettre l'Armée anglaiſe en déroute.

L'ennemi était campé dans l'étendue d'une demi-lieue. Sa gauche était à Perimbé, flanquée de deux poſtes placés l'un à la taupe des Tamariniers, l'autre à la taupe des Portugais, & défendue en avant par une redoute armée de trois pièces de canon. Son centre était couvert d'un poſte établi dans la maiſon de campagne du Conſeiller Barthelemy, auprès de l'avenue de Pondichéry, & ce poſte était lui-même précédé d'une forte batterie. Sa droite était appuyée au Village de Villenour.

Ses diſpoſitions. 2 Septembre.

Mon père diſpoſe ſa petite Armée ſur ſix colonnes. Trois formées par les Marins, les Cipaies & quelques Volontaires Portugais, ſont deſtinées contre les poſtes de la gauche. Deux, compoſées de Lorraine & Lally, devaient attaquer les deux points du centre. La ſixieme, c'eſt-à-dire le bataillon de l'Inde, devait marcher contre la droite de l'ennemi, la prendre en flanc & tourner le reſte de l'Armée.

Et comme il ne ſe faiſait pas à Pondichéry une délibération dont les Anglais ne ſuſſent le réſultat une heure après, mon père ne communique ſon projet à perſonne. Il écrit lui-même
N°. 77. ſa diſpoſition d'attaque. Sous prétexte de ſe promener, il

(1) « M. Lally received information that the detachment had » been paraded, and ſuſpected the ſervice for which it had intended. » *Orme's 2d. vol. page 659.*

prend avec lui le Commandant des troupes de l'Inde dont il se méfiait le plus, & le mene dans le chemin qu'il comptait lui faire prendre. A l'approche de la nuit il rentre dans Pondichéry & laisse fermer les portes comme à l'ordinaire, se les fait ouvrir à lui seul, se transporte à l'Armée, assemble les Commandans & Officiers Majors, fait retentir au fond de leurs cœurs ces noms si puissans d'*honneur*, de *Patrie*, de *Roi*, remet à chacun son instruction écrite & détaillée, leur fait lire à tous la disposition générale. Tout était prévu. Un détour à faire, un fossé à franchir, l'instant précis où chaque troupe devait partir en raison du chemin qu'elle avait à faire, tout était calculé à la minute. Au signal de deux fusées qui devaient partir du toit des Jésuites à Oulgaret, l'Armée anglaise devait être assaillie par six côtés à la fois. Le secret, la surprise, l'incertitude, la précipitation, la confusion qui en sont les effets, semblaient nous promettre une victoire assurée.

1760.

N°. 77.

Le signal part, tout réussit à notre droite. L'ennemi effrayé abandonne *la Taupe des Portugais*. La redoute qui couvrait le camp de Perimbé est emportée, la garde égorgée ou mise en fuite, le canon pris ou brisé.

Les Anglais sont surpris. Succès de la droite.

Au centre où était mon père, la défense est plus opiniâtre. La batterie est enlevée, mais l'ennemi fait une vigoureuse résistance dans la maison de Barthelemy. Huit Sergens du Régiment de Lally sont tués. Le Colonel Coote accourt avec un renfort dont il dégarnit sa droite. Les deux Généraux se reconnaissent sans se voir, & se cherchent pour se combattre.

Résistance au centre.

C'était à la colonne de notre gauche à dcider l'action, en pressant la droite de l'ennemi que son Général venait d'affaiblir, & en tombant ensuite sur les derrières de cet ennemi. Cette colonne, comme on l'a vu, était

Manœuvre de la gauche.

1760. composée des Troupes de l'Inde. Lorraine & Lally, qui persistaient avec courage, étaient étonnés de n'entendre aucun mouvement, aucun signe de combat, ni à la droite, ni sur les derrières de l'Armée anglaise. C'est qu'en effet on ne s'y battait point. Le bataillon de l'Inde n'avait pas même abordé l'ennemi; il s'était arrêté en chemin, avait fait une marche rétrograde, était venu se placer à l'ombre de notre centre, & restait tranquillement posté entre notre Armée & Pondichéry. L'ennemi dégagé d'inquiétude pour sa droite, porte toute sa défense au centre & l'attaque est manquée.... On a dit que M. de Lally était toujours en colère dans l'Inde: qu'on me cherche l'homme le plus apatiquement froid, qu'on le transporte à la place de mon père, & qu'on voie si les glaces de son sang tarderont à bouillonner.

Les troupes de l'Inde font échouer l'attaque.

Les Anglais ont avoué que sans cette manœuvre *inexplicable* (1) du bataillon de l'Inde, leur déroute eût été complette, parce que leur surprise avait été entière. Ils ont cité les dispositions de mon père, comme *un chef-d'œuvre de science & de sagacité militaires* (2); ils n'en ont jamais parlé sans parler en même temps *de la gloire dont il eût été couvert, si cet effort hardi eût eu le succès qu'il devait en attendre* (3).

Prem. rec. le Noir, p. 271.

Quant aux Conseillers de Pondichéry, ils ont assuré que mon père n'avait entrepris cette attaque, que *pour faire*

(1) « Unaccountable error. » *Hystory of the British Nation in Indoustan, vol. 2d. page 662.*

(2) « His disposition were made with much skil and sagacity. » *Ibid. page 659.*

(3) « The honour which would have redundedon him self, had » the hardy effort he was making succeded to his expectation. » *Ibid. page 663.*

périr le bataillon de l'Inde. En ce cas, il faut convenir qu'on ne s'y prit jamais mieux pour déconcerter le projet d'un ennemi, & qu'on pouvait s'en reposer sur ce bataillon du soin de veiller à sa conservation. 1760.

Le lendemain de cette action, un Officier français qui avait été se rendre Prisonnier, obtient la permission de revenir à Pondichéry sur sa parole, & rapporte à mon père que les Anglais menacent de s'emparer la nuit même des limites de Pondichéry. Mon père ordonne à cet Officier d'aller rendre compte de ce qu'il vient de lui dire au Gouverneur Leyrit. *Que veut-il que j'y fasse*, répond le Gouverneur? *cela ne me regarde pas.* Déposition du Comte d'Auteuil.

Mon père osant moins que jamais prendre sur lui de faire rentrer les troupes, se détermine à attendre l'évènement, écrit au Chevalier Dure, à qui il avait laissé le commandement de l'Armée, lui prescrit les dispositions à faire pour n'être pas surpris, & pour se retirer en bon ordre sous le canon de la place. L'ennemi n'entreprend rien la nuit. Mon père se transporte à l'Armée le lendemain, y retourne encore le jour suivant, & réitère deux fois au Chevalier Dure les mêmes instructions qu'il ne voulait pas suivre. N°. 227.

Onze cents hommes, dont 200 Matelots & 200 Noirs, composaient toute notre Armée. Lorraine & Lally au nombre de 500 étaient en avant d'Oulgaret avec la plus grande partie des Noirs. 200 Matelots & un Corps de Cipaies occupaient un poste intermédiaire aux limites de Valdaour, également à portée de protéger la retraite des deux Régimens en cas d'attaque, ou de se jeter dans Pondichéry en cas d'entreprise de la part de l'Escadre anglaise. Les troupes de l'Inde, de 200 hommes, étaient à trois quarts de lieue du Corps de l'Armée. Campées sous le fort d'Ariancoupan, en deçà de

1760. la rivière, elles y favorifaient l'entrée de quelques vivres qui arrivaient de ce côté, le feul que les Anglais laiffaffent encore un peu libre.

Les ennemis venaient de recevoir des renforts de terre & de mer. Ils avaient 3500 Anglais Infanterie & 150 Cavaliers, 400 Allemands, Suiffes & Déferteurs français; 500 hommes de troupes réglées de Marine; en tout 4500 Européens & 10000 Noirs foutenus par 14 vaiffeaux de ligne & deux frégates dans la rade de Pondichéry.

Prife des limites de Pondichéry. 10 Septembre.

Huit jours fe paffent fans aucun mouvement, les deux Armées en préfence, & leurs gardes avancées fe fufillant foir & matin. Enfin le 10 Septembre à la pointe du jour, le Colonel Monfon, qui avait remplacé le Colonel Coote, fait marcher l'Armée anglaife fur trois colonnes, l'une dirigée contre le pofte de Valdaour, l'autre contre le gros de notre Armée à Oulgaret, & la troifième deftinée à pénétrer dans les limites par une clarière voifine de la grande avenue. Le Chevalier Dure, quoique prévenu depuis huit jours, fe laiffe furprendre de droite & de gauche, eft au moment de fe voir enveloppé, perd la tête, & s'enfuit à demi vêtu. Heureufement le pofte de Valdaour réfifte. Deux pièces de canon que mon père y avait fait placer, font *un feu terrible;* la première décharge tue ou bleffe aux ennemis 36 Grenadiers qui couraient en avant pour affaillir la redoute, & caffe la jambe du Général anglais qui était à leur tête. Cette défenfe donne le temps à Lorraine & à Lally de fe replier dans les limites. Mon père qui, aux premiers coups de fufil entendus de Pondichéry, avait couru au feu, rejoint l'Armée: un boulet tue à côté de lui le cheval de l'Evêque Norongha qui penfe être écrafé de la chûte: il n'en donne pas moins tranquillement les ordres, raffemble l'Armée, & fait fa retraite

Orme's, page 670.

ſous le canon de Pondichéry. Il reſte encore ſept jours campé dans les limites ; il ne paſſe pas une nuit ſans attaquer l'ennemi dans quelques points, pour le tenir en échec par *cette déſenſe toujours active, toujours menaçante*, tant recommandée par Folard & par tous les grands Maîtres. Enfin le 17 il eſt obligé de s'enfermer dans les murs de Pondichéry. De ce jour la place a été inveſtie & le blocus complet. Il n'y a pas un Militaire qui ne ſache que toutes les places du monde ſont inveſties du premier jour qu'une Armée ſupérieure s'y préſente. Pourquoi donc refuſer à mon père le mérite d'avoir, avec une poignée d'hommes, retardé cet inveſtiſſement quatre mois entiers ? La plaine était ouverte, & il n'y avait pas un buiſſon entre lui & l'ennemi. 1760. Inveſtiſſement. 17 Septembre.

Renfermé dans Pondichéry, réſolu de s'y défendre juſqu'à la dernière extrêmité, mon père fait publier un ban portant peine de mort contre quiconque parlerait de ſe rendre ou entretiendrait commerce avec l'ennemi. C'eſt un des actes de cruauté qu'on lui a reproché dans ſon procès. Deux mois après cette défenſe, le Capitaine Fisher lui écrivait de Trinquebar ces propres mots : *Deux Portugais qui ſont venus de l'Armée de M. Coote, aſſurent que ſes eſpions lui apportent tous les jours ſept & huit lettres de Pondichéry. Il eſt d'un intérêt général de faire veiller pour découvrir ces malheureux qui ſont en correſpondance avec l'ennemi.* XVI. Derniers malheurs. Excès du zèle & de la haine. Anarchie. Famine. Reddition de Pondichéry. Cruauté des Anglais envers mon père. On l'embarque pour l'Europe. N°. 228.

On n'avait que trop lieu de craindre une prompte diſette. Mon père propoſe au Conſeil de faire ſortir de la Ville tous les Noirs & toutes les bouches inutiles. Sa propoſition eſt rejetée avec des cris d'indignation. Il a été prouvé que ces Noirs avaient conſommé en deux mois de quoi nourrir la garniſon pendant ſix. 19 Septembre. N°. 78.

1760. Pannon. Un sous-Marchand, commis à la garde du magasin, est convaincu d'avoir vendu pour son profit du riz & autres provisions destinées à la subsistance des Soldats. Mon père lui impose une amende de 12000 livres. Le Conseil crie à la vexa-
28 Septembre. tion. Cette amende est encore portée au trésor, comme l'avait été celle de Berthelin; le coupable eût encore été pendu comme Berthelin, si l'on eût suivi la lettre de la Loi.

Les Assemblées du Conseil continuaient, les *remontrances* se perpétuaient, les écrits pour & contre se multipliaient.
N°. 229. Mon père, *trop occupé de la position de l'ennemi*, comme il le disait lui-même, *pour pouvoir faire seul face à tant de têtes rassemblées & occupées de l'unique objet de l'embarrasser*, défend au Greffier de la part du Roi, & sous peine de déso-
29 Septembre. béissance, *de recevoir & inscrire sur son Registre aucune lettre,*
N°. 229. *procès-verbal, déclaration, ou acte quel qu'il soit, qui ait rapport directement ou indirectement à lui, tant que le siége de Pontichéry durera.* Les termes manquaient au ressentiment: c'était un despotisme affreux, c'était le comble de la tirannie de la part du Viceroi de l'Inde, que de défendre à des Conseillers Marchands de lui écrire des injures. Trois ans auparavant le Gouverneur Magon, qui n'était que Directeur de la Compagnie, avait *défendu au Greffier du Conseil de l'Isle-de-*
Ibid. *France de recevoir, faire, dresser, ni présenter aucune Requête, plaintes, déclarations ou autres actes contre ceux qu'il avait chargés ou chargerait de l'exécution de ses ordres.* Six ans après le Conseiller Boyelleau, qui taxait alors mon père de despotisme, devenu Administrateur précaire, & voulant poursuivre impunément le cours de ses vexations, a osé défendre à tous les Officiers de *faire, signer, présenter au Conseil au-*
Ibid. *cun Ecrit, Mémoire, ni Requête, sous quelque prétexte que ce soit. à peine de destitution, arrêts, emprisonnement, & renvoi en Europe.*

Europe. Il faut convenir que l'objet du Général Lally était un peu plus juste que celui du Conseiller Boyelleau, ses pouvoirs un peu plus grands, & l'usage qu'il en faisait un peu plus modéré. 1760.

Tous les moyens que le zèle suggère, tous ceux que la nécessité impose & que le salut public justifie, sont employés, & tous fournissent des alimens à la haine.

Le Chevalier de Gadeville, Maréchal-Général des Logis de l'Armée, imagine de faire aux Soldats une espèce de Rhum avec la liqueur qui découle du Coco; mon père saisit son projet : aussi-tôt défense à tous les Habitans qui avaient des arbres Cocotiers, de toucher à cette liqueur ; ordre de la laisser recueillir tous les matins par le Fermier de l'Arraque. Défense de faire sortir de la Ville des bœufs ou autres bêtes de somme : ordre d'arrêter aux portes tout le bétail qui s'y présenterait & de le mener au fort. Défense à quiconque obtiendrait des passe-ports, d'emporter des matières d'or & d'argent pour plus de dix mille francs : injonction à la Garde de chaque porte, de fouiller toutes les malles qui sortiront, de saisir tout ce qui excéderait cette valeur, & de le porter au trésor où l'on devait en donner reçu. Enfin, mon père ordonne une recherche de grains dans toutes les maisons, sans en excepter la sienne, pour en faire un seul magasin général & les répartir ensuite également. Chaque proclamation excitait un nouveau soulèvement : il fallait cependant ou rendre Pondichéry dès ce moment, ou payer les Soldats qui le gardaient, les Ouvriers qui le réparaient, & donner à l'Escadre, désormais notre seule espérance, le temps d'arriver. « Quand des Vainqueurs, a dit un homme célèbre, » ordonnent ces recherches dans une Ville ennemie, on les » souffre sans murmures. Quand le Général Lally les ordon-

Ordres rigoureux pour le salut de la place, n° 230.

Fragmens sur l'Inde, par M. de Voltaire.

1760. » nait pour ſauver Pondichéry, tout s'élevait contre lui. »

La haine était dégénérée en fureur, les menaces ſe joignaient aux inſultes. On affichait des placards infames contre mon père aux portes des Temples, juſques dans ſa propre maiſon. On calomniait ſa fidélité, on en voulait à ſes jours.

Haine.

Sur un de ces placards on avait écrit en groſſes lettres, *Gingi à vendre*. C'était préciſément le temps où mon père mandait au Commandant de cette place : « quelque choſe » qu'il nous arrive à Pondichéry, vous devez dès-à-préſent » faire vos diſpoſitions pour défendre Gingi juſqu'à la der- » nière extrêmité, dans l'eſpérance que la flotte, la paix, » ou les Marates arriveront. Ménagez ſur-tout vos munitions » de guerre. La défenſe de Gingi, s'il eſt attaqué, eſt une » occaſion pour vous de faire une fortune qui vous ſera hon- » neur, ſi vous conſervez encore un pied dans le pays à » l'arrivée de la paix. Ecrivez-moi ſans ceſſe. »

Placards.

N°. 231.

Sur un autre placard on liſait cet avis : *Meſſieurs & Dames, vous êtes priés d'aſſiſter de vos charités le Sieur de Lally qui ſe prépare à faire un pélerinage à la Mecque, pour obtenir la rémiſſion de ſes crimes. Il s'attend à vos généroſités : il voudra bien ſe charger de vos diamans uſés, de votre vieille vaiſſelle, & autres bagatelles de cette eſpèce : Mahomet vous en tiendra compte dans ſon Paradis.* C'était à peu près le temps où mon père envoyait une pièce de drap qu'il avait achetée, ſa montre & celle de ſon Secrétaire, au Capitaine de Port de Tranquebar, pour l'engager à tâcher de faire paſſer quelques vivres à Pondichéry.

N°. 232.

Enfin, le 8 Octobre, revenant de viſiter quelques nouveaux ouvrages qu'il faiſait faire à la place, il trouve ſur ſa table un billet dans lequel il lit ces mots : *Lally, ſauve-toi, j'ai réſolu ta mort, tu la mérites. On rira à ta mort, on pleurera à la mienne. Tu es trahi,*

Menaces d'aſſaſſinat.

N°. 233.

je te donne vingt-quatre heures. Le lendemain, après avoir pris son gruau, qui était sa seule nourriture, il est attaqué subitement de convulsions violentes & de vomissemens effrayans, qui durent depuis deux heures après midi jusqu'à cinq heures du matin, & qui se sont perpétuellement renouvellés pendant plus de trois mois. Il s'écrie au milieu des tourmens *qu'il est empoisonné.* Le Père Lavaur présent au repas, & témoin de son effet, va publier par toute la Ville que le Général est devenu fou; la nouvelle en est portée sur-le-champ aux Princes noirs & aux Comptoirs voisins. Et mon père continue à s'abandonner aveuglément à ce Jésuite! & personne n'ose l'éclairer sur la perfidie du Moine, parce que l'ascendant qu'il avait pris l'emportait sur tout.

1760.

Empoisonnement

On a traité les plaintes de mon père sur tant de forfaits, comme des calomnies atroces, ou tout au moins comme des accès de frénésie & de démence. Un homme que la nature avait doué d'une gaieté inaltérable, un homme qui a porté, pour ainsi dire, la fleur de l'enjouement jusques dans l'horreur des cachots, a été représenté comme *un fou, sombre, noir & dangereux*, par un ou deux de ces Ecrivains qui font des caractères à coups de plume, & qui, fiers d'un mensonge sonore, garantissent intrépidement ce qu'ils n'ont jamais ni vu ni connu. Hélas! je ne serais ni cru, ni croyable, si je soutenais qu'au milieu de tant de persécutions, qu'en proie à tant d'horreurs, mon père a toujours été maître de ses jugemens & de ses discours; qu'il ne lui est jamais arrivé de concevoir un seul soupçon injuste, d'écouter un seul rapport infidèle, de faire entendre une seule plainte amère. Mais exigez donc du sang-froid d'un homme à qui l'on fait voir la trahison l'environnant, des abymes ouverts sous ses pas, le fer de l'Assassin levé sur sa tête, & le poison prêt à couler dans ses veines. Quand

Voyez l'*Histoire philosophique & politique des Européens dans les Indes.*

1760. son imagination eût réellement créé des monstres à ses yeux, ceux qui allumaient cette imagination, qui calculaient jusqu'à quel degré elle était inflammable, pour la rendre, en quelque sorte, complice involontaire de leur haine, ceux-là ne devaient-ils pas seuls répondre de ce qu'elle produisait ? La main qui avait tracé ces menaces de trahison, d'assassinat, n'était-elle pas seule coupable des soupçons qu'elle répandait sur toutes les autres ?

Nouvelles de l'Isle-de-France. Il manquait à tant de maux la certitude d'être abandonné de l'Escadre. Son arrivée était notre seule ressource, son attente était le seul fondement du peu de secours que nous pouvions trouver encore. Mon père ne cessait de l'annoncer aux Marates, aux Mayssouriens, au Nabab de Velour, au Vice-roi de Goa, aux Gouverneurs de Sadras, de Négapatam, de
N°. 234. Tranquebar : car il traitait à la fois avec toutes ces différentes Nations, & il n'y avait pas de moyen qu'il ne tentât pour le salut de ce Pondichéry, où l'on ne songeait qu'à le calomnier & à l'assassiner.

Enfin on reçoit, par la voie de Mahé, des dépêches de l'Isle-de-France & d'Europe. Mon père se précipite avec avidité sur la lettre que lui écrit le Conseil de l'Isle-de-France ;
N°. 235. il y trouve les plaintes les plus fortes, les témoignages de la plus vive indignation contre notre Amiral. Le Conseil prétendait que sa lettre renfermait des vérités incontestables : l'Amiral a prétendu qu'elle ne contenait que *des imputations atroces, & le fiel de la plus amère calomnie* *. A Dieu ne plaise que nous osions décider entre l'un & l'autre! mais voici le résumé des faits qui s'étaient passés à l'Isle-de-France.

* Page 67 de son Mémoire.

Journal de l'Escadre françoise. Nous avons vu le Comte d'Aché quittant l'Inde le 27 Septembre 1759, & rentrant dans les Ports de l'Isle-de-France le 15 Novembre suivant ; le Conseil national de l'Inde protestant

contre un départ qu'il regardait comme *le signal de sa perte* *, 1760. * N°. 58.
& le Gouverneur de l'Isle-de-France protestant contre un retour dont il était frappé comme *d'un coup de foudre* *. * N°. 195.

Sur cette double protestation, il avait été tenu quelques conférences entre les Chefs de la Marine. Le Chevalier de Monteil, Major-Général de l'Escadre, avait offert d'aller au secours de Pondichéry avec quatre vaisseaux de la Compagnie, dont un de guerre, *le Comte de Provence*, & les trois autres armés en guerre. Le Comte d'Aché avait agréé le projet, mais avait nommé M. de Beauchêne pour Commandant, & le Chevalier de Monteil, aussi généreux & aussi patriote qu'il était brave, n'avait pas hésité à dire qu'il servirait en second. (Déposition du Chev. de Monteil.)

Malheureusement, à l'instant du départ, les Officiers de la Compagnie avaient représenté qu'à eux seuls appartenait le droit de commander leurs vaisseaux. Le Comte d'Aché avait déclaré qu'il ne voulait confier l'expédition qu'à un Officier de la Marine royale. On avait protesté de part & d'autre, car tout se passait en protestations, & des disputes de prérogatives avaient fait échouer un projet qui était le salut de l'Inde. (N°. 236.)

Au défaut du secours si nécessaire à Pondichéry, *la nécessité d'avoir des vivres avait servi de prétexte à beaucoup d'armemens faits aux dépens de la Compagnie, & qui n'avaient jamais tourné qu'au profit de quelques Particuliers* : ce sont les propres expressions du Comte d'Aché que nous transcrivons *. * Pag. 63 de son Mémoire.

Le 28 Janvier 1760, un ouragan terrible avait inondé, ravagé l'Isle-de-France, & avait jeté à la côte nos vaisseaux oisifs, *ces vaisseaux, l'espoir du salut de l'Inde, la seule ressource de l'Inde* (ce sont encore les propres expressions du Comte d'Aché *), & qui cependant n'étaient jamais dans l'Inde, & qui, s'ils eussent été dans l'Inde à cette époque, * Pag. 64.

1760. euffent tout à la fois évité le défaftre qu'ils effuyaient alors, & préfervé Pondichéry de ceux qui le menaçaient.

26 Mai. Les vaiffeaux réparés, le Gouverneur avait demandé un Confeil mixte pour *foulager l'Ifle de la famine* qu'ils y occafionnaient. Il avait été arrêté que les vaiffeaux du Roi d'abord, & les autres enfuite, fortiraient fucceffivement pour aller vivre ailleurs.

Huit jours après cette décifion, & comme on fe préparait à l'exécuter, on avait reçu d'Europe des Lettres du Contrôleur-Général & de la Compagnie, portant que les Anglais faifaient un armement confidérable de quatre à fix vaiffeaux de guerre; qu'*on foupçonnait* que c'était pour s'emparer de l'Ifle-de-France; & qu'il ferait à defirer que le Comte d'Aché fût dans le port de cette Ifle lorfqu'elle ferait attaquée. Auffi-
10 Juin. tôt, nouveau Confeil mixte; l'Amiral & le Gouverneur s'y étaient préfentés, chacun avec un mémoire.

L'Amiral avait faifi fi fort à la lettre le projet de refter, qu'il avait mis en queftion fi, pour remplir les intentions de la Compagnie, il ne fallait pas garder à l'Ifle-de-France les dépêches que la Compagnie adreffait à Pondichéry. *Penfez-*
N°. 237. *vous, Meffieurs*, avait-il dit au Confeil mixte, *qu'on doive donner des nouvelles de l'état des affaires en cette Ifle dans l'Inde? & enverra-t-on les paquets que la Compagnie ordonne d'y faire paffer?*

Le Gouverneur avait préfenté la queftion fous un afpect
Ibid. bien différent. *On annonce*, avait-il dit, *un armement de la part des Anglais.... on* foupçonne *l'Ifle-de-France comme en étant l'objet.... il eft plus probable que l'ennemi tâchera de réduire Pondichéry, & que cette opération faite, ainfi que la réunion totale de fes forces dans l'Inde, il viendra enfuite atta-*

quer cette Isle..... Nous sommes menacés par deux ennemis, les Anglais & la famine. Celle-ci est inévitable, invincible..... Sera-t-il question de défendre l'Isle, si nous nous trouvons dans une situation à recevoir la loi de quiconque voudra nous nourrir?.... Prononcez, Messieurs. L'Escadre de M. d'Aché doit-elle rester dans cette Isle? ou doit-on expédier avec la plus grande diligence, & successivement, tout ce qu'on pourra armer de vaisseaux pour aller vivre & prendre des approvisionnemens à Foulepointe, afin de soulager la Colonie & de se mettre en état de prendre tel parti qui conviendra, soit pour revenir ensuite croiser au vent de cette Isle & la mettre hors d'insulte, soit pour jeter du secours dans Pondichéry, qui n'a pas moins à craindre que nous de la réunion des forces anglaises, ET QUI NE PEUT QUE SUCCOMBER S'IL N'EST PAS SECOURU. 1760.

Sur ce double exposé, il avait été arrêté par le Conseil mixte que la décision du 26 Mai aurait son effet, que tous les vaisseaux sortiraient de l'Isle, qu'ils iraient à *Foulepointe* pour y attendre les ordres du Comte d'Aché, & pour aller par-tout où cet Amiral voudrait les envoyer; mais que *dans* N°. 237.
tous les cas ces vaisseaux ne viendraient chercher à l'Isle-de-Franche aucun secours de vivres avant le 10 Avril 1761, c'est-à-dire avant dix mois : il fallait six semaines pour arriver à Pondichéry.

Le Chevalier de Rhuis, Membre du Conseil mixte, un des premiers Capitaines de vaisseaux, criblé de coups, & non moins intelligent que valeureux, avait été chargé de rédiger la Délibération. Frappé des dangers que couraient nos établissemens de l'Inde, il avait cru devoir énoncer positivement, parmi les différentes destinations des vaisseaux, la nécessité de secourir ces établissemens. Au seul nom de l'Inde, le Comte d'Aché s'était emporté, & avait crié au Chevalier

1760. de Rhuis que *sa proposition était fausse*. Le Chevalier avait répondu vivement à son tour : *Puisque ma proposition est fausse, la proposition inverse doit être vraie, & il n'y a qu'à mettre dans la Délibération que l'Inde ne doit pas être secourue.* La vivacité avait augmenté, l'Amiral & le Capitaine étaient sortis du Conseil. Rentrés au bout d'une demi-heure, tous deux avaient persisté, l'un dans sa courageuse réclamation, l'autre dans sa vive opposition. Le reste du Conseil n'avait osé lutter contre la volonté absolue de l'Amiral. On avait imaginé le palliatif de mettre en termes généraux dans la Dé-
N°. 237. libération, que *l'on n'avait pas entendu exclure les établissemens de la Compagnie, de la protection que M. le Comte d'Aché pouvait leur donner.*

14 Juillet. Sur ces entrefaites étaient arrivées des dépêches de Pondichéry annonçant l'apparition de l'Amiral Cornish, avec six vaisseaux, à la côte de Coromandel, le danger que courait l'Inde française, & la nécessité de lui porter des secours.

Le Gouverneur & le Conseil de l'Isle-de-France avaient écrit sur-le-champ à l'Amiral, & après la triste peinture de leur situation & de leur disette, ils avaient fini par ces mots:
N°. 238. *Ce ne peut donc être, Monsieur, que dans vos lumières, vos ressources & votre zèle pour le bien de l'Etat, que le Conseil peut espérer le secours si desirable pour Pondichéry.*

La prédiction du Gouverneur était vérifiée. Il était clair que les Anglais *réunissaient leurs forces pour réduire Pondichéry*, & qu'ils ne songeraient à l'Isle-de-France qu'après la conquête de l'Inde. Malheureusement les dépêches reçues d'Europe portaient : *Si les Anglais attaquent l'Isle-de-France, il est à desirer que les vaisseaux français s'y trouvent*; & elles ne portaient pas : *Si les Anglais commencent par attaquer Pondichéry, il est à desirer que les vaisseaux français commen-*

cent

cent par le défendre. Le Comte d'Aché s'en tenant toujours à la lettre, avait gardé un silence de quinze jours, & sur une nouvelle représentation du Conseil, il avait répondu *qu'il était dans l'impossibilité actuelle de rien tenter pour Pondichéry.*

1760.

N°. 239.

Enfin, après vingt autres jours de débats, après de nouveaux Ecrits de part & d'autre, après avoir refusé aux vaisseaux *le Journalier en pain*, sans pouvoir les faire sortir, le Conseil de l'Isle-de-France en était venu au point de signifier à l'Amiral une protestation qui serait trop longue à rapporter, mais dont il faut citer les termes sacramentels. — « LE CONSEIL supérieur, Monsieur, n'a pu voir, sans un extrême » étonnement, que plus nous approchons du terme fatal » de l'épuisement total des vivres, plus vous exigez de lui » qu'il en étende la consommation.... L'instant fatal auquel » nous touchons, menace également & les Sujets du Roi qui » sont sous vos ordres, & ceux qui doivent rester sous les » nôtres, & cette pauvre Colonie qui s'épuise depuis trois » ans, jusqu'à se priver du nécessaire pour vous mettre en » état d'exécuter les opérations dont le Roi vous a chargé » dans ces mers. Nos vœux, nos prières, nos supplications, » tout a mal réussi auprès de vous. Après nous être sacrifiés » pour remplir nos devoirs envers le Roi, envers l'Etat, & » sur-tout pour consommer le sacrifice de nos volontés & » de nos moyens, que nous avons fait depuis que vous êtes » ici, il ne nous reste plus que de *protester*, comme nous » faisons, contre toute consommation faite par votre Escadre, » des vivres nécessaires à la conservation de cette Colonie, » contre tout séjour de vos vaisseaux dans notre port au-delà » d'un mois, & de *vous déclarer que nous vous rendons responsable envers le Roi & l'Etat de tous les événemens, soit* » *de guerre, ou autres qui peuvent être occasionnés en cette Isle*

Protestation de l'Isle-de-France contre le séjour du Cte. d'Aché. 28 Août. N°. 240.

1760. *» par la disette.* » Le Conseil national de Pondichéry avait dit, un an auparavant : *Nous protestons contre votre départ, &
N°. 58. nous vous rendons responsable envers le Roi & le Ministre de la perte de cette Colonie.*

Le Comte d'Aché avait répondu à cette protestation de l'Isle-de-France comme à celle de Pondichéry, par une autre protestation. Il avait annoncé qu'il partirait, n'était pas parti, & sur l'arrivée de quelques vivres il s'était décidé à rester dans la Colonie qui le repoussait de toutes ses forces, & à abandonner celle qui l'appellait à grands cris.

Telles étaient les nouvelles affreuses que mon père recevait de l'Isle-de-France, le jour même qu'on jetait sur sa table à Pondichéry le billet qui ne lui donnait que vingt-quatre heures à vivre ; la lettre du Conseil de l'Isle ne faisait pas mention des derniers événemens qui lui étaient postérieurs, mais elle annonçait qu'il n'y avait pas d'apparence que l'Escadre parût à la côte dans l'année 1760. Mon père
Dépêches d'Europe. espérait au moins trouver dans les dépêches d'Europe ce congé qu'il avait si ardemment sollicité : hélas ! il était dévoué au malheur ! On croyait apparemment que le zèle pouvait tout sans moyens : on s'obstinait à vouloir qu'il gardât le commandement : la Compagnie gourmandait sévèrement l'indocilité du Conseil ;
N°. 79. elle lui ordonnait de rendre à mon père toute l'obéissance qu'il devait à un Commissaire du Roi, à un Commandant général & à un Membre de l'Administration ; elle lui enjoignait expressément d'enrégistrer cette nouvelle dépêche, & de la rendre notoire dans toute la Colonie.

Le premier soin de mon père est de recommander à M. de Leyrit le plus profond secret sur la lettre désespérante de l'Isle-de-France. Instruit le lendemain matin que le Conseil en
N°. 241. est informé, il écrit pour demander qu'au moins le secret ne

s'étende pas plus loin. Il propose de publier au sortir de l'assemblée, que la moitié de la flotte est déjà arrivée depuis long-temps à Madagascar, que le reste doit suivre incessamment, que le Régiment de Cambrésis est déjà embarqué avec des vivres & de l'argent, & qu'il est certain que l'escadre entière paraîtra dans le mois de Novembre. Il annonce lui-même cette nouvelle à tous les Princes & Chefs du pays avec lesquels il traitait. Il dépêche à l'Isle-de-France, pour la réaliser. On a dit, dans le Rapport, *qu'après le mois d'Octobre on ne pouvait plus espérer de secours de l'Escadre française; qu'on en avait eu nouvelle, & que M. de Lally ne l'avait pas laissé ignorer.* 1760. Rapport.

Démarches de mon père pour se réconcilier avec le Conseil. N°s. 78, 242.

Quant aux nouveaux ordres de la Compagnie, mon père à qui ils avaient été adressés, imagine qu'ils peuvent amener une réconciliation entre le Conseil & lui. Il les communique d'abord au Gouverneur, en lui annonçant son projet. Les plaintes les mieux fondées, l'amour-propre le plus légitime, ressentiment d'injures, prérogative de rang, il déclare qu'il est prêt à tout immoler au bien public. *Il se soumet à tout ce qu'exigeront les Conseillers.* Il veut que tous, le Gouverneur à leur tête, viennent dîner chez lui, que le passé soit mis en oubli, & qu'il ne *soit plus question de rien que de concourir ensemble au salut de Pondichéry.* Il écrit aux deux Chefs principaux, Courtin & Moracin. Il envoie chercher le Père Lavaur, le charge de voir *tous les Membres du Conseil en général*, & de faire auprès d'eux les mêmes avances. Lavaur n'était guère propre à être l'Ange de la paix : il ressemblait à ces Pirates, qui ne sont jamais moins tranquilles que quand la guerre cesse entre les Puissances, parce qu'on s'occupe alors de les châtier. Il court attiser le feu de la haine, & revient gémir auprès de mon père de ses vœux impuissans pour la

1760. concorde. Le Conseil enrégiſtre la lettre de la Compagnie, la rage dans le cœur. Les uns la calomnient & la ridiculisent; les autres publient que c'eſt *une lettre ſuppoſée, fabriquée par M. de Lally.* L'Ecrivain le Noir le consigne dans ses libelles. Il avoue les démarches de mon père pour obtenir la paix. Il dit ingénument que ses Camarades Courtin & Moracin *n'étaient pas aſſez mal aviſés pour rentrer dans les ſerres de M. de Lally; que M. de Lally avait trouvé moyen, par des paroles douces, de ſe rapatrier avec pluſieurs Officiers, mais qu'il ſe trompait s'il croyait réuſſir de même avec les Conſeillers,* QUI AVAIENT TROP D'INTÉRÊT A SE TENIR.

Second recueil, pages 102, 122, 123, 138.

Ce Conseiller le Noir fait un aveu plus étrange encore. Il convient formellement que dans le temps où mon père se sacrifiait lui-même au desir de la paix & à l'amour de la Patrie, ses indomptables ennemis formaient le *projet de l'arrêter*; que le jour était pris, que le complot eût été exécuté le 20 Novembre, si M. de Leyrit n'eût *défendu avec colère & de par le Roi*, de passer outre. Il ne sait comment prendre cette *défenſe* de son Président. Tantôt il l'en blâme comme d'un acte de faiblesse; il soutient que c'était *le ſeul parti à prendre*, que le Conseil *avait le droit de ſe ſaiſir* de mon père; il s'accuse de poltronnerie, lui & les siens : *Nous avons des yeux, dit-il, plût à Dieu que nous euſſions le cœur & les bras auſſi bons!* Tantôt il en loue ce Gouverneur, comme d'un acte de prudence. Il observe d'abord que M. de Leyrit n'avait personne pour *le ſoutenir*, qu'il ne pouvait pas même compter sur les membres du Conseil, qui, à la vérité, avaient fini par se réunir à lui, *comme ſi de rien n'était*, mais qui orinairement *le haïſſaient.* Il s'indigne ensuite de ce que les troupes du Roi n'avaient pas été soumises aux ordres du Conseil-Marchand de Pondichéry. Il parle avec fureur du mépris de

Complot pour arrêter mon père.

ces troupes pour le Conſeil, ainſi que de leur attachement pour mon père, & il s'écrie pathétiquement, avec cette éloquence propre au Sénat de l'Inde : *au milieu de gens auſſi bien diſpoſés, ah! dans quels draps ne ſe feraient pas mis M. de Leyrit & le Conſeil!* 1760. Sec. rec. p. 69, 70, 310, 311, 312.

Cependant la famine approchait à grands pas de Pondichéry. Famine. La Flotte anglaiſe avait paru pendant quelques inſtans vouloir aller toute entière en hivernage : mon père, dans la minute même où elle s'était miſe en mouvement, avait écrit de tout N°. 243. côté pour des vivres, & toujours en engageant ſon bien. Huit jours après cinq vaiſſeaux anglais avaient reparu & ils n'avaient jamais été plus loin qu'Alemparvé. Sur terre, le Major-Général Alen, après lequel les Anglais avaient détaché le Colonel Preſton, ſe conſumait du côté de Gingi en efforts infructueux, luttant tout à la fois contre la ſupériorité des ennemis, & contre la diſette, les ſéditions, la lâcheté, la perfidie de ſon propre détachement. Pluſieurs convois qu'il avait raſſemblés avaient été interceptés par les ennemis. Un leur avait été vendu par nos propres Conducteurs ; un autre compoſé de 400 bœufs de boucherie & 200 ſalés, avait été pris preſque ſous les murs de Pondichéry, parce que l'Officier de l'Inde * chargé de le conduire, était parti de Thiagar à midi, au lieu d'en partir au point du jour, parce qu'il avait fait porter les ſalaiſons par les bœufs de charge, au lieu de les faire porter par les Cavaliers, parce qu'il s'était arrêté en chemin, parce qu'enfin il avait pris à tâche de faire tout le contraire de ce que lui preſcrivaient les inſtructions. D'un autre côté, les Noirs reſtaient toujours dans la Ville. En vain mon père avait établi un Comité pour leur expulſion; on en avait, pour la forme, fait ſortir par une porte cinq à ſix cents, qui, le lendemain, étaient rentrés par une autre, & le Comité avait été N°. 78.

* Le Meintier.

1760. diſſous, parce qu'il ne voulait pas remplir ſon objet. Depuis près d'un mois l'Officier vivait de trois quarterons de pain par jour, & d'une demi-bouteille de vin, que les Conſeillers vendaient 7 à 8 liv. après l'avoir acheté cinq ſols. De tous les grains que mon père avait mis à ſes frais dans les magaſins, il n'en reſtait plus guère que pour nourrir les troupes juſqu'au 1er. Décembre. Quelques Particuliers avaient des proviſions conſidérables : mais les uns les enfouiſſaient dans la terre; d'autres affectaient d'en faire montre pour braver le Commandant : on voyait dans leur cour des grains, du riz, du bétail; les Officiers & Employés chargés de la recherche des
N°. 80, 244. vivres s'y tranſportaient; ils n'y trouvaient plus rien, & n'en remportaient que des inſultes : à peine étaient-ils partis que tout reparaiſſait, & le lendemain on donnait un repas nombreux dans la maiſon où la veille il ne s'était pas trouvé un grain.

Sévérité néceſſaire.

Dans cette extrêmité, mon père, après avoir inutilement épuiſé auprès des Membres du Conſeil, *les prières, les ſolli-*
N°. 78. *citations, les larmes, pour les émouvoir ſur l'état de Pondichéry*, leur déclare *qu'il va exercer les actes de l'autorité qui lui eſt confiée, que vous traiterez*, ajoutait-il, *de violence, ſi vous le voulez; mais qui conſtateront à jamais l'ingratitude de Sujets qui doivent leur fortune à une Compagnie qu'ils abandonnent aujourd'hui.*

Expulſion des Noirs.

Auſſi-tôt il fait conduire par des détachemens tous les Noirs hors de la Ville, ſpectacle déchirant ſans doute, & dont ſon cœur ſaignait le premier, mais que le fléau de la guerre a rendu néceſſaire, & dont un Général n'eſt pas plus reſponſable, que du ſang des Soldats qu'il mène à la mort. Il ordonne à l'Intendant de l'Armée de ſe tranſporter avec deux Officiers de la tête de chaque Corps chez tous les Blancs indiſtinctement, de faire enlever ſous ſes yeux, & tranſporter

Nouvelles fouilles.

dans le magasin du fort toutes les provisions de bouche quelconques, pour les distribuer ensuite au prorata de chaque famille. Ses soins ne se bornaient pas à la subsistance des troupes, ils s'étendaient sur tous les restes de cette malheureuse Colonie. La sensibilité se montrait jusques dans la rigueur : il songeait à pourvoir au besoin de quelques *Employés gémissans dans la misère*, tandis que leurs Camarades étaient riches de nos pertes. « Quant aux petits Bourgeois & Habitans, écri- » vait-il, j'en suis extrêmement content, c'est sur eux que l'on » a fait tomber tout le poids des taxes, ils s'y sont prêtés de » bonne grace, & il est juste qu'ils partagent le grain du » Soldat, puisqu'ils en partagent le service. » 1760. N°. 78. Ibid.

Ne dissimulons rien. Menacé d'une révolte, il fait *dresser des gibets*, il déclare qu'*il y ajoutera des roues s'il le faut*. Hélas! cet appareil effrayant était le salut de ceux-là même qui s'en plaignaient. Il prévenait, par la crainte, des forfaits qu'il eût fallu expier par le sang. Personne n'a été attaché à ces *gibets*, personne n'a expiré sur ces *roues*, & il n'y a eu de supplice que celui d'un cœur dont la vivacité n'a jamais détruit la bonté, & qui était incessamment déchiré par les ordres rigoureux que lui arrachait un cruel devoir. Ibid.

Enfin, toujours poursuivi par de nouveaux écrits, il défend au Conseil de s'assembler sans sa permission. On a prétendu que c'était *paraître interdire le Conseil*. Quand cela eût été, qu'importait alors le Conseil de Pondichéry ? Il n'y avait plus ni administration à régir, ni procès à juger. Il n'y avait que des murs à défendre & des Soldats à nourrir. N°. 85, 245. Rapport.

Plus on opposait de digues aux flots de la sédition, & plus ils s'élevaient avec fureur. Les mécontens de tous les états se réunissaient ; tous ceux dont mon père avait prévenu ou arrêté le despotisme, les prévarications, les concussions, joignaient

1760. leur reſſentiment. On imagine enfin de lui porter les derniers coups, en ſoulevant contre lui le Militaire.

Projet de ſoulever l'Armée contre ſon Général.

Deux Officiers, dont je tairai le nom par reſpect pour ceux qui le portent avec eux, étaient arrivés à Pondichéry dans les premiers inſtans du blocus. Ils n'y avaient guère eu d'autre occupation que celle de ſe défaire d'une pacotille de vin, de farine & de bouchons, à environ quatre mille pour cent de bénéfice : la bouteille de vin leur avait coûté dix ſols d'achat, ils la vendaient de deux à trois roupies comptant, qui ne leur valaient pas moins de douze roupies en billets de caiſſe, c'eſt-à-dire, trente francs. Ils n'avaient pas tardé à raſſembler pour environ dix mille écus de ces billets, les avaient portés au tréſor, & s'étaient fait donner une lettre de change de pareille valeur ſur la Compagnie. Peu de temps après ils en avaient demandé une ſeconde ; pour cette fois mon père *n'avait pas cru pouvoir permettre, en honneur & conſcience, qu'on la leur accordât* : il s'était fait deux ennemis de plus, que la faction avait recueillis avec empreſſement, & careſſés avec d'autant plus de ſoin que l'un d'eux était allié avec le Miniſtre.

Confrontation.

Les fouilles continuaient toujours, & il eſt avéré qu'elles ſe faiſaient dans la plus grande règle : le Conſeiller le Noir lui-même était réduit à écrire que ſûrement ce n'étaient pas là les ordres de M. de Lally, & qu'on devait à la modération des Soldats *le ſauvetage des maiſons*. Aigris par la cabale qui voulait en faire ſes principaux inſtrumens, ces deux Officiers imaginent tout-à-coup de ſe prétendre offenſés par ces recherches de vivres que leur Général, que l'Intendant de l'Armée, que le Gouverneur avaient ſubies, & dont perſonne n'était exempt. Ils inſultent, ils outragent le Commiſſaire-Ordonnateur & le Prévôt-Général en

Second recueil, pages 74, 119.

en pleines fonctions, & pendant qu'ils exécutaient un ordre 1760.
de par le Roi, ils arrachent cet ordre de leurs mains ; ils déclarent *qu'ils ne le rendront point quelque violence qu'on leur fasse* ; ils se répandent en déclamations séditieuses. C'était trop N°. 80.
peu encore : l'un d'eux était de service actuel ; il écrit nettement au Brigadier Landivisiau, chargé sous mon père du détail de la place : *Sur l'affront que M. de Lally vient de* Ibid.
nous faire, vous pouvez nommer un Officier de jour à ma place, étant dans le dessein de ne plus servir l'un & l'autre, ayant renvoyé nos Lettres de service. Je vous souhaite le bonsoir.

Le délit était capital. L'Ecrivain de ce billet, mis au Conseil de Guerre, n'eût pu être sauvé. Il reçoit simplement ordre de se rendre aux arrêts dans le fort. Au lieu de reconnaître cette indulgence, il se précipite dans de nouveaux excès. On lui persuade d'envoyer chercher le Greffier du Conseil pour faire une déclaration contre mon père. C'était la première fois sans doute qu'un Officier mis aux arrêts imaginait d'envoyer chercher un Greffier de Justice civile pour instrumenter contre son Général : mais ce n'était pas sans projet qu'on avait imaginé cette démarche. Le Greffier répond que *mon* N°. 146.
père lui a défendu, sous peine de la vie, de recevoir aucune déclaration ; l'Officier plaignant *prend à témoin de ce refus* deux ou trois autres séditieux qui entrent chez lui à point nommé sur les pas du Greffier ; & voilà une preuve acquise que M. de Lally *a cassé le Conseil.*

Ce n'était pas encore assez. L'esprit de vertige semblait être répandu sur tous ces factieux. L'ordre qui avait mis le coupable aux arrêts, énonçait, parmi les motifs qui l'avaient dicté, des discours séditieux tendans à décourager le Militaire & l'Habitant. Ces discours étaient constatés par les procès-verbaux du Commissaire-Ordonnateur & du Grand-

1760. Prévôt : ils l'étaient par le rapport de plusieurs autres témoins. On fait courir aussi-tôt dans l'Armée des certificats, par lesquels on invite les Officiers des différens Corps à donner un démenti à leur Général. On ne les présente point au Régiment de Lally. Le Commandant de l'Artillerie lui-même refuse de les signer. Landivisiau, le plus mortel ennemi de mon père, se croit obligé de s'élever par écrit contre une *désobéissance* aussi *prouvée* & aussi *contraire au bien du service.* Le Chevalier de Guillermin, Commandant en exercice du Régiment de Lorraine, n'était pas homme à servir les complots : on s'adresse au Commandant titulaire qui n'avait pas vu tirer un coup de fusil de toute la guerre, & qui fait signer son Corps. Quant au Commandant du Bataillon de l'Inde, que mon père avait vivement réprimandé pour avoir fait échouer l'attaque du 2 Septembre, on n'en était pas en peine, & si l'on eût exigé de lui son blanc-seing, il l'eût donné. Enfin pour achever de décréditer ces témoignages, le Conseil de Pondichéry y joint le sien. Mon père, obligé de sévir contre les deux Chefs qui avaient fait signer dans leurs Corps ces billets séditieux, les interdit. Le Régiment de Lorraine reconnaît sa faute, il charge un de ses Capitaines de retirer le certificat qu'il avait donné, attendu qu'il n'en avait pas dicté l'énoncé ; il y substitue une déclaration vague, déchire la première, & les Officiers en Corps en instruisent mon père.

N°. 80.

Il n'est pas aisé sans doute de porter la lumière de l'évidence dans des complots aussi ténébreux, dont le théatre a été à 6000 lieues, & après un laps de quinze années : mais il paraît que les Instigateurs de ces complots s'en étaient promis de bien autres succès. Le Conseiller le Noir avait écrit dès long-temps : *Nous souhaitons tous avec impatience la fin de tout ceci* DE FAÇON OU D'AUTRE ; & en rendant compte de ces derniers évènemens, il se trahit lui-même par l'amertume

Premier rec. p. 222.

avec laquelle il reproche aux Officiers de Lorraine d'avoir *consenti* à l'interdiction de leur Chef, & au Bataillon de l'Inde de *n'avoir fait aucune démarche* après l'emprisonnement du sien. *Voilà*, s'écrie-t-il, *un trait de faiblesse dans ces Officiers qui ne donne pas beaucoup à penser des secours dont ils eussent pu être conseil*, & c'est d'après ce motif qu'il finit par décider que M. de Leyrit & le Conseil ont été *sages de ne pas se porter envers M. de Lally aux extrémités qu'on aurait souhaitées.* Ces Mémoires du Conseiller le Noir sont une des pièces les plus précieuses du procès, & elle n'y a pas seulement été vue, elle est restée ensevelie parmi toutes celles dont mon père a vainement demandé la communication.

Pages 313 & 314, 2d. recueil.

Mon père succombe sous le poids de ses maux.

Il était difficile que la santé de mon père pût tenir contre tant d'assauts. L'ame la plus ferme n'a reçu de la nature qu'une somme mesurée de forces ; tôt ou tard les maux redoublés finissent par l'épuiser. L'infortuné se voyait abandonné de la France, persécuté, trahi, calomnié dans l'Inde. Le désespoir dévorait son cœur. Les vomissemens, suite de l'affreux breuvage du 8 Octobre, brisaient son corps. Le sommeil n'approchait plus de ses yeux. Le Chevalier O-Donnel (je le cite sans hésiter, quoique parent, parce que sa candeur est aussi connue que son courage), avait constamment couché dans sa chambre depuis cette époque, lui faisant un rempart de son corps & barrant la porte avec son lit. Une nuit qu'il fermait les yeux sans être même assoupi, il avait entendu mon père s'approcher de lui, & s'écrier en poussant un profond soupir : *qu'il est heureux, il dort !..* Monstres d'inhumanité, qui ne voulez pas que ce cri attendrisse, faites donc ensorte au moins qu'il paraisse être le cri du remord, & articulez-nous donc quel crime a pu faire naître ce remord.

Mon père avait enfin succombé, & il avait été contraint

1760. de s'aliter le 5 Décembre. Hélas ! les ennemis qu'il combattait, moins impitoyables que les Citoyens qu'il défendait, pleuraient sur son malheur. Le Genéral Coote, qui avait repris le commandement des troupes anglaises, ne cessait de lui en exprimer sa sensibilité. Ce n'était pas seulement ce tribut d'humanité qu'un être compatissant paie à l'infortune, c'était ce tribut d'estime & d'admiration qu'un cœur généreux paie aux talens & à la vertu. *Personne*, écrivait le magnanime Coote, *n'a une plus haute idée que moi de M. de Lally, soit comme Gentilhomme, soit comme Officier, lequel, à ma connaissance, a lutté contre des obstacles que je croyais invincibles, & les a vaincus ; & cependant personne n'est plus son ennemi que moi, quand je le vois vaincre ces obstacles au préjudice de ma Nation.* — *Il n'y a pas un second homme dans toute l'Inde*, portait une autre lettre, *qui eût pu tenir aussi longtemps sur pied une armée sans paie & sans aucun secours.* Enfin, cherchant à consoler mon père *du chagrin que devait lui causer l'espèce de gens à qui il avait affaire, vous n'êtes pas*, lui disait-il, *le seul grand homme qui ait été maltraité par la Nation qu'il s'efforçait de défendre. Ce Coriolan si renommé dans l'Histoire, fut accablé de cruautés par les Romains. Mais aussi-tôt qu'il les eut quittés, ils s'apperçurent de leur erreur, & ils le pressérent de revenir. La même chose vous arriverait en pareil cas, & les Dames de Pondichéry, au lieu de venir me demander des passe-ports, iraient vous supplier de retourner vers elles pour les défendre.* Lecteurs, est-ce à un traître qu'un Vainqueur écrit de pareilles lettres ?

Générosité du Général anglais.

Hommages qu'il rend à mon père. Nº. 247.

Il est vrai que le Gouverneur-Marchand de Madras était loin de la générosité du Commandant-Militaire. Il avait épousé la Cause de ses Confrères Marchands de Pondichéry. Le cruel insultait aux malheurs de mon père, à ses disgraces, à son impuissance. Il lui faisait pressentir le traitement qu'il lui

Cruauté du Gouverneur de Madras.

préparait, quand Pondichéry ferait pris. Il lui demandait ironiquement, *s'il lui restait encore quelque petit coin de terre, pour y confiner quelques Prisonniers anglais restés à Madras sur leur parole.* Il menaçait de ne plus nourrir les Prisonniers français, qu'il refusait de rendre; il enfreignait le cartel conclu entre les Couronnes, & il affectait de séparer toujours mon père, comme Irlandais, de la Nation qu'il commandait. Mon père était né en France & il s'en glorifiait. *Je ne sais pas*, écrivait-il à Pigot, *quels sont les misérables vagabonds ou fugitifs qui vous ont donné des notes sur ma naissance. Je suis Français, & je vous l'eusse fait voir sans le nombre malheureusement trop grand de ces mêmes misérables, qui ne rentreront jamais dans le sein de leur Patrie, s'ils en ont une, pour vous avoir livré, sans coup férir, des Places que vous n'auriez pas encore. Vos menaces*, ajoutait-il dans le transport de son indignation, *vos reproches, vos insultes ne m'effraient en rien. Vous me mettez hors d'état de traiter avec vous. Vous disposerez de vos Prisonniers & des miens comme vous le jugerez à propos. Si vous ne pouvez plus nourrir les miens, vous avez la ressource des* Nagiboutakan, *des* Quichenarao *& des Princes noirs vos alliés. Qu'ils les égorgent, qu'ils les mettent aux fers; qu'on traîne les malades & les blessés par les pieds; qu'on en mutile d'autres. Douleur aux vaincus! Ce sont de ces traitemens que j'ai déjà essuyés si souvent dans la personne des Sujets du Roi mon Maître, que j'y suis quasi devenu insensible. Je les ai essuyés ces traitemens, dans le temps même où Madras était à la veille de tomber en mon pouvoir : je n'en ai seulement pas murmuré, & cette Nation que je sers, que je commande ici, & dont je suis membre, a toujours été distinguée par sa générosité à la guerre au dessus de toutes les autres Nations. L'état d'abandon où l'a laissé sa Flotte depuis deux ans, & l'avantage de dix contre un, ne sont pas un titre pour un ennemi de l'in-*

1760. N°. 248.

Ibid.

1760. *sulter dans la personne de son Chef, qui la représente vis-à-vis M. Pigot. Les Compagnies commerçantes, quelqu'indépendantes qu'elles soient, sont sujettes de leur Prince & de leur Patrie; elles ont des comptes à rendre, & c'est à leur Tribunal que j'en appelle, puisque leurs traités sont foulés aux pieds dans ce pays, sans égards pour les conséquences qui peuvent en résulter en Europe.* Je rougis de le dire; mais en interrogeant mon père, on a osé lui demander *si sa division apparente avec l'Anglais Pigot ne cachait pas leur intelligence secrette.* Et il a fallu répondre à cette question !

Interrogat. 198.

Le sort de Pondichéry empirait à chaque instant. Mon père ne cessait d'appeller l'Inde entière à son secours. L'Evêque Norongha, le Chevalier de Macgrégor, le Major-Général Allen, traitaient avec les Mayssouriens & les Marates. Mais Hider-Ali-Kan avait à combattre pour son propre pays, & quant aux Marates, ils ne cherchaient qu'à gagner du temps, dans l'incertitude de l'arrivée de notre Escadre. Leur Chef avait écrit à mon père ces mots énergiques : *j'ai vu votre Ambassadeur, mais il est arrivé les mains vuides.* Vainement on leur promettait Gingi s'ils délivraient notre Capitale ; vainement le Major-Général, se sacrifiant lui-même, avait bravé une marche aussi périlleuse que fatigante, pour aller s'offrir à eux en otage; vainement, pour faire quelques présens aux Agens subalternes, il avait vendu deux bagues, ses boucles & celles de quelques-uns de ses Officiers. En signalant son zèle, il n'avait fait que prouver davantage toute l'étendue de notre misère. Il est aisé d'apprécier l'état d'une Colonie, qui n'a d'autres ressources que la montre de son Commandant & les boucles de souliers de ses Officiers.

N°. 149.

Horreurs de la famine.

La famine était arrivée au dernier degré. L'Officier était réduit à l'eau & à une demi-livre de riz pour toute nourriture. Les Soldats avaient quatre onces de riz, deux onces de poudre nourriſſante pourrie, & une once de café. Ils avaient épuiſé les chevaux, les chameaux : la viande de chien s'était vendue juſqu'à 18 roupies ; un rat s'était payé 20 & 24 livres ; il n'en reſtait plus. Ces malheureux dévoraient le cœur des arbres ; ils découpaient des outres de cuir imbibées de beurre liquide, & eſſayaient d'appaiſer avec ces alimens dangereux la faim qui les conſumait. On les voyait ſe traîner à leur poſte, le viſage pâle & défiguré, à demi-nuds, les jambes ſi enflées qu'ils ne pouvaient plus ſe ſervir ni de guêtres, ni de bas. Le 24 Décembre il ne reſtait plus dans les magaſins que quatre livres de riz par chaque Officier & Soldat. 1760.

Mon père veillant encore, du milieu des tourmens qui le conſumaient, aux intérêts de la Colonie, écrit au Brigadier Landiviſiau, ſur qui il s'était déchargé des détails de la Place, *qu'il eſt temps de travailler à un projet de capitulation, ſi l'on veut en demander une ;* il lui ordonne de ſe joindre au Gouverneur Leyrit pour *convoquer un Conſeil mixte*, & pour *y délibérer, non pas dans une, mais dans deux ou trois ſéances*, ſur ce qu'il eſt le plus avantageux de faire. Il l'avertit qu'on ne peut trop réfléchir entre les deux inconvéniens, ſoit d'attendre le dernier inſtant, parce qu'alors on ne pourra plus obtenir de conditions, ſoit de prévenir cet inſtant, parce que de cinq ou ſix jours de plus peut dépendre l'arrivée d'un ſecours. Il faut convenir qu'il était difficile de prendre un parti plus ſage : mais ce n'était pas là ce que voulait la cabale. Débats ſur la capitulation. 24 Décembre. N°. 81.

Vu l'état de la Place, il était aiſé de juger qu'elle ne pouvoit faire qu'une mauvaiſe capitulation : on voulait que mon père en fût ſeul chargé, dans l'eſpérance de lui en faire un crime. Le Brigadier répond que l'ordre qui lui a été donné eſt *trop vague pour qu'il prenne ſur lui de l'exécuter.* Mon N°.

1760. 27 & 28 Décembre. N°s. 83, 84. père le somme, de la part du Roi, d'obéir. Il répond qu'*il a communiqué au Gouverneur Leyrit l'ordre d'assembler un Conseil mixte, que tous deux ils ont jugé la démarche précipitée, qu'il ne faut penser qu'à la dernière extrémité à proposer des articles à l'ennemi, & qu'alors il ne faudra pas beaucoup de temps pour les discuter:* le Conseil ne s'assemble point. On a reproché à mon père, dans son interrogatoire, *de ne s'être pas fait obéir:* il a répondu qu'il vaudrait autant demander à un homme *de courir pieds & mains liés:* la réponse peut paraître vive, mais certainement elle est juste.

Interrog. 172.

Sur ce refus, mon père résolu de retarder le plus long-temps qu'il pourrait la reddition de la place, déclare au P. Lavaur qu'il est obligé de faire fouiller dans son Couvent, car il avait eu la faiblesse d'exempter ce Moine de la Loi générale. Le Jésuite s'engage à nourrir la garnison pendant quinze jours.

Lueur d'espérance. Ouragan du 1er. Janvier 1761.

Tout-à-coup un évènement imprévu fait croire que Pondichéry est sauvé. La nuit du 1er. Janvier, un ouragan tel que, de mémoire d'homme, l'Inde n'en avait jamais essuyé, bouleverse la côte, renverse les maisons, déracine les arbres, soulève les mers, inonde les terres, disperse l'escadre anglaise, brise une partie de ses vaisseaux, & chasse les autres. A la pointe du jour, mon père voit la rade sans un seul bâtiment ennemi. Il renaît; il dépêche embarcation sur embarcation, envoie une lettre circulaire dans tous les comptoirs. Les Anglais ont intercepté celle qui était adressée au Résident de Paliacate; ils l'ont imprimée dans toutes leurs histoires, comme *un monument de force & de vigueur, propre à donner une idée du caractère de cet homme réellement extraordinaire* (1). Elle était ainsi conçue,

(1) Général Lally endeavoured to profit himself by this disaster

L'Escadre

L'Escadre anglaise n'est plus : des douze vaisseaux qu'ils avaient ici dans notre rade, sept ont péri corps & biens ; quatre sont démâtés ; il paraît qu'une seule frégate est échappée. Ne perdez pas un instant à nous envoyer doubles chelingues sur doubles chelingues, chargées de riz. Les Danois actuellement n'ont plus rien à craindre, puisque l'Escadre de S. M. T. C. va être maîtresse des mers de l'Inde d'ici à 15 mois. D'ailleurs, suivant le droit des gens, ils ne sont tenus qu'à ne pas envoyer du riz eux-mêmes. Le salut de Pondichéry a déjà dépendu de vous une fois. Si vous manquez cette occasion, c'est que vous ne l'aurez pas voulu. Ne négligez pas non plus les petites chelingues. Promettez de grandes récompenses. J'attends 17000 Marates d'ici à quatre jours. En un mot, risquez tout, tentez tout, forcez tout, & envoyez-nous, ne fût-ce qu'une garce *à la fois.* Signé, L A L L Y... 1761.

Voilà l'homme qui voulait livrer Pondichéry.

Mais, ô prodige, qu'on ne peut s'empêcher d'admirer, même lorsqu'il désespère ! Le surlendemain, l'Amiral Steeven paraît à la rade avec onze vaisseaux de ligne ; six étaient parfaitement en état ; cinq que l'ouragan avait rasés comme des pontons, viennent se réparer devant Pondichéry. L'Amiral se fait joindre encore par d'autres. Il finit par se trouver plus fort qu'auparavant, à la tête de 16 voiles dont 14 de ligne. Il écrit dans tous les Comptoirs neutres « qu'il a repris sa station, que la capitale française » reste bloquée, & qu'il confisquera tout bâtiment qui tentera d'y » jeter des vivres ». Les Marates rompent toute négociation. Le jour même qu'Allen comptait les emmener, à l'instant du départ, ils le conduisent dans une tente remplie des trésors que les Anglais venaient de leur envoyer, & lui déclarent que leur grand *Nana* préfère des alliés riches à ceux qui sont dans la détresse. Notre Escadre n'arrive point, & Pondichéry est perdu.

Espoir détruit.

General History of the late War, vol. 5, p. 212.

Le 12 Janvier il ne restait plus dans la Ville qu'une livre de riz par Soldat, & elle devait le faire subsister pendant trois jours.

---

with the utmost speed.... seeing the port clear, sent an expreff without delay to the French agent in neutral settlements, that this was the time to throw in succours ; he seemed sanguine and full of vigour. The following letter intercepted, may tend to furnish some idea of the character of this singular man. « The English squadron is no more, &c ». *Transact. of 1761, p. 498. Late war's Hist. v. 5., p. 211. &c.*

1761. Mon père écrit au Gouverneur Leyrit, que cette dernière extrêmité qu'on avait voulu attendre, était arrivée. Il le somme d'assembler le Conseil, pour dresser des articles de capitulation.
No. 85. Dans cette sommation qui a été insérée au Greffe, on lisait ces mots: *Ce ne sont point ici les troupes seules qui capitulent, c'est une Colonie. Êtes-vous résolu d'abandonner les Habitans de cette Ville à la merci du Vainqueur & au pillage de son armée?*

Le Gouverneur répond comme avait répondu le Brigadier Landivisiau, que *l'ordre de mon père est conçu en termes trop vagues*,
No. 86. & il enjoint respectueusement à son Commandant *d'avoir pour agréable de lui déclarer en termes formels & par écrit, dans deux heures, s'il* consent *ou s'il* exige *que le Conseil se méle de la capitulation?* On ne s'attendait sûrement ni à cette question, ni à ces distinctions sophistiques.

Les Conseillers, de leur côté, faisaient difficulté de s'assembler sur l'ordre de mon père, parce que mon père leur avait défendu de s'assembler sans sa permission. C'était puissamment raisonner, & les Conseillers plaçaient merveilleusement leur docilité.

14 Janvier. Ils obéissent enfin, s'assemblent, & imaginent de répondre à la sommation que mon père leur avait faite, par une autre sommation pour qu'*il eût à demander une suspension d'armes au Général Anglais; le rendant responsable, en son propre & privé & nom,*
No. 89. *de tous les malheurs que pourraient occasionner des délais hors de saison*, & le taxant de *se refuser aux moyens de sauver les restes malheureux de cette Colonie.*

Or, voici sur quoi le Conseil se fondait, pour prouver que mon père ne voulait pas capituler.

Le 13, au soir, l'ennemi avait rapproché de la Ville une de ses batteries. La terreur d'une escalade s'était répandue; mon père avait ordonné à la garnison & à tous les Habitans de passer la nuit sous les armes. Malgré l'accablement où il était, il avait voulu donner ſes ordres par lui-même : on avait vu un Général mourant, porté dans ſon lit, la nuit, ſur les remparts d'une Ville menacée d'aſſaut, oubliant ſon ſalut pour une Colonie dont les Chefs ne ſongeaient qu'à le perdre, encourageant d'une voix preſque éteinte des Soldats épuiſés par la faim, & rappellant le reſte de ſes forces pour diſtribuer à ces Soldats la dernière pièce de vin qui lui reſtait. Telle avait été l'origine de la ſommation du 14. Il a voulu défendre la Ville, diſait-on : donc il ne veut pas la rendre ; donc il ne veut pas capituler ; donc il ſe refuſe aux moyens de ſauver la Colonie. Ainſi raiſonnait le Conſeil de Pondichéry, c'eſt lui-même qui l'a déclaré dans ſes dépoſitions. 1761.

Ce Conſeil, dans ſon inſolente ſommation, avait eu la hardieſſe d'avancer qu'il parlait au nom des *Officiers de tous les Corps, dont un grand nombre penſait comme lui.* Les Officiers des troupes du Roi, ne jugeant pas qu'il fût fort glorieux de *penſer comme le Conſeil de Pondichéry*, ſe récrient contre une calomnie auſſi téméraire ; & le jour même, tous les Chefs de Corps écrivent au Conſeil :

« Nous ſommes chargés de vous demander de la part du Roi & au nom des troupes de Sa Ma-
» jeſté, de nous déclarer quels ſont les Officiers de ces différens Corps qui ont oſé vous commu-
» niquer leur avis ſur ce qui peut concerner la reddition de cette Place, afin qu'il en ſoit fait un
» exemple ; & faute par vous de les dénoncer, vous ne trouverez pas mauvais que non-ſeulement
» nous regardions cet article de votre lettre comme une impoſture, mais auſſi que nous deman-
» dions juſtice au Roi, d'une flétriſſure que vous voulez faire rejaillir ſur ſes troupes, dont les
» trois quarts & plus ont péri au ſervice de cette Colonie pendant une campagne de trente-trois
» mois ſans interruption. *Signé*, DURRE, GÉOGHÉGAN & GUILLERMIN ».

Le Conſeil répond qu'*attendu qu'il eſt Conſeil Souverain, il n'a point de compte à rendre.*

Mon père fatigué de ces menées, & ſur le refus du Gouverneur de ſe tranſporter chez lui, aſſemble un Conſeil de guerre compoſé des principaux Officiers de la garniſon & des Chefs de Corps. Il en inſtruit par l'entremiſe du P. Lavaur le Gouverneur Leyrit, qui de ſon côté aſſemble le Conſeil Supérieur. Conſeil de guerre 14 Janvier.

1761. Le Cardinal de Retz, en parlant de M. de Bouillon, disait: *Je n'ai vu que lui qui ne contestât jamais ce qu'il croyait ne pas pouvoir obtenir: c'est une maxime qui devrait être très commune & qui est pourtant très-rare.* Si elle est de tous les états, il faut convenir qu'elle appartient sur-tout à un métier dont l'essence est la franchise, la loyauté, la générosité. On a vu des Généraux, des Commandans de places, après de longs siéges, s'envoyer des blancs-seings à l'instant de la reddition. C'était un hommage qu'ils rendaient à la bonne foi; c'était un gage de l'estime réciproque qu'ils se portaient mutuellement, & du témoignage glorieux que chacun avait le droit de se rendre à lui-même: le Prince Eugêne en envoya à M. de Bouflers au siége de Lille.

The General History of the late War, vol. 5, p. 213.

Cette maxime a été la règle du Conseil de Guerre assemblé par mon père. Le Général Coote connaissait l'état de Pondichéry aussi bien que ses Habitans. Il savait, & tous les Anglais savaient avec lui, que mon père n'était pas homme à leur remettre sa place le matin, s'il eût pu la défendre jusqu'au soir. D'ailleurs, il n'avait point fait de siége, il n'avait formé qu'un blocus; & lorsqu'une place se rend sans que son parapet soit seulement écrêté, il est aisé de juger qu'elle est vaincue par la plus forte nécessité, celle de la famine. D'un autre côté mon père n'avait pas pris un seul établissement aux Anglais qu'il ne l'eut détruit; il avait rasé S. David; il avait rasé Divicottey; il avait ravagé la Ville noire de Madras & fait sauter les Postes qui l'environnaient; quand il avait fallu renoncer à s'emparer de la Ville blanche, il avait cherché à la brûler en faisant diriger son feu sur les Maisons, & il avait réussi en partie. Dans une pareille position, & après une telle conduite, demander des conditions pour Pondichéry en la forme ordinaire, c'était s'exposer à un refus certain & honteux. Mon père propose au Conseil de guerre une capitulation en forme de Déclaration, qui conciliait, autant qu'il était possible, la dignité du Roi & l'honneur de ses armes avec la rigueur de notre position. Il rendait Pondichéry aux armes de S. M. B. & non à la Compagnie Anglaise. Il reprochait vivement à celle-ci ses infractions aux anciens traités & au nouveau Cartel. Il se prétendait, d'après cette infidélité, *hors d'état vis-à-vis de sa Cour de pouvoir proposer une capitulation*, qu'il était bien sûr qu'on ne lui eût pas accordée. *Il s'en remettait à la décision des deux Cours pour une réparation proportionnée à la violation de traités aussi solemnels.* Par-là il élevait une question entre les deux Couronnes, enchaînait les Directeurs de Comptoirs, & suspendait le sort de Pondichéry jusqu'à la paix. Il stipulait ensuite pour les *troupes du Roi & de la Compagnie, pour les Habitans civils & Bourgeois de Pondichéry, pour l'exercice de la Religion Romaine, pour les Maisons Religieuses, Hôpitaux, Aumôniers, Chirurgiens, Domestiques, &c.* Il déclarait que tous se rendaient *prisonniers de guerre aux termes du Cartel, qu'il réclamait également pour tous*, & qui les concernait tous, parce que dans les Colonies tout est censé militaire. Aux termes de ce Cartel, tous les prisonniers de guerre, en étant échangés, ou en payant leurs rançons, devenaient libres au bout de quinze jours: ainsi, que l'Escadre arrivât, qu'elle apportât des fonds & un renfort, la garnison de Pondichéry devenait libre & pouvait le reprendre. Enfin il stipulait que MM. du Conseil traiteraient avec le Général Anglais *pour ce qui pouvait intéresser le plus immédiatement leurs intérêts & ceux des Habitans de la Colonie.* Par-là il se ménageait le moyen de demander à tout hasard des conditions, dont le refus ne pouvait plus compromettre la dignité du Roi, parce qu'il ne s'adressait plus au Représentant du Souverain, mais aux Agens de la Compagnie. 1761.

Tous les Membres du Conseil de guerre pèsent, discutent cette Déclaration, tous l'approuvent, tous donnent leur avis séparé & Articles du Conseil de guerre.

motivé, tous écrivent & signent cet avis au dos de la minute : dès ce moment, ce n'était plus l'ouvrage de mon père, c'était celui du Conseil de guerre. Les Conseils de guerre ont toujours été la décharge d'un Général dans toutes les opérations critiques. Les Princes du Sang, le père du Roi même, se sont soumis à leurs décisions.

Articles du Conseil de Pondichéry.

Le Conseil de Pondichéry, *autorisé par M. le Comte de Lally*, dresse de son côté des articles. Le premier portait qu'il y aurait une suspension d'armes pendant quinze jours, pour laisser à Pondichéry le temps d'être secouru, soit par terre, soit par mer ; & que s'il ne l'était pas d'ici à ce temps, alors il passerait sous la domination Britannique. Le second portait que pendant ces quinze jours, le Général Anglais nourrirait la Place qu'il voulait affamer. Cette idée était digne du génie des Conseillers de l'Inde ; & il était digne de leur candeur, après l'avoir eue, de faire un crime à mon père d'avoir inséré dans sa Déclaration, *qu'il se rendait faute de vivres*.

Mon père envoie au Gouverneur Leyrit, par le P. Lavaur, la Déclaration du Conseil de guerre : le Gouverneur la lit, n'y fait aucune observation, & la renvoie.

Le même Lavaur rapporte à mon père les articles projettés par le Conseil supérieur ; les deux premiers lui paraissent si extravagans, qu'il les rature de sa main, avec cette apostille : *ces deux articles sont ridicules à imaginer, & fous à proposer.*

Ne forment qu'une seule capitulation.

Le lendemain, mon père nomme le Chevalier Dure & le Conseiller Courtin, pour porter au Colonel Coote les deux écrits qui ne formaient qu'une seule & même capitulation : il leur joint le Sous-Marchand Tobin pour servir d'interprète : il leur joint le P. Lavaur, dont il devait être victime jusqu'à la fin, & pour lequel il demandait au Général Anglais *ses bontés.*

Un des Députés, en abordant ce Général, sinforme si le

Gouverneur de Madras est au Camp. *Il n'y a de papiers à remettre qu'à moi, ceci est la conquête du Roi mon Maître; je sais dans quel état la Place est réduite, je ne suis point venu faire la guerre aux Individus, les personnes & les biens seront sauvés;* telle est la réponse de Coote, tel est son premier mot aux Députés avant d'avoir pris leur dépêches. C'était leur dire clairement que sa résolution était arrêtée, & que tout ce qu'il allait lire n'y changerait rien. 1761 *Déposition de Tobin.*

En effet il refuse verbalement les articles du Conseil. Le compte que la Présidence de Madras en a rendu à sa Cour, montre assez combien ils avaient été jugés ridicules. *Les Députés du Conseil de Pondichéry*, était-il dit dans ces dépêches, *autorisés par M. de Lally, ont présenté au Colonel Coote sept articles, par lesquels ils demandaient tout ce qu'une Place dans le meilleur état de défense eût pu obtenir: ils demandaient en un mot que la Garnison Anglaise relevât seulement la Garnison Française jusqu'à la conclusion de la Paix. Aussi les a-t-il tous rejettés.* Tous sont rejettés. 15 Janvier. No. 96.

Le Général Anglais refuse même à mon père, & par écrit, les conditions du Cartel. Il déclare qu'il VEUT que les Français se rendent Prisonniers de guerre purement & simplement; il promet de les traiter favorablement, sans vouloir contracter d'autre engagement par écrit, & se borne à répéter de vive voix aux Députés ce qu'il leur avait dit dans l'abord: *soyez tranquilles; il ne sera rien fait à vos personnes, à votre bien, votre vie, votre honneur, vos effets.* Ce seul point tranche les volumes de sophismes qu'on a entassés sur la forme des *deux capitulations* du Conseil & de mon père, en affectant de les diviser. Tout se réduit à un axiome géométrique: celui qui refuse le moins, n'accorde pas le plus. *Déposition de Courtin.*

Ce Général qui parlait en maître, qui annonçait sa *volonté*, savait que nous n'avions aucune espèce de secours à espérer; il Nécessité de se soumettre.

1761. avait une Armée de quinze mille hommes, soutenus par une Escadre qui en renfermait sept mille autres. Mon père n'avait pas une seule barque : sept cents hommes, Soldats, Matelots & Invalides, composaient toutes ses forces : ces sept cents hommes ne pouvaient plus se traîner : il ne restait pas un grain de riz dans la Ville : il fallait bien obéir. *Le Général Lally, cet homme qui avait juré publiquement la ruine des établissemens Anglais dans l'Inde, & qui avait détruit tous ceux dont il s'était emparé, est forcé de remettre Pondichéry aux armes Anglaises, sans autre ressource que la prière pour adoucir le sort des vaincus* (1).

Reddition de Pondichéry. 16 Janvier.

Le jour même de la reddition, il a un entretien avec le Général Coote, & réclame fortement sa promesse de traiter favorablement les troupes & les Habitans. Coote, au sortir de la conférence, fait afficher dans toute la Ville que les Particuliers conserveront tous leurs effets. Saint-David n'avait pas obtenu à beaucoup près des conditions aussi avantageuses. Coote était humain & généreux ; mais il n'était pas maître de suivre les mouvemens de son cœur. Il n'était pas mieux vu du Conseil de Madras, que mon père ne l'était du Conseil de Pondichéry. Tout ce qui portait, dans ces contrées, le sceau de l'homme du Roi & du Commandant militaire, était odieux aux Administrateurs de Comptoir. *J'ai affaire à des ennemis*, mandait-il à mon

N°. 147. père, *qui ne font que trop souvent d'une mouche un éléphant ; & je suis obligé d'avoir des précautions que je n'aurais pas sans cela, ne les croyant pas nécessaires.* Coote cependant avait fait de grandes choses ; il était le sauveur, le restaurateur de la

(1) « M. Lally, the man who had publickly vowed the ruin of the English settlements in India, and had actually destroyed those in his power, became a supplicant, &c ». *The General History of the late War*, vol. 5, pag. 212.

la Compagnie anglaiſe. Si quelque choſe peut faire apprécier l'eſprit des Compagnies marchandes, c'eſt ſans doute un trait de cette nature. 1761.

Quatre jours après la priſe de poſſeſſion de Pondichéry, le Gouverneur de Madras pour la Compagnie, exige que la place ſoit remiſe en ſon pouvoir, pour être démolie conformément aux inſtructions de ſes Directeurs. Les deux Généraux anglais de terre & de mer, s'y oppoſent, ils déclarent que c'eſt une *conquête royale*, & que le Roi ſeul doit en décider : les combinaiſons de mon père avaient donc été juſtes.

Pigot alors ſignifie aux Généraux, que s'ils ne lui remettent point Pondichéry, il ne leur fournira ni un ſol pour payer, ni un grain pour nourrir leurs troupes. Ils ſont vaincus par la famine comme mon père l'avait été. Mais en cédant malgré eux, *ils proteſtent contre l'inſulte faite à la prérogative royale, & rendent la Compagnie reſponſable des conſéquences* : la capitulation de mon père était donc enfreinte ; elle l'eût donc été dans quelque forme qu'il l'eût faite. Les Conſeillers de Pondichéry qui ont voulu lui imputer la démolition de cette place, lui avaient écrit en corps : « Nous ſommes tous perſuadés que ſi Pondichéry a le malheur de ſuccomber, les Anglais n'y laiſſeront pas pierre ſur pierre, ce qui doit nous déterminer à tenir juſqu'à la dernière extrêmité. » Le Conſeiller le Noir avait dit plus encore : en blâmant mon père d'avoir parlé de capitulation dès le 24 Décembre, en traitant d'eſpoir frivole l'idée d'obtenir des conditions de l'ennemi, il avait conſigné dans ſes libelles cette phraſe à laquelle on ne peut trop faire d'attention : « M. de Lally a propoſé à M. de Leyrit de ſe rendre, en lui diſant qu'il lui obtiendrait des conditions avantageuſes s'il n'attendait pas la dernière extrêmité. Le Conſeil, *bien éloigné de s'en flatter*, eſt perſuadé au contraire

Orme's Hiſtory, vol. 3, p. 224.

N°. 250.

Second recueil, pag. 41, 42.

1761. » que les Anglais raseront Pondichéry dès qu'ils en seront les » maîtres, *malgré la capitulation contraire qu'on pourrait faire* » *avec eux*; aussi son sentiment est d'attendre la dernière » extrêmité. »

Mon père est envoyé à Madras.

Pondichéry rendu le 17, les Conseillers français obtiennent du Gouverneur anglais de Madras de faire partir mon père moribond, le lendemain 18. Il demande qu'on le transporte à Goudelour pour être à portée des Médecins : on le lui refuse. Il reçoit ordre de partir pour Madras; & sur le bruit répandu par le Conseil, que ses coffres renfermaient des trésors, on ne lui permet d'emporter que deux malles & son lit.

Crimes, assassinats.

Dès le soir, veille de son départ, ce n'était qu'attroupemens, que bruits sourds & menaçans. On ne parlait que de *mort*, de *victimes*, on les désignait, on les comptait. Le lendemain, à dix heures du matin, deux Officiers de l'Inde, l'un jadis cassé en Europe & chassé de son Régiment pour conspiration contre son Colonel, l'autre déféré deux mois auparavant à la Justice pour assassinat, se mettent à la tête d'une troupe de conjurés. Ils se rendent au Gouvernement, hésitent quelque temps : leur Chef les encourage, les enflamme, ils vont droit à l'appartement de mon père : il n'était question de rien moins que de *le massacrer lui & quatre autres Officiers*. Ils rencontrent sur le perron de l'escalier un de ces quatre, le Chevalier de Chaponnai, qu'ils avaient déjà insulté une heure auparavant; ils l'attaquent. Un des Chefs le saisit par la boutonnière; le Chevalier résolu de vendre cher sa vie, met la main sur son épée; le Commandant de Lorraine se jette entre lui & les conjurés; l'alerte est dans le fort; la garde anglaise n'était qu'à soixante pas de-là; la troupe se disperse.

18 Janvier.

Second recueil le Noir, p. 303.

Les séditieux vont se rallier à la sortie du fort. Incertains de l'heure fixée pour le départ de mon père, ils l'attendent constamment sur la place jusqu'à une heure après midi. Enfin ils postent une Sentinelle pour *guetter* sa sortie, & tous se rendent à un festin digne de l'objet qui les réunissait. Les liqueurs violentes y coulent à grands flots ; la fureur de l'ivresse vient encore se joindre à celle de la haine. Quelques Officiers anglais, présens au repas, étaient glacés de tout ce qu'ils voyaient & de tout ce qu'ils entendaient. 1761. N°. 93.

Le repas finit à quatre heures; la troupe se rassemble sur l'esplanade vis-à-vis du fort; elle s'était grossie; il y avait environ quatre-vingts tant Officiers qu'Employés de l'Inde. Le Jésuite Lavaur traverse ces quatre-vingts assassins pour entrer chez mon père, & en conséquence il lui souhaite un bon voyage, & sur-tout un très-grand soin de sa santé.

Enfin à six heures un quart, de Fère, qui avait été mis en faction à la porte de mon père, voit ses battans s'ouvrir, & court avertir ses Camarades. Dans l'instant l'on apperçoit mon père lui-même; il était transporté moribond sur son lit; ce spectacle eût désarmé des cannibales. A peine a-t-il débouché du fort, que l'esplanade retentit des imprécations les plus horribles, & toute la troupe s'avance sur lui. Déjà une douzaine de conjurés n'était plus qu'à dix pas; il leur présente deux pistolets qu'il avait à peine la force de tenir; il ordonne à quatre de ses Gardes, qui l'accompagnaient, d'armer leurs mousquetons. Ce mouvement fait faire à toute la troupe une pause d'environ une minute. Quinze Houssards anglais se précipitent le sabre à la main & entourent mon père. Un Officier de l'Inde a écrit que sans cette escorte N°. 251.
M. de Lally eût été mis en morceaux.

L'Officier qui la commandait demande à mon père la permission de charger ces assassins : mon père s'y oppose ; il sauve la vie de ceux qui voulaient lui enlever la sienne.

1761. Quelques minutes après, le Chevalier du Bois, Intendant de l'Armée & Commiſſaire ordonnateur, ſort du fort. La troupe ſe rallie une troiſième fois ; elle fond ſur lui ; on s'écrie *qu'il faut le brûler* ; on l'entoure ; de Fère court ſur lui l'épée à la main ; l'Intendant, homme preſque ſeptuagénaire, & n'y voyant en plein jour qu'avec des beſicles, porte un coup mal aſſuré dans le bras de l'aggreſſeur ; de Fère profitant de tout ſon avantage, lui plonge ſon épée dans le cœur ; *l'Intendant tombe roide mort, & ſon oraiſon funèbre commence par mille cris de joie* *. On le vole, on le dépouille, on traîne ſon cadavre, on lui refuſe la ſépulture ; ſes Domeſtiques ſont obligés de l'enterrer dans ſon jardin. Le Procureur du Roi Boyelleau ne ſonge qu'à mettre le ſcellé ſur ſes papiers ; on ne les a jamais revus. Toute l'Inde ſavait que cet Intendant, en ſa qualité d'homme du Roi, avait tenu, depuis ſon arrivée à Pondichéry, une ſuite de notes & de procès-verbaux, ſur l'adminiſtration, ſur les abus, les prévarications des différens Employés civils ou militaires : auſſi était-il un des *quatre* déſignés pour être *maſſacrés* (1).

* Propres expreſſions du Conſeiller le Noir.

Mon père écrit de Madras, & nomme le Conſeiller Nicolas pour remplir les fonctions du malheureux du Bois : on ne fait pas ſeulement attention à ſes ordres ; on nomme le Conſeiller Denis. La première opération du nouveau Com-

(1) « His death, violent and iniquitous as it was, was treated as » a meritorous act. . . . It was Known that he had, ever ſince his » arrival at Pondichery, compoſed proteſt on the part of the king » againſt all the diſorders and irregularities which came to his know- » ledge in any of the departements of the Government, and the » collection was very voluminous ; but none of his papers have ever » appeared ». *Orme's*, 3[d]. *vol. p.* 724.

miſſaire eſt de ſigner pour ſept à huit cents mille francs de comptes que du Bois n'avait jamais voulu paſſer. Il rompt les ſcellés, il ſpolie, il divertit les papiers du mort. Il a eu la mal-adreſſe d'en citer un dans ſa confrontation; mon père en a pris acte : le Conſeiller a répondu que ces papiers étaient dans des malles; que ces malles étaient dans une chambre, que lorſqu'on avait commencé à démolir Pondichéry, le plancher de cette chambre était tombé en dedans, que les malles étaient tombées au deſſous, qu'en tombant elles avaient été miſes en pièces, que les papiers étaient reſtés huit jours dans les décombres, & que les Anglais les avaient rendus dans un état indéchiffrable, excepté celui que le Conſeiller citait. Rien de plus plauſible que cette réponſe : il eſt évident que les murs de Pondichéry, en s'écroulant, devaient enſevelir tous les papiers qui pouvaient juſtifier mon père, & épargner le ſeul dont on pouvait abuſer contre lui.

1761.

Confrontation de Denis.

Des Officiers, des Employés, des Conſeillers de l'Inde avaient figuré dans ces attroupemens meurtriers : celui qui en était le Chef ſe fait donner deux certificats par les deux Jéſuites Lavaur & St. Eſtevan, portant que le jour où mon père eſt ſorti de Pondichéry, il était enfermé dans le clocher de ces Saints Religieux. Le Couvent était à trois cents pas du fort où s'était paſſé la ſcène : le Rapporteur dans le procès a dit, que *c'était un alibi des mieux prouvés qu'on eût jamais produits en Juſtice* (1).

(1) L'atteſtation du Père Lavaur eſt curieuſe; la voici : *Je ſouſſigné, Supérieur-Général des Jéſuites français dans l'Inde, certifie que le dix-huit Janvier de la préſente année, jour auquel M. le Comte de Lally ſortit de Pondichéry, M. Mariol, Capitaine au Bataillon de l'Inde, vint chez nous vers les onze heures du matin me demander un aſile, attendu*

1761. Mon père veut faire constater juridiquement les excès qui se sont commis : il s'adresse au Gouverneur de Madras, est refusé, menace de se plaindre en Angleterre de ce déni de justice. On fait une information. Des témoins sont entendus devant le Juge de Paix ; les Gardes de mon père déposent aussi, en pleine liberté. Six semaines après son départ on en a jeté deux en prison, on les a chargés de fers, on leur a fait dire que mon père les avait forcés de déposer : & c'est mon père qui a été accusé de subornation ! Ces deux témoins se sont contredits dans leur rétractation : l'un a dit *que leurs dépositions étaient faites huit jours avant qu'on les leur donnât à signer ;* l'autre a dit *que le Secrétaire de mon père les écrivait pendant qu'ils déposaient.* Ce Secrétaire prisonnier, accusé, n'a point été interrogé sur ce fait : ces témoins prétendus subornés n'ont pas paru au procès ; ils n'ont été ni confrontés, ni entendus, ni même apperçus : & le Rapporteur, dans ce procès, a dit que cette subornation était *une des plus constantes qu'on eût jamais présentées à la Justice !*

Confrontation du Chevalier de Chaponnai.

Cependant les assassins de Pondichéry avaient écrit à leurs correspondans de S[t]. Thomé que mon père était manqué. On forme dans cette dernière Ville un nouveau complot ; il est

---

qu'on le faisait chercher pour l'arrêter (il avait donc été au moins de l'attroupement du matin) ; *je lui répondis qu'il ne serait pas en sûreté si l'on venait s'informer avec moi, parce que je ne croyais pas devoir mentir, mais qu'il pouvait se retirer ou dans le jardin ou dans l'Église, sans me dire l'endroit, sur quoi il alla chercher un de nos Pères, qui le plaça dans une chambre que nous avions dans le clocher*, &c. Cet autre bon *Père*, qui était S[t]. Estevan, était donc moins timoré que Lavaur ? il *croyait* donc, lui, *devoir mentir ?* & en effet, il ment d'un bout à l'autre de son certificat. Il faut avouer que voilà des témoignages bien imposans & des pièces bien probantes.

éventé : le Conſeil de Madras ſe croit obligé d'établir un poſte entre S^t^. Thomé & le quartier du Général français ; il fait déſenſe aux priſonniers d'approcher de ce quartier ; il donne à mon père une garde de cinquante hommes. 1761.

Dans le même temps on fouillait ſes coffres à Pondichéry avec une indécence ſcandaleuſe, en préſence d'un Commiſſaire anglais & d'un Conſeiller français. On n'y trouve que des hardes à ſon uſage ; on en ſpolie une partie ; les deux Généraux anglais, de terre & de mer, n'y voyant point les tréſors & effets précieux qu'on leur avait annoncés, traitent les deux Conſeils d'une bande de frippons, & en font faire des excuſes à mon père par un des témoins même qui a dépoſé contre lui. Je produis le procès-verbal du Commiſſaire anglais ; il a été produit dans le temps du procès ; on a répondu *qu'il faudrait le faire traduire, que cela conſtituerait la Chambre en frais :* ce procès-verbal a environ la valeur d'une page.

Ligue des deux Conſeils, anglais & français, contre mon père.

Les effets de mon père ſortis de Pondichéry, on les arrête de nouveau à la douane de Madras pour le paiement de 30000 livres qu'il avait empruntées pour la Compagnie, & dont il s'était rendu caution. Les deux Conſeils réunis ſe diſputent à qui l'inſultera le plus ; on méconnaît ſon caractère ; on refuſe de traiter avec lui pour ce qui concernait les priſonniers français. Quiconque eſt ſuſpect de lui être attaché, eſt traité avec autant d'indignité que lui. Un Bourgeois qui lui avait fourni, pendant le ſiége, l'expédient de faire de la raque pour le beſoin du Soldat, eſt chaſſé de la Ville. Un ſous-Marchand, qui avait indiqué des caches de grain, eſt rayé du tableau. Un Chirurgien, Directeur de l'Hôpital, qui en avait réduit les dépenſes à moitié, & qui avait accompagné mon père à Madras, eſt exclu de la ſubſiſtance ac-

1761. cordée par les Anglais aux prisonniers. Enfin, un Officier qui, instruit du complot formé à S^t. Thomé pour l'assassiner,
N°. 95. l'avait averti, est obligé de se réfugier chez les Danois. Mon père proteste contre toutes ces infamies, & le Gouverneur anglais Pigot lui fait répondre *qu'il lui ôtera encre, plumes & papier.* En vain Coote réclamait pour son Prisonnier les droits sacrés de l'infortune, les Loix de la Guerre & des Nations, la générosité anglaise : il ne faisait qu'aggraver le malheur de celui qu'il voulait protéger. C'était une jouissance pour le Conseil de Madras de mortifier le Vainqueur de Pondichéry. Coote pleurait sur ses lauriers, il écrivait à mon père : *J'ai assez de force pour supporter patiemment les insultes qui ne s'adressent*
N°. 247. *qu'à moi ; mais toute ma philosophie m'abandonne quand ils font passer par vous les traits infames qu'ils destinent à me percer.*

Enfin, le 5 Mars 1761 on signifie à mon père de se tenir prêt à
N°s. 80, 252. partir le 10. Il réclame contre cette violence, il réclame en vain. Un détachement de 50 hommes le conduit de force à bord, à peine convalescent. On l'embarque, contre saison, sur un bâtiment marchand si mauvais, qu'on empêche l'Ingénieur Bourcet de s'y embarquer avec lui. Il demande qu'on lui permette au moins de transporter quelques légères provisions & du vin pour sa route ; on le lui refuse. Pendant trois mois il est réduit, pour toute nourriture, à la gamelle du Capitaine-Marchand & à du bouillon de porc frais & salé ; insulté encore, outragé chaque jour jusqu'à sa relâche à Sainte-Hélene, où le Commandant militaire cherche à lui faire oublier les procédés honteux de ses Compatriotes indiens.

Le Gouverneur & le Conseil de Pondichéry le remplacent à Madras, ils sont reçus à bras ouverts par le Gouverneur & le Conseil

Conseil anglais ; & mon père n'avait pas osé sortir de chez lui dans la crainte d'être insulté. Ils trouvent toutes les bourses ouvertes ; & mon père avait été obligé de se dépouiller du peu qu'il avait, pour obtenir la remise de ses effets. 1761.

Les deux Conseils ligués combinent deux libelles contre mon père, l'un sous le titre de Mémoire du Gouverneur de Pondichéry, l'autre sous celui de Manifeste du Conseil de Madras. Le prétexte était, pour l'un, d'empêcher la démolition de Pondichéry, pour l'autre, de la justifier.

Le Gouverneur français *convenait que les Anglais avaient eu raison d'être piqués contre M. de Lally de la démolition de St. David;* & ce Gouverneur avait eu un double des instructions de M. de Lally qui lui ordonnaient de le démolir, & ce même Gouverneur avait écrit à mon père le 20 Août 1758 : *je suis charmé que vous vous déterminiez à continuer la démolition du fort Saint-David, dont tout le monde souhaite l'entière destruction!* Il disait que mon père *avait invité les Anglais à venir prendre possession de cette place*, & il avait *sommé* mon père de rendre cette place *sans délai!* Il disait que Pondichéry, dans le moment de sa prise, *avait plus d'Européens pour sa défense que les Anglais n'en avaient pour l'attaquer ;* les Anglais avaient tant sur mer que sur terre 11950 Européens, & l'état qu'ils ont pris des Prisonniers Européens faits dans Pondichéry, Ttroupes réglées, Invalides, Matelots, Bourgeois, Employés, Religieux, Valets, Ouvriers, femmes & enfans, monte à 2060! Il terminait enfin ses représentations par *les témoignages les plus authentiques de la reconnaissance que lui & son Conseil conservaient de toutes les bontés du Gouverneur anglais pour chaque individu d'entre eux ;* ainsi mon père était le seul qui eut à se plaindre des duretés & des cruautés de ce même Gouverneur. N°. 253.

1761. Le Conseil anglais, dans sa réponse, taxait mon père d'avoir rendu la place à discrétion ; & pour cela il falsifiait la réponse du Général anglais, en y inférant le mot *discrétion*, qui n'y est point ! Il lui reprochait de n'avoir pas essayé d'obtenir quelques conditions pour les Habitans ; & le Général anglais avait refusé celles que mon père avait demandées, celles que le Conseil autorisé par mon père avait demandées ! Il lui reprochait de n'avoir pas sollicité un meilleur traitement ; & il ne cessait de dire dans tout le cours du même Manifeste, qu'on lui en avait accordé un meilleur qu'il ne devait l'attendre ! Il lui reprochait enfin de n'avoir pas donné quelques signes de défense de plus ; c'est vraisemblablement la première fois qu'on a vu un ennemi reprocher à son ennemi de ne s'être pas assez défendu !

Le fait est que ces deux pièces, dans lesquelles les deux Gouverneurs Marchands anglais & français se disputaient à qui vomirait plus d'injures contre mon père, sortaient de la même plume. Le Moine Lavaur avait présidé à l'ouvrage & à sa publicité. Il avait fourni l'Imprimeur & l'Imprimerie. Après les avoir fabriquées dans l'Inde, il les a même paraphrasées depuis à Paris. Mon père en a porté au Ministre les brouillons écrits & corrigés de la main de ce Moine, sur le compte duquel il n'a été éclairé qu'à cet instant. Et ces deux Ecrits sont les principales pièces qu'on ait représentées à mon père lors de son interrogatoire !

Dans une de ces pièces, les Anglais citaient les instructions données à M. de Lally par sa Cour. On a commencé par en conclure que mon père en avait donné communication. Mais les instructions secrettes qu'il avait eues lui seul, n'avaient pas été connues des Anglais, & celles qui en avaient été connues étaient les mêmes dont on avait donné un double & au

Gouverneur Leyrit & à l'Amiral. Mais il s'est trouvé une lettre de ce Gouverneur Leyrit au Ministre des Finances, dans laquelle il écrivait que c'était le double qu'il avait eu des instructions de M. de Lally qui était tombé au pouvoir de l'ennemi ; qu'elles avaient été prises dans une boîte de fer-blanc qu'il envoyait dans un bateau à Tranquebar, quinze jours avant la prise de Pondichéry : ce n'était donc pas mon père qui en avait donné communication. Et ce n'est qu'après des demandes & des refus multipliés, qu'on a pu obtenir que cette lettre serait jointe au procès, & que lecture en serait faite à la Cour! Si elle n'eût pas été lue, il n'est pas douteux que mon père n'eût été déclaré coupable de haute trahison. 1761.

Mais il y a ici une autre observation à faire. Ces instructions données à mon père, & dont les Anglais avaient le double, lui défendaient d'accorder aucune condition aux établissemens ennemis. Pigot citait cette clause pour justifier la démolition de Pondichéry. Il y a plus : il s'était rendu, avec ces mêmes instructions, au Camp du Général Coote, pour diriger sa capitulation. On demande à tout homme de bonne foi, quelles conditions l'on pouvait espérer d'un ennemi qui avait en poche la preuve que nous ne lui en eussions pas accordé, & qui en avait fait l'épreuve à Saint-David? On demande si les pièces même invoquées contre le Général Lally n'étaient pas toutes entières à sa décharge?

Ces deux Manifestes n'étaient pas les seules armes que la malignité se préparât. La haine en créait chaque jour. Ici c'était un procès-verbal de la prise de Pondichéry, signé des Conseillers & du Jésuite Lavaur, ouvrage de ténebre & de mensonge, dans lequel la vérité était altérée à chaque ligne, & que ces Conseillers eux-mêmes ont contredit dans le procès.

1761. Là c'était une nuée de lettres particulières, que chacun adressait à ses Correspondans d'Europe pour les faire circuler. Ce que le Patriotisme a de plus intéressant, ce que la Religion a de plus sacré, était prostitué dans ces relations criminelles pour étendre & faire triompher l'imposture. On en adressait à des Corps, à des Confrairies, à des Communautés religieuses. Il est impossible de passer sous silence ce qu'écrivait le Jésuite Mauri. *L'instrument dont Dieu s'est servi pour punir la multitude & l'énormité des crimes de nos Français dans ce pays, a été un Irlandais envoyé de France..... Je doute que ce Monsieur, chargé de trésors immenses, ose remettre le pied en France..... ON PRÉTEND lui avoir entendu dire plusieurs fois, qu'il ne voulait laisser aux Français dans l'Inde que des yeux pour pleurer.....* Après ce début, le Jésuite cherchait à échauffer les imaginations religieuses par l'image qu'il présentait de la démolition de Pondichéry. C'est *par nous*, disait-il, *que ces Anglais hérétiques, & de tout temps ennemis jurés des Jésuites, ouvrirent la scène. Je récitais les petites heures dans le jubé, le Père St. Estevan célébrait la sainte Messe & était déjà courbé sur l'Autel prononçant les paroles de la consécration. Je ne sais si le son de la clochette avait été le signal donné, mais alors j'entendis entrer plus de deux cents Idolâtres qui poussaient des hurlemens effroyables, & blasphêmaient le très-auguste nom du Dieu des Chrétiens. Ils avaient à leur tête, pour les exciter, un Ministre anglais accompagné d'un Ingénieur, &c.* Mauri assurait ensuite que les Anglais avaient fait vœu de détruire son Eglise pendant quatre Vendredis consécutifs, *pour crucifier de nouveau Jésus-Christ* : que *le premier Vendredi, jour destiné à honorer le sacré Cœur, dont l'association était dans l'Eglise des Jésuites, ils avaient enlevé les portes, les gonds, les fenêtres & les pavés* : que *le second Vendredi, ils avaient fait sauter les quatre colonnes du dôme;* que *le troisième Vendredi, ils avaient abattu la Chapelle de Saint Xavier :* que *le quatrième Vendredi ils avaient fait tomber les murailles des deux côtés.* Il finissait par rendre responsable de tous ces sacrilèges *le prétendu Général irlandais, français, ou plutôt anglais,* & il annonçait *que le Révérend Père Lavaur raconterait tout en détail.* Il est clair que si ce Mauri n'était pas un frippon, c'était un imbécille fanatique; mais ce qui n'est pas moins clair, c'est que dans tous les cas, Lavaur s'en servait comme d'un instrument aveugle pour préparer les voies à la diffamation qu'il méditait. Et toutes ces lettres, & toutes ces dépêches de la cabale arrivaient en France, tandis que celles de mon père, parties en même temps, étaient retenues à Londres. 1761.

XVII. Arrivée de mon père à Londres. Son retour en France. Manœuvres de ses ennemis. Sa fermeté. Il se rend en prison.

Arrivé lui-même dans cette Capitale, il emploie le premier instant que lui laisse une santé délabrée, à solliciter sa liberté. On accorde celle de plusieurs Officiers; la sienne lui est refusée en plein Conseil d'Etat. On était encore en guerre, & le ministère anglais avait été éclairé sur le zèle & la capacité de mon père par d'autres lumières que par celles d'un Conseil de Marchands & de Palefreniers.

Il apprend que l'administration française a communiqué à ses ennemis les notes qu'elle lui avait demandées sur leur compte, & les plaintes qu'il lui avait adressées sur leurs prévarications, qu'il se forme un parti, qu'il se tient des assemblées, qu'il se répand des libelles, qu'il se machine une récrimination monstrueuse. Il sollicite la permission de revenir en France sur sa parole, il l'obtient. A son arrivée, il trouve tout déchaîné contre lui. Les restes du parti le suivent de près; le Conseil de Pondichéry arrive sur ses pas; sa présence, en redoublant la crainte de ses ennemis, enflamme en-

1761. core leur fureur. Ils ne gardent plus aucun ménagement ; ils crient, ils assiégent, ils corrompent. La Compagnie des Indes abandonne son Commissaire innocent, pour n'avoir pas à rougir de ses Agens coupables. Le Moine Lavaur, dont nous réservons le dernier trait caractéristique à la seconde partie de ce Mémoire, se dévoue entiérement aux calomniateurs. Avant son départ de l'Inde, on avait encore envenimé sa noirceur : un Officier lui avait écrit que mon père avait *formé le projet de perdre toute la Société de Jesus :* ce même homme avait écrit aux Officiers du Régiment de Lally qu'il *s'était attiré la disgrace du Chef, pour avoir rendu service au Corps :* & ce même homme enfin, d'absurdités en absurdités, de calomnies en calomnies, après avoir cherché à soulever un ordre de Moines contre un Général d'armée, à soulever tout un Régiment contre son Colonel, cherchait actuellement à soulever tout Paris contre un infortuné, par une lettre anonime & circulaire, dans laquelle il le chargeait des imputations les plus atroces. Mille écrits semaient ces imputations, mille bouches les répétaient. Toutes les maisons en étaient inondées, tous les lieux publics en retentissaient. On en faisait pour toutes les classes. Les Conseillers, les Officiers de l'Inde, tous ceux que mon père avait punis ou pouvait faire punir, s'en établissaient les Colporteurs. Le détail de leurs manœuvres serait trop long, & il est consigné dans mille endroits du procès. Mon père dédaignait de répondre à ces ouvrages ténébreux & à ces cris infames. Il allait à la source de la justice. En dénonçant comme homme du Roi les crimes de ses Subalternes, il demandait comme Particulier, l'examen le plus rigoureux de sa conduite. Je produirai sa correspondance suivie avec les Ministres d'alors, & l'on verra avec quelle fermeté il demandait cet examen, avec quelle sécurité il l'attendait. On verra qu'il leur portait lui-même les libelles qui le déchiraient. On verra que, n'obtenant point du Gouvernement la satisfaction qui lui était due, il voulait la demander aux Tribunaux. On verra enfin que ces Ministres lui imposaient silence & lui promettaient justice. 1761.

Enfin le cri de ses ennemis prévaut. Le Conseil & le Gouverneur de Pondichéry, enhardis par les progrès de la diffamation, se portent pour ses Accusateurs. Ils le dénoncent au Roi par une Requête en forme, dans laquelle ils s'établissent ses Adversaires, demandent à le poursuivre, & *supplient Sa* N°. 98.
Majesté de leur indiquer un Tribunal. Ils le dénoncent au Ministre par un Mémoire dans lequel ils articulent *neuf chefs ca-* Ibid.
pitaux d'accusation. Le Ministre des Finances ne paraissait pas favorable à la cabale dont il avait percé les manœuvres : on entoure le Ministre de la Guerre, dont on surprend la religion. Ce dernier, après avoir annoncé qu'il ne s'occuperait de la partie militaire que quand la partie de l'administration aurait été éclaircie, change tout-à-coup de résolution : il s'empare de l'affaire, & sa première opération est d'expédier une lettre de cachet. Mon père apprend que l'ordre est signé pour l'arrêter ; le Ministère lui-même lui fait donner l'avis de s'enfuir. Il s'indigne de cette proposition, il court au devant des fers, il arrive à Fontainebleau, il écrit au Ministre : *J'apporte ici mon innocence & ma tête. Le Roi est le maître de ma liberté, mais mon honneur est sous la sauve-garde des Loix.* On l'arrête le 3 Novembre. Il offre son épée : on la refuse. Il demande s'il faut partir sur-le-champ : on lui répond qu'il est encore maître de lui pendant douze heures. Il se rend à un repas où était toute la Cour chez la Marquise de Rochechouart, ne dit rien de l'ordre qui lui a été signifié, déploie sa gaieté ordinaire, & à l'instant de se séparer, annonce qu'il part pour la Bastille, du même ton avec lequel il eût annoncé son dé-

1761. part pour Paris. On s'effraie, on l'entoure, on le presse de s'échapper. *J'en sortirai triomphant*, s'écrie-t-il; & aussi-tôt il va rejoindre le porteur de l'ordre fatal, part avec lui pour Paris, voit apposer le scellé sur la partie de ses papiers qu'il n'avait pas encore pu mettre à couvert (il n'a jamais revu ceux-là), dîne avec son conducteur, prend quelques heures de sommeil, & va s'enfermer à la Bastille. Malheur à qui trouverait ces détails minutieux! Mon père les rappellait trois ans après, dans une lettre secrète qu'il écrivait du fond de sa prison à une personne de la plus haute considération : *Je suis parti de chez vous*, lui mandait-il, *pour aller offrir ma tête aux Ministres qui en avaient bien envie. Vous saviez alors aussi bien que moi qu'on m'accusait de concussion & de haute trahison, mais je savais mieux que vous que je n'avais rien à me reprocher; aussi vois-je par l'instruction de mon procès que ces deux chefs sont mis de côté. Il a plû à mes Commissaires de leur en substituer d'autres dont les lettres-patentes ne font pas seulement mention. Ces Messieurs censurent ma conduite militaire. Je ne m'attendais pas, je l'avoue, que le Parlement serait chargé de cet examen.* Dans une autre lettre écrite à la même personne & du même cachot, en se plaignant à elle de l'iniquité dont il était la victime, il lui disait : *Je l'ai voulu, vous le savez. Le fantôme de réputation m'a séduit. Je me croyais en France, je me trouve à Maroc.... J'étais jugé avant qu'on ne m'eût interrogé.*

A peine mon père est-il enfermé, que sa famille en corps sollicite un Conseil de guerre pour le juger. On revient alors au premier sistême de n'examiner la conduite militaire qu'après qu'il aurait été statué sur la conduite civile : il était triste qu'on n'eût changé ce sistême que pour un instant, & qu'on eût

eût employé cet instant à enfermer un malheureux à qui l'on donnait des fers, & à qui l'on refusait des Juges.

Il languit pendant quinze mois dans son cachot, demandant vainement ou qu'on le constituât Accusé, & qu'on lui fît son procès, ou qu'on lui permît de se constituer Accusateur de ceux qui l'avaient diffamé, calomnié, emprisonné. Enfin, un évènement imprévu donne naissance à une procédure informe, & sur cette procédure interviennent des Lettres-Patentes qui attribuent l'affaire à la Grand'Chambre du Parlement de Paris; ces faits appartiennent à la seconde partie de ce Mémoire.

N°. 254.

1764.

XVIII. Résultat de cette première Partie.

Ai-je besoin de présenter les inductions naissantes de celle qui se termine ici, & le Plaidoyer le plus éloquent, les raisonnemens les plus profonds, vaudraient-ils le simple récit que je viens de tracer? Si tous les faits qu'il contient sont établis sur une suite de preuves littérales; si la certitude n'en a pas même été ébranlée par l'instruction volumineuse qui a été dirigée uniquement & exclusivement contre mon père; si dans l'immensité des charges entassées avec tant de profusion, dans la multiplicité des dépositions combinées avec tant de noirceur, il n'existe pas un seul fait positif, une seule preuve articulée; si parmi les témoins entendus sur le chef de concussion, les uns ont avoué que mon père *ne touchait pas matériellement les deniers*, & les autres ont déclaré qu'*il ne donnait point d'ordonnance*; si parmi ceux entendus sur le chef de haute trahison, les uns ont déclaré qu'ils *ne prétendaient point inférer de la conduite du Comte de Lally aucun soupçon de trahison formelle*, & les autres se sont bornés à des oui-dire d'oui-dire, à des conjectures, à des *sans doute*, à des *peut-être*; si tout ce qui a pu résulter contre mon père, de témoignages inspirés par l'inimitié la plus acharnée & d'une procédure conduite par la partialité la plus effrayante, ç'a été qu'*il était* SANS DOUTE *coupable de concussions qui n'étaient pas matérielles*, & PEUT-ÊTRE *coupable d'une trahison qui n'était pas formelle*; qui osera élever un doute sur la première vérité que j'avais à établir, que mon père était innocent? Sous quelque aspect qu'on l'envisage, comme homme du Roi, comme homme de la Compagnie, comme homme privé, ainsi que le faisait envisager son Rapporteur, où le trouvera-t-on coupable?

Quel sera le crime de l'homme du Roi, qui, trompé dès le début de son expédition, frustré de la moitié des forces qu'on s'était engagé à lui fournir, enchaîné bientôt par une impuissance absolue, dépourvu de tous moyens, sans vivres, sans argent, sans vaisseaux, sans Soldats, traversé par mille obstacles, oublié de sa Cour, tandis que les ennemis recevaient des renforts multipliés de la leur, réduit successivement à 2700 hommes contre 5000, à 1100 contre 6000, à 1350 contre 2600, à 1100 contre 14500, à 1950 contre 15000, à 700, contre 21500, & sans un seul bateau contre 14 vaisseaux de ligne; malgré une infériorité si constante & si excessive, malgré l'esprit de sédition & de vertige répandu dans une Armée qui n'a ni solde, ni nourriture, malgré les désertions journalières & la défection totale de cette Armée, sans cesse quittant ses drapeaux pour aller joindre l'ennemi, trouve moyen de faire la guerre pendant trois ans sans interruption; prend dix places, en manque une, & la manque parce que son Escadre l'abandonne & laisse la mer libre à l'Escadre ennemie; gagne dix batailles, en perd une, & la perd parce qu'une partie de ses troupes disparaît au commencement de l'action, qu'une autre refuse de le suivre dans l'instant décisif de cette action, & le laisse seul sur le champ de bataille au moment où il fond ſur l'ennemi ; diſpute le terrein pied à pied, lorſqu'il ne peut plus que ſe défendre ; tient pendant cinq mois en échec des forces vingt fois ſupérieures aux ſiennes ; & après avoir épuiſé toutes les reſſources que ſon zèle & ſon imagination pouvaient lui ſuggérer, après avoir payé & nourri de ſon argent le peu de troupes qu'il lui reſtait, eſt enfin obligé de rendre une Ville bloquée par terre & par mer, une Ville priſe par la famine, où il ne reſtait pas un grain de riz, où l'on avait mangé les arbres & le cuir, ſans autre défenſe en un mot que quelques Canonniers & une poignée de Soldats, qui n'avaient plus la force de remuer un canon, pas même celle de ſe traîner juſqu'au rempart ?

Quel ſera le crime de l'homme de la Compagnie, qui, ſacrifiant généreuſement ſes intérêts à ceux de cette Compagnie, lui laiſſe la totalité des appointemens qu'elle lui doit, fournit les magaſins de ſon propre argent, vend juſqu'à ſes effets, juſqu'à ceux de ſon Secrétaire, pour nourrir la Colonie, & s'expoſe aux plus grands dangers pour établir dans les différentes adminiſtrations une intégrité & un ordre, que n'avaient jamais connu la plupart de ceux qui les dirigeaient ?

Quel ſera le crime de l'homme privé, qui ſe dépouille de tout ce qu'il poſſede pour ſon Roi & ſa patrie ; qui, haï, perſécuté, menacé de poiſon & d'aſſaſſinat, ſur le point de ſuccomber à l'un & à l'autre, n'exerce pas un ſeul acte de vengeance quand il en a le pouvoir, & remet à la juſtice des Loix la punition des attentats qu'enfantait le mépris de ces Loix ?

Que cet homme dominé naturellement par un tempérament vif, emporté par l'excès de ſon zèle, aigri par les contradictions ſans ceſſe renaiſſantes, pouſſé hors de lui-même par l'indignation que devaient exciter tant de crimes réunis, ſe ſoit laiſſé aller à des plaintes amères & à des reproches violens ; qu'il ait fait entendre, qu'il ait fait tonner dans toute ſa force la voix de cette vérité toujours ſi effrayante pour les coupables ; qu'il les ait accablés de menaces, dont malheureuſement il n'a jamais exécuté aucune ; que parmi ces coupables, quelques-uns même l'aient été moins en effet qu'ils ne lui ont paru l'être ; qu'accoutumé à ſe voir tromper de toute part, à rencontrer par-tout l'hipocriſie & la ſcélérateſſe, il en ſoit preſque venu au point de ne pas croire à la vertu dans ces affreux climats ; qu'il ait confondu le Citoyen indolent & incapable avec le Citoyen perfide & dangereux ; qu'il n'ait pas toujours eu aſſez de patience avec l'un, aſſez de diſſimulation avec l'autre ; qu'il ait été ou trop prompt ou trop franc dans quelques-uns de ſes Jugemens, ou trop indiſcret ou trop dur dans quelques-unes de ſes expreſſions ; que dans ces inſtans de trouble & d'amertume, où tout conſpirait à le plonger, il lui ſoit échappé quelque démarche imprudente, dont il n'a jamais réſulté de préjudice public, quelque réſolution déſeſpérée qui n'a jamais eu d'effet ; qu'enfin il faille dire de lui, ſi l'on veut, ce que Tite-Live diſait du Grand Camille, que *les génies les plus ſupérieurs, que les plus grands hommes ſavent mieux vaincre que gouverner* (1) ; était-ce donc là de quoi le condamner à perdre la tête ſur un échafaud ? Où en ſommes-nous, grand Dieu! ſi, avec de pareils motifs, des hommes peuvent faire périr un de leurs ſemblables ? & par quel biſarre contraſte ſommes-nous tout à la fois aſſez parfaits pour qu'une erreur ſoit punie de mort, & aſſez dépravés pour que ceux qui redoutent la vérité puiſſent conduire au ſupplice celui qui la dit ?

(1) *Adeò excellentibus ingeniis citiùs defuerit ars quâ civem regant, quàm quâ hoſtes ſuperent!*

Ah ! j'en appelle ici à tous les cœurs bons & à tous les êtres pensans ! n'eût-il pas même eu à combattre le désespoir, la haine, la scélérateſſe qui l'aſſiégeaient de toute part ; n'eût-il eu qu'à porter le fardeau de sa miſſion & celui de la faibleſſe humaine ; sa juſtification n'était-elle donc pas celle de la nature entière ? Ce que le plus profond des Philoſophes, ce que le plus éloquent des Orateurs, ce que le plus ſenſible des hommes diſait de *l'Ecrivain* perſécuté, à combien plus forte raiſon le dira-t-on de *l'Adminiſtrateur* accuſé ? « Eh que ferait-ce, mon Dieu, » ſi dans le cours d'une grande adminiſtration pleine d'actions » éclatantes, de leçons de zèle, de patriotiſme, de vertu, il était » permis d'aller cherchant avec une maligne exactitude toutes » les erreurs, toutes les démarches inconſidérées, toutes les » inconſéquences qui peuvent échapper dans le détail à un » homme d'Etat ſurchargé de ſa matière, accablé des nom» breuſes idées qu'elle lui ſuggère, diſtrait des unes par les » autres, ayant tout à la fois à entreprendre & à exécuter, à » régir & à combattre, & qui peut à peine aſſembler dans ſa tête » toutes les parties de ſon vaſte plan ? s'il était permis de faire un » amas de toutes ſes fautes, de les aggraver les unes par » les autres, en rapprochant ce qui eſt épars, en liant ce qui » eſt iſolé ; puis, taiſant la multitude de choſes bonnes & » louables qui les démentent, qui les expliquent, qui les ra» chetent, qui montrent le vrai but de l'Adminiſtrateur, de » donner cet affreux recueil pour celui de ſes principes, d'a» vancer que c'eſt là le réſumé de ſes vrais ſentimens, & » de le juger ſur un pareil extrait ? Dans quel déſert faudrait» il fuir, dans quel antre faudrait-il ſe cacher pour échapper » aux pourſuites de pareils hommes, qui, ſous l'apparence » du mal, puniraient le bien, qui compteraient pour rien le » cœur, les intentions, la droiture par-tout évidente, & trai-

J. J. Rouſſeau, 1re. Lettre de la Montagne.

» teraient la faute la plus légère & la plus involontaire comme » le crime d'un scélérat? Y a-t-il un homme au monde, quel» que vrai, quelque bon, quelqu'excellent qu'il puisse être, » qui pût échapper à cette infame inquisition? Non, il n'y » en a pas un, pas un seul: car le mal qui ne serait ni dans » ses écrits, ni dans ses actions, ni dans son cœur, ils fau» raient l'y mettre par leurs extraits infidèles, par leurs fausses » interprétations, par leurs analises infernales ».... Juges, qui que vous soyez, devant lesquels la mémoire de mon père va se trouver citée, méditez long-temps ce morceau avant de prononcer: on peut, sans rougir, recevoir des leçons de l'homme qui l'a écrit.

XIX. Vraies causes de la perte de l'Inde.

Me sera-t-il permis actuellement de faire deux questions auxquelles je répondrai moi-même, & puisque la perte de l'Inde a été le prétexte de la mort de mon père, n'ai-je pas le droit de remonter jusqu'aux premières causes de cette perte?

Pourquoi la Compagnie anglaise des Indes orientales, qui a commencé son commerce avec un fond de 22 millions, loin de diminuer ce fonds, l'a-t-elle immensément accrû? Pourquoi, en s'arrêtant à l'époque de la dernière guerre, trouve-t-on que ses actionnaires, dans les circonstances les plus malheureuses, n'avaient jamais éprouvé de diminution de plus d'un cinquième dans leur dividende? Pourquoi avaient-ils toujours vu ce dividende s'augmenter en raison des profits du commerce? Pourquoi enfin la Compagnie avait-elle secouru l'Etat, en 1698 & en 1708, de 3,200,000 liv. sterlings à l'intérêt de 4 pour cent; en 1730, de 200,000 liv. sterlings sans intérêt; en 1744, d'un million sterling à l'intérêt de 3 pour cent?

C'est, 1°. parce que la Compagnie anglaise n'employait exactement soit à Londres, soit dans l'Inde, que le nombre d'Agens & de Commis nécessaires à son commerce, & que par ce moyen elle diminuait le nombre de fortunes qui auraient pu se faire à ses dépens: parce qu'elle ne faisait que des dépenses réellement utiles, & que par ce moyen elle diminuait la quantité des fonds morts qui ne sont plus disponibles pour le commerce.

2°. Parce qu'elle ne payait que 3300 livres par an à ses Directeurs, & 4400 livres au Directeur alternatif qui présidait à ses assemblées.

3°. Parce qu'il était défendu à un Directeur, sous peine d'être cassé & déshonoré, d'envoyer dans l'Inde une pacotille de 100 livres pour son propre compte.

4°. Parce que la Compagnie n'employait pas dans ses comptoirs un seul sujet, qui n'eût donné à Londres, avant de partir, une caution pour sa bonne conduite: elle était de 224 mille livres pour un Gouverneur, de 44 mille pour un Conseiller ou sous-Marchand du premier ordre, de 22 mille livres pour un sous-Marchand du second ordre, enfin de 11 mille livres pour un simple Commis ou Ecrivain.

5°. Parce que les Habitans du pays étaient toujours protégés par la Compagnie dans les démêlés qu'ils avaient avec les Européens; que la mauvaise foi dans les marchés faits avec ces Habitans était sévérement punie; que la police, la justice étaient strictement observées dans tous les comptoirs; que l'impunité n'enhardissait point le crime, & que le scandale n'avilissait pas la Nation.

6°. Parce que tous les 25 du mois, chaque comptoir était obligé de signer & de solder les comptes & dépenses du mois précédent, & de les envoyer à sa Compagnie qui connaissait tout & vérifiait tout.

7°. Parce qu'enfin les Directeurs eux-mêmes étaient surveillés ; que chaque actionnaire avait le droit d'inspecter leur travail, de les choisir, de les continuer, de les exclure à son gré ; que l'exactitude était dans leurs comptes, la liberté dans leurs délibérations, l'union dans leurs efforts, la suite dans leurs projets.

POURQUOI la Compagnie française des Indes orientales, qui a commencé avec un fonds de cent millions, a-t-elle vu son capital constamment décroître d'époque en époque ? Pourquoi son dividende a-t-il été réduit de 150 livres à 20 ? Pourquoi n'a-t-elle jamais payé un seul dividende du produit de son commerce, ce qui n'est encore arrivé qu'à elle ? Pourquoi enfin a-t-elle expiré sous son propre poids, après avoir coûté à l'État, en moins de quarante ans, la somme de trois cents soixante-seize millions ?

Par les raisons contraires à celles qui ont fait prospérer la Compagie anglaise.

I. Il n'est personne qui n'ait connu cette multiplicité ruineuse d'Administrateurs, de Commis, d'Employés de toutes les classes qui surchargeaient la Compagnie française ; dont plusieurs n'avaient pas même d'objet de travail, & qui tous cherchaient à dévorer sa substance. Il n'est personne qui n'ait gémi sur toutes ces dépenses fastueuses, sur toutes ces constructions inutiles qui absorbaient la partie la plus liquide de ses fonds. Non-seulement le produit, mais les capitaux même se perdaient en frais de régie, d'entretien, de représentation ; il y avait par-tout des bureaux oisifs, des magasins vuides, des palais également superbes & ridicules. La vanité prenait la place de de l'induſtrie. On ſongeait à briller quand on ne devait s'occuper que d'acquérir. Une Société marchande abandonnait ſon commerce pour s'enivrer des idées de *Souveraineté;* & dans une de ces aſſemblées deſtinées à repaître les actionnaires de pompeuſes & vaines déclamations, il a été dit ſérieuſement que *l'attribution des plus beaux droits de la Souveraineté, ne devait pas avoir lieu par économie.* Je ne puis donner une évaluation fixe de ce que les Employés ont coûté à la Compagnie, & l'on ſent qu'elle doit être immenſe: mais quant aux fonds morts, y compris les mauvais effets, il y en avait dans le bilan de 1725 pour 2,089,774 livres; dans celui de 1736, pour 8,196,830 livres; dans celui de 1743, pour 28,364,778 livres; enfin, dans celui de 1756, pour 62,853,526 livres.

II. On a d'abord adjugé aux Directeurs, pour leurs honoraires, un droit de 3 pour cent, à prélever ſur le produit du commerce. En neuf ans ils ont partagé une ſomme de 1,005,661 liv. 8 ſols, 1 denier. On a cru faire beaucoup alors de les réduire à des appointemens fixes de 12,000 livres.

III. A Dieu ne plaiſe que j'accuſe ici tous les Adminiſtrateurs! Soit parmi ceux qui répandaient ſur la Compagnie l'éclat d'un rang élevé, ſoit parmi ceux que leur travail faiſait appeller à la Direction des affaires, beaucoup ont été trop diſtingués par leurs vertus, leur déſintéreſſement, leur patriotiſme, pour n'être pas à l'abri même du ſoupçon. Mais beaucoup auſſi ont été loin d'avoir des vues auſſi nobles. Beaucoup ne voyaient dans leur place que les moyens de faire fortune, & ne cherchaient dans les Agens de nos comptoirs que des Facteurs particuliers. Enfin, c'eſt une choſe connue aujourd'hui, que la Compagnie n'a jamais fait à ſon profit plus de la moitié du commerce de l'Inde; qu'elle n'a jamais eu pour ſon compte plus de cinq cents tonneaux ſur un vaiſſeau qui partait d'Europe avec neuf cents; & qu'au retour, la pacotille des Employés faiſait, dans la même proportion, partie du chargement. Ainſi elle payait la totalité des frais de commerce, & elle ne retirait que la moitié des profits. Ce premier abus, déjà ſi énorme, était la ſource de mille autres plus funeſtes encore. L'abyme appellait l'abyme. Le Subalterne de l'Inde, qui avait le ſecret de ſon Supérieur de Paris, sûr d'être protégé, ſe livrait ſans crainte aux malverſations, aux infidélités, à toutes les manœuvres qu'entraîne la cupidité. Le Supérieur, de ſon côté, refuſait ſa voix à un règlement qu'il prévoyait devoir traverſer ſon ſecret agiotage. Si par haſard le règlement paſſait malgré lui, il en avertiſſait ſon Agent ſubalterne, pour qu'il eût à en prévenir ou à en éluder l'exécution. Ainſi tout ſe réuniſſait contre la malheureuſe Compagnie, & les Loix étaient rendues inutiles par ceux même qui les portaient.

IV. On a peine à ſe faire une idée de la compoſition d'hommes choiſis pour aller peupler, défendre, régir nos établiſſemens. Si les Directeurs n'euſſent fait que récompenſer leurs Domeſtiques ou ceux de leurs amis ou Protecteurs, en les plaçant dans la Milice & dans les Conſeils de Pondichéry, ç'eût été encore peu de choſe, quelqu'étrange que paraiſſe d'abord cette idée. Mais l'écume la plus infecte de l'Europe allait couvrir le malheureux ſol de l'Inde, ſur lequel elle contractait encore un nouveau degré de corruption. Des gens perdus de dettes, de débauches, de crimes, bannis par la Police, par le Gouvernement, par la Juſtice, des gens conduits aux fers à l'Orient, des gens *fouëttés & marqués*, allaient avilir à ſix mille lieues, le nom, le commerce, le Service, la Magiſtrature de France. Il m'en coûte d'affliger cette portion de Militaires également braves & honnêtes, qui se trouvaient confondus dans cette horde, & dont la vertu, après tout, doit tirer un nouvel éclat du contraste: mais je ferais frémir si je transcrivais ici les notes remises à mon père sur ces troupes de l'Inde, que Dupleix qualifiait en toutes lettres *d'un ramas de la plus vile canaille*, de *lâches*, de *coquins*, de *traîtres*. Quant à ce fameux Conseil supérieur, les principaux Membres, lors de l'arrivée de mon père, étaient un ancien Calfat de vaisseaux, un ancien Laquais de la Maréchale de Chamilly, un ancien Maître & un ancien Garçon Tailleurs de Versailles, un ancien Portier du Fermier-Général Pajot, un Banqueroutier que les Portugais avaient été sur le point de faire pendre, &c. Si les talens & la vertu les eussent portés à leurs places, si la modestie & l'intégrité les y eût suivis, sans doute leur naissance serait un titre de plus qu'ils auraient à nos hommages & à nos respects: mais on n'a que trop vu leur ineptie, leur bassesse, leur insolence, leurs crimes. Et voilà les gens qui, à la faveur d'une équivoque de nom, osaient s'assimiler à nos Cours souveraines! Voilà les gens qui se portaient pour les pareils des Lamoignon, des d'Ormesson, des d'Aguesseau, des Seguier, des Montholon, de toute cette grande & illustre Magistrature dont les noms ne se prononcent & ne s'entendent qu'avec un respect religieux! Le Consistoire Marchand de la Compagnie, souvent même un seul de ses Membres, leur donnait, sans examen, une commission qu'il leur ôtait à volonté. Un Directeur, de son Bureau dans la rue Neuve des Petits-Champs, émondait avec un trait de plume toute la Magistrature Indienne. Quatre de ses Membres ont été rayés de cette manière pendant le gouvernement de mon père; tous lui disaient en corps que s'il n'était pas content d'eux, il pouvait les casser

& en créer d'autres à leur place: le Commissaire qui a succédé à mon père a profité de l'avis & a cassé ce Conseil, dont les vexations & les révoltes étaient devenues intolérables. Voilà ce qu'était *la Cour souveraine* de l'Inde. Voilà ce qu'on a appellé, par une espèce de blasphême, le Parlement de l'Inde.

V. Depuis l'assassinat de *Nazerzingue*, jusqu'à celui de *Miramet-Hussein-Kan* & de *Chana-Vas-Kan*; Depuis *Nayna* qu'on a jeté dans un cachot pour le forcer de déposer contre la Bourdonnais, jusqu'aux Habitans de Cheringam qu'on a voulu forcer de déposer contre Flacour, *sous peine d'avoir le chabouc & les oreilles coupées*; depuis *Mondamia* qu'on a fait expirer dans les tortures pour avoir son argent, jusqu'à *Aiana Sastri* qu'on a tenu treize mois en chartre privée dans le fort, pour l'empêcher de réclamer contre un manque de foi & un vol qu'il avait essuyé de la part d'un Conseiller de Pondichéry, l'Histoire de notre Administration dans l'Inde n'a été malheureusement qu'une histoire de vexations, de rapines, de cruautés. Le droit des gens, les Loix de la propriété, l'ordre des successions, les sentimens même de la nature, tout était foulé aux pieds. On armait les parens les uns contre les autres. Le possesseur légitime d'un petit district était obligé d'acheter sa tranquillité, ou on lui suscitait un usurpateur. Les Habitans étaient poursuivis, enlevés à leurs foyers. On a déjà dit, & il est constant qu'un Village, même allié, devenait désert à l'approche d'un détachement des troupes de la Compagnie. J'ai entre mes mains plusieurs Requêtes originales présentées à mon père par ces malheureux Indiens, sur des injustices courantes dont on ne se faisait pas le plus petit scrupule, & qu'il est impossible de lire de sang-froid. Il en est une donnée par *Gonery Naiken Waquil du*

Paliagar de Toréour, dans laquelle on lit ce qui ſuit : *Le Suppliant eſt venu ici, Monſeigneur, pour les affaires de ſon Maître, au 1er. Février 1756.... Le Gouvernement* (de Pondichéry) *ayant menacé de le dépoſſéder & de donner ſa place à ſon frere cadet, le Suppliant a été obligé, ainſi que ſon Maître, de donner en préſent, à pluſieurs perſonnes, les ſommes ci-après, pour les intéreſſer en leur faveur, ſavoir :*

A M. de Leyrit, en deux fois,	*Roupies,*	*36000*
A M. Barthélemy (Conſeiller),		*8000*
A M. Deſvaux (Conſeiller),		*4000*
A M. Guillard, (Conſeiller),		*2000*
A M. Tilly (Officier),		*9000*
A Candapa {Valet-de-Chambre interprète de M. de Leyrit}	*& à ſon frère.*	*19800*

Enfin, le réſultat de la Requête eſt que *Gonery Naiken* a remis à la Compagnie quatre-vingt mille roupies, & aux Particuliers, 147,700.

Une autre Requête préſentée par le *Nabab Jorkan d'Alemparvé*, porte que, *pour ſe procurer la reſtitution de ſes Aldées, il a donné,*

A M. de Leyrit, Gouverneur, la ſomme de mille quatre cents pagodes d'une part ; plus, celle de cent roupies d'or, & finalement un ſerpeau de cinq cents roupies, ce qui fait en tout celle de ſept mille roupies, ci, ... 7000 R.

A M. Deſvaux, Conſeiller, une bague évaluée la ſomme de mille roupies, ci, ... 1000 R.

A Madame ſon épouſe, la ſomme de quatre cents roupies en toile, ci, ... 400 R.

A M. Sornay, défunt, & Ingénieur de cette place, la ſomme de deux mille roupies, afin, dit le Nabab, *qu'il ne fît point abattre la maiſon de mes ancêtres,*

Cependant, deux mois après avoir reçu cet argent, il l'a fait démolir pour employer les matériaux à la réparation de la forteresse, ci, ... 2000 R.

A M. Riquet, second Ingénieur, sous les mêmes conditions, un cheval évalué la somme de deux cents cinquante roupies, ci, ... 250 R.

A M. le Procureur du Roi, un bijou valant 250 pagodes. Plus, une bague valant 120 pagodes, & finalement un billet de la somme de 20,000 roupies, payable lorsque mes affaires seront finies avec Iman-Saëb, & il a fait installer dedans que c'est de l'argent prêté, tandis que je ne lui dois rien, ce qui me fait espérer de votre générosité que vous voudrez bien lui ordonner de me le rendre, ci, ... 21000 R.

Total, ... 31650 R.

Le même Nabab expose dans deux autres Requêtes, qu'il a été obligé de donner,

Au Valet-de-Chambre du Procureur du Roi, . . 3900 R.
A celui du Conseiller Desvaux, ... 360 R.
A celui du Conseiller Barthelemy, ... 2000 R.
Au Valet-de-Chambre de M. de Leyrit, ... 1850 R.
A l'Ecrivain de M. de Leyrit, ... 15000 R.
Au Maître-d'Hôtel de M. de Leyrit, ... 2000 R.

& qu'enfin *l'Interprète de la Chauderie*, ou Tribunal de police de Pondichéry, *lui ayant emprunté, pour un mariage, des bracelets d'or garnis en pierreries, avec un tapis de perse valant 500 roupies, n'a pas voulu les rendre.*

Le malheureux *Aiana Sastry*, Avaldar de Vandavachy, se plaignait, en ces termes, de la manœuvre du Conseiller chargé des fermes générales. *Il m'écrivit de lui venir parler, & m'étant rendu à ses ordres, il me garda un mois consigné chez lui, pour examiner, soit-disant, mes comptes. Après quoi il me proposa de lui donner 10,000 roupies, & me dit que si je faisais cela, il aurait soin de moi, & qu'il porterait la perte que j'avais faite en diminution sur ma ferme, & me promit de me continuer... ce qui m'obligea de lui remettre cette somme, & de m'en aller gouverner.... Etant de retour, j'appris qu'il avait donné la ferme à un autre, nommé Trivangarom, pour la somme de 250,000 roupies par an, ayant 532 Aldées en gouvernement, tandis que moi, qui n'en avais que 525, m'étais obligé de payer chaque année à la Compagnie la somme de 328,500 roupies, ce qui fait, chaque année, la somme de 78,500 roupies de plus que je donnais & que la Compagnie perd.... Il m'écrivit aussi-tôt de me rendre ici, & m'étant rendu à ses ordres, il me fit consigner dans le fort, & m'a gardé treize mois en cet état, après quoi, votre héroïque personne étant arrivée, il m'a remis en liberté.... M'ayant encore fait appeller chez lui, il y a six jours, pour vouloir me faire signer de force un mémoire des sommes qu'il s'est imaginé que je devais, & n'en voulant rien faire, il m'a gardé depuis le matin jusqu'à dix heures du soir, consigné; après quoi, voyant que je persistais toujours il m'a mis dehors.... Loin d'avoir perçu un sol, j'en suis pour la somme de 50,276 roupies de mon argent, sans espoir d'en recouvrer jamais rien, ce qui me fait espérer de la grandeur d'ame dont votre noble personne est pourvue, que vous voudrez bien lui ordonner de me laisser tranquille.... & celui qui régit l'univers, en reconnaissance de vos bonnes décisions & de votre justice, rendra par-tout vos armes triomphantes.*

Toutes ces pièces sont originales & je les produis. Il est aisé de juger combien tous ces procédés devaient rendre notre nom odieux & méprisable à ces Peuples. N°. 255.

Si l'on jette les yeux sur l'intérieur de la Colonie, quel nouveau tableau se présente ! Non, l'homme qui n'a pas habité ces funestes contrées, ne peut se peindre la licence, les désordres, la scélératesse, l'impunité qu'on y a vu règner. Les Loix y étaient sans force, le crime sans frein & même sans pudeur. Un Conseiller de l'Inde reprochait à mon père
N°. 256. de donner à des *vols* le nom de *forfaits* : un autre lui reprochait de donner le titre de *fripon* à un *malhonnête homme*. Un Commis est convaincu d'avoir volé des flambeaux d'argent dans le magasin, & de vendre aux Soldats une liqueur dangereuse qu'il fabriquait avec plusieurs complices, & que tous donnaient pour de l'araque. Un autre est convaincu d'avoir franchi de nuit un mur, pour voler des Baiadères, & de leur avoir volé en effet hardes, bijoux, argent monnayé, tout ce qu'elles possédaient. Un troisième, choisi par le Conseil pour Trésorier de l'Armée, est convaincu d'avoir gratté & surchargé les Ordonnances, de sorte qu'il paraissait avoir payé le double de ce qu'il avait fourni, & les Majors de troupes avoir quittancé le double de ce qu'ils avaient reçu. Un quatrième vole nuitamment ses hôtes avec effraction. Deux autres sont pris en flagrant délit, falsifiant des billets de caisse qui étaient alors la monnaie courante, & jetant sur la place des billets de 100 francs dont ils avaient fait des billets de 1000. Les prisons, les portes de Pondichéry s'ouvrent pendant la nuit pour les quatre premiers : les uns sont envoyés à Paliacate, les autres à Karikal, & ils trouvent par-tout des ordres donnés pour leur subsistance. Les deux derniers restent en prison, mais sans subir aucune peine, & ils sont délivrés par la prise de Pondichéry. Que serait-ce, grand Dieu ! si je grossissais cette énumération de celle des assassinats ! si je citais un sieur Flacour attiré dans une rue écartée de Pondichéry,

ſous prétexte d'une affaire d'honneur, & frappé d'un coup de piſtolet lorſqu'il tirait ſon épée : un ſieur Willeſine contre lequel les Officiers de l'Inde tenaient des aſſemblées ouvertes pour aviſer aux moyens de s'en défaire, deux fois attaqué & deux fois ſans vengeance : un ſieur Raut percé par derrière de deux coups d'épée, & l'aſſaſſin ſe réfugiant au Gouvernement, ſon fer ſanglant à la main : un ſieur Dubreuil atteint d'un coup d'épée dans Pondichéry même, au milieu d'un cercle d'Officiers qui s'étaient munis d'avance de pelles & de pioches, & enterré ſur la place ſans qu'on examinât ſeulement ſi le coup était mortel : un ſieur Drugeon invité à dîner par un Officier de l'Inde, enivré à deſſein, & tué au bout de la table : un ſieur Jeanbart, enfant de 19 ans, aſſaſſiné par une troupe d'Employés, & enterré dans une rue de Pondichéry, avec l'affectation de lui laiſſer un bras hors de terre, pour que perſonne n'en ignorât : un ſieur Chaumat, percé la nuit, dans ſon lit, de 22 coups de couteau par un Employé de la Compagnie ; l'aſſaſſin ouvrant enſuite le ventre à une femme noire enceinte, couchée dans la même chambre, arrachant de ſes entrailles ſon enfant palpitant, & ce ſcélérat, encore tout dégoûtant du ſang de ſes trois victimes, allant paſſer le reſte de la nuit dans la crapule avec deux autres Employés ! . . . . La plume tombe des mains. Tirons le rideau ſur ce ſpectacle d'horreur : mais obſervons que de tous ces crimes le dernier ſeul a été puni, parce qu'alors Pondichéry était rendu, & que le coupable était priſonnier des Anglais, qui l'ont fait pendre à S[t]. Thomé.

VI. La Compagnie a vécu & eſt morte ſans avoir jamais ſu l'emploi de ſes fonds, l'état de ſes poſſeſſions, le montant de ſes revenus, en un mot, ſa ſituation dans l'Inde. On la nourriſſait de chimères & de menſonges, on l'accablait de promeſſes & de demandes, on la perdait au milieu d'une foule de rapports contradictoires ; & tandis que les Particuliers marchaient rapidement au ſommet de la fortune, elle ne faiſait pas un pas qui ne la conduiſît au précipice. On eſt embarraſſé de choiſir dans l'immenſité des preuves qui viennent ici fondre de toute part : quelques traits particuliers ſuffiront.

A l'époque la plus brillante de nos établiſſemens dans l'Inde, lorſque nos Marchands diſtribuaient des couronnes, lorſqu'un inſtant nous rendait maîtres du tréſor de Nazerringue eſtimé 75 millions, Dupleix écrit à la Compagnie, que bientôt *ſes cargaiſons ne lui coûteront plus rien*. Le 25 Janvier 1750, il lui mande qu'elle doit compter, dès cette année, ſur une avance de 4,500,000 liv. & qu'*elle n'a plus à s'inquiéter de la dépenſe de tous ſes Comptoirs de la côte de Coromandel*. Deux ans après, le 30 Juin 1752, il lui envoie un bilan général, & le réſultat de ce bilan eſt que la Compagnie, déduction faite de tous les effets douteux, a dans la caiſſe de Pondichéry, un fonds d'avance de 24,110,418 liv. A peine avait-elle lu ce bilan, qu'elle reçoit une autre lettre, par laquelle le Conſeil de Pondichéry lui marque : *Loin d'avoir un fonds d'avance, comme vous le préſumez, vous redevez près de deux millions....... On manque d'argent pour acheter les cafés ; il n'y en a point pour les dépenſes courantes ; on a été obligé d'emprunter 300,000 roupies à 20 pour cent, pour envoyer l'*Hercule *& le* Fleuri *charger des poivres à la côte de Malabar*. La Compagnie envoie un Commiſſaire : vérification faite de toutes les caiſſes, le bilan de 24 & tant de millions ſe réduit à cet *État abrégé*, arrêté entre le Commiſſaire & le

Conseil, le premier Septembre mil sept cent cinquante-quatre.

Au Trésor	*rien.*	
A la Caisse courante	1756 R. 3 P.	
A la Monnaie	7196	
Et 325 pagoges de différentes tocs, avec les matières d'argent prises sur le Montarau, arrivé le 30 Juillet.		

Le Conseiller Moracin, Gouverneur de Mazulipatam, mande au nouveau Commissaire, le 7 Août 1754 : *il ne tient qu'à vous de voir à vos pieds le Maître du Dékan, & de recevoir les hommages des Peuples sur lesquels on n'osait autrefois lever les yeux.* » Des lettres interceptées de M. de Bussy » annoncent précisément le contraire, & démasquent l'infi» délité de ces rapports. » Le Commissaire prend des informations. Il apprend que Moracin était obligé d'envoyer prendre par des Soldats les Marchands d'Yanaon pour contracter avec eux. Celui qui voyait les Princes & les Peuples à ses pieds, ne pouvait venir à bout des Marchands de mouchoirs de Mazulipatam.

Notes de M. de Silhouët.

Il apprend quelque chose de plus : c'est que le jour même où Moracin lui avait annoncé sa position comme un prodige de grandeur & de richesses, dans une autre lettre écrite à Dupleix, il avait fait *une peinture affreuse de son état*, de son humiliation, de sa misère.

On produit à la Compagnie un bilan de ce même Mazulipatam, & ce bilan lui offre un produit net de 10,376,697 liv. 10 s. La vérification se fait, & il se trouve que Mazulipatam a coûté à la Compagnie, en pure perte, 757,656 roupies.

Rien ne devait être si avantageux que la possession de ces quatre fameux Cerkars que M. de Bussy avait obtenus de Salabetzingue. C'était un chef-d'œuvre de politique, c'était une ſource inépuiſable de tréſors pour la Compagnie : M. de Buſſy annonçait qu'*elle n'aurait plus de fonds à envoyer dans l'Inde.* Suivant ce même M. de Buſſy, ces Provinces avaient d'abord été affermées 2,400,000 roupies ; elles devaient enſuite être portées à 300,000,000. En 1754, tout compte fait, elles ne devaient plus rapporter que 1,840,510 roupies : la dépenſe, ſans y comprendre les appointemens & la maiſon du Commandement, devaient être de 1,832,388 roupies ; ainſi le bénéfice ſe réduiſait à 8,122 roupies : *encore était-il néceſſaire*, ajoutait M. de Buſſy, *que tout fût bien payé.* Il paraît que *tout l'a été fort mal.* Le 9 Juin 1754, le Conſeil de Mazulipatam écrivait que tous les revenus de ſon comptoir étaient conſommés par le détachement de M. de Buſſy. Le 12 Décembre on écrivait qu'ils n'y ſuffiſaient pas encore ; il fallait envoyer des fonds de Pondichéry. En 1756, ſuivant une lettre écrite le 19 Novembre par le Gouverneur Leyrit, l'adminiſtration des quatre Cerkars était arriérée de 1,144,329 roupies. En 1767, M. de Buſſy a réclamé contre la Compagnie, 15,256,608 liv. 13 ſ. 6 den. d'avances faites pour elle, & en a obtenu quelques-uns. Ainſi ces quatre Cerkars, qui devaient combler la Compagnie de richeſſes, ont épuiſé ſes revenus à Mazulipatam, ſes fonds à Pondichéry, ſa caiſſe à Paris. N'oublions pas que le Rapporteur de mon père a rangé parmi ſes crimes, le rappel du détachement des quatre Cerkars.

Pendant le blocus de Pondichéry, mon père veut faire camper les Grenadiers ſur les glacis du Fort, afin d'être plus à portée de défendre les remparts du côté de la mer, qui était ſans foſſés. Le Maréchal Général des Logis va demander au Garde-magaſin de la toile pour faire des tentes. Celui-ci répond qu'il n'en a pas une pièce. Il travaillait dans le moment au bilan qu'on devait envoyer à Paris ; l'Officier Major y jette les yeux par hazard, & tombe sur un article de 8000 pièces de toile, inscrites parmi les effets actuels du magasin. *Et vous n'avez pas de toile*, s'écrie-t-il ! L'Employé, un peu déconcerté, répond qu'elle est entre les mains de l'*Arombaté*. L'Officier court avertir l'Intendant de l'armée, tous deux mandent l'*Arombaté*, & lui ordonnent de délivrer la quantité de toile nécessaire sur les 8000 pièces qu'il a entre les mains. L'*Arombaté* reste confondu, jure qu'il n'a pas une aulne de toile, & qu'il ne sait seulement pas ce qu'on veut lui dire. Un Sous-Marchand, Greffier du Conseil, était présent aux débats. *Eh quoi! Messieurs*, dit-il aux deux Officiers, *cela vous étonne? Il y a peut-être quarante ans qu'on porte sur le bilan ces 8000 pièces de toile, & peut-être n'ont-elles jamais existé dans le magasin. Il y a cinq cents objets de cette nature. Il faut bien persuader aux Actionnaires qu'ils sont riches.*

Comme il y avait des objets destinés à figurer éternellement dans l'actif, il y en avait aussi qu'on portait toujours sur le passif. On citait à Chéringham un affut de canon qui avait coûté plus de cinquante mille écus à la Compagnie, & à Chalembron un bastion qui avait coûté le même prix en proportion. On a entendu ceux qui visaient les comptes, reprocher à l'Employé honnête ou novice qui ne forçait pas les siens, son imbécille scrupule : on craignait la contagion du bon exemple & le parallele que la Compagnie eût pu faire. Il y avait des non-valeurs arrêtées, avant même qu'on n'eût passé les baux : il y avait, s'il est permis de parler ainsi, des débordemens, des incursions, des ravages *fondés à perpétuité*. La plupart du temps le Fermier titulaire n'était pas le Fermier réel. Un Commis français percevait sous un nom Indien. J'ai sous mes yeux le bail de Chéringham passé par le Conseil à *Balichetti* le 4 Juin 1755, & le rapport fait par N°. 257.

le Conſeiller Barthelemy, qui commence par mettre en fait que *ce Marchand Malabare n'eſt qu'un prète-nom.* Par ce moyen c'était l'Indien qui malverſait, c'était l'Indien qui manquait à ſa parole, c'était l'Indien qui s'évadait; & l'Employé qui n'avait été conſtitué que pour le ſurveiller, ne répondait de rien. Ainſi le Conſeiller le Noir diſait à mon père qu'il avait été Commiſſaire, mais non pas Régiſſeur de Chéringham, & il ajoutait cette phraſe plaiſante, que *ſa conduite avait toujours répondu à ſa façon de penſer, qui était de n'être pas comptable.* Le choix des Fermiers, la durée, le renouvellement, le prix des baux dépendait d'une gratification de plus ou de moins. L'intérêt de la Compagnie était le ſeul oublié, & tandis qu'on allouait toutes les fournitures à un prix exceſſif, il n'était pas rare de voir la Ferme, qui eût dû augmenter, donnée au rabais. Ainſi nous avons vu *Aiana-Saſtry* dépoſſédé de la ſienne pour *Trivangaron* qui en donnait 78,500 roupies de moins. Ainſi Flacour afferme Cheringham 480,000 roupies. Il ſatisfait à ſon engagement, il retourne à Pondichéry, on le perſécute, on le calomnie, on commence par l'em-
N°. 258. priſonner, on finit par l'aſſaſſiner : Virachetty lui eſt ſubſtitué; on ne porte ſon bail qu'à 385, 000 roupies; après ſa geſtion il ſe trouve, ſur ce prix-là même, reliquataire de 80,000 roupies; on ne l'inquiéte ſeulement pas. La Compagnie avait perdu à cette mutation 175,000 roupies.

Les marchandiſes, les ventes, les retours, les emplois de fonds, tout était ſujet aux mêmes manœuvres. La Compagnie ne recevait que la moindre partie du bénéfice qu'elle aurait dû avoir en entier, & ſes Commis lui vendaient à un prix exorbitant ce qu'elle eût dû acheter de la première main. Ses fonds circulaient pour le compte de ſes Employés avant de valoir pour elle. Les *avaries* ſur mer étaient de règle comme les *non-valeurs* ſur terre. On ſavait que ſur 7000 bouteilles de vin qui arrivaient dans l'Inde, 5000 devaient être gâtées. Il n'était pas de ſi petits détails qui ne ſe reſſentiſſent de l'influence générale. En 1755, le Machaut part pour l'Europe le 13 Mars. Le 1er. Avril on arrête l'état de conſommation des 17 jours précédens. Le Calfat avait uſé 5 ou 6 bouts de bougie pour viſiter le vaiſſeau : on porte en compte à la Compagnie 70 livres de bougie uſées par un Calfat en 17 jours. Cet article peut paraître minutieux ; mais la ligne qui part de ce point infiniment petit, s'étend infiniment loin, & donne un vaſte cercle à décrire.

Enfin, pour ne pas ſe perdre dans ce détail immenſe de fraudes, de malverſations, ainſi que du trouble, des diviſions, des haines, de la confuſion univerſelle qui devait en réſulter ; & pour tout réſumer en ſix points généraux qui renferment tout :

Il eſt prouvé par le Mémoire de la Compagnie contre M. de Buſſy, qu'elle n'a jamais connu *ſon état de ſituation* dans le Dékan.

Il eſt prouvé par ſa Délibération du 24 Avril 1760, contre le Conſeiller Moracin, qu'elle n'a jamais connu ſon *état de ſituation à Mazulipatam*.

Il eſt prouvé par ſon Mémoire contre Dupleix, & par celui de M. de Godeheu, qu'elle n'a jamais connu ſon *état de ſituation* dans le Carnate.

Il eſt prouvé par le Mémoire de M. l'Abbé Morellet, qu'elle n'a jamais connu ſon *état de ſituation* à Pondichéry.

Il eſt prouvé par la lettre qu'elle écrivait à Dupleix, le 15 Octobre 1753, qu'elle n'a jamais connu *l'emploi des fonds conſidérables qu'elle a envoyés dans l'Inde*.

Il eſt prouvé enfin, par la lettre qu'elle écrivait au Gouverneur Leyrit & au Conſeil de Pondichéry, le 19 Mars 1759, qu'elle n'a jamais *connu au vrai* l'état d'aucune de ſes poſſeſſions dans l'Inde ; qu'elle n'a jamais reçu *aucun compte de la Régie, aucun de ses revenus & de leur emploi ; qu'elle a ignoré jusqu'à la dépense nécessaire pour les gardes & l'entretien de ces mêmes possessions.*

VII. Ce que l'administration de la Compagnie éprouvait de la part de ses Agens dans l'Inde, elle le faisait éprouver elle-même aux Actionnaires.

Feu M. de Gournai, Intendant du Commerce, tout à la fois Magistrat, homme d'Etat, Négociant éclairé, a dit en 1755, que *jamais on n'avait parlé vrai aux Actionnaires sur leur état.* M. l'Abbé Morellet, que je ne louerai point, parce que Voltaire l'a loué (1), a dit en 1769, que *jamais les Actionnaires n'avaient connu leur situation ;* & tous deux ont prouvé ce qu'ils disaient.

Assemblés en 1744, les Actionnaires ne l'avaient pas été depuis vingt ans. On disposait de leur propriété, de leurs biens, on en jouissait, on s'engraissait de leur substance, & on ne leur rendait seulement pas de compte ; ils ne connaissaient ni l'état de leur capital, ni les profits ou les pertes de leur commerce.

On faisait à la vérité des bilans annuels, dont on annonçait le résultat général, mais ce bilan n'était propre qu'à égarer ceux à qui on le présentait. Nous avons déjà dit qu'on y portait les fonds morts, comme capitaux de commerce. Jus-

(1) *Homme très-instruit*, dit Voltaire, dans ses Fragmens sur l'Inde, *d'un esprit net & méthodique, & capable de rendre service à l'Etat.* Voyez son Mémoire entier sur la Compagnie des Indes, composé par ordre du Gouvernement, & sur les pièces originales. Je lui ai dû beaucoup de lumières, & on ne peut puiser à une source plus sûre : c'est, sans contredit, parmi les Ouvrages de didactique & d'économie politique, un des plus clairement discutés & des plus solidement prouvés, qui aient jamais été écrits.

qu'aux dépenſes qu'entraînait la dégradation de ces fonds morts, étaient portées en augmentation de capital. Par exemple, dans le bilan de 1769, on fait monter tous les édifices civils à . . . . 6, 396, 125 ₶.

Les réparations & entretiens faits dans l'année, allaient à 92, 413

On réunit ces deux ſommes, & l'on en forme un capital de . . . . 6, 488, 538 ₶.

D'après ce principe, ſi tous ces édifices euſſent croulé, ou qu'ils euſſent été brûlés, comme il eût fallu payer en entier leur première valeur pour les reconſtruire, on eût pu porter en capital à la Compagnie 12, 792, 250 liv. Les tremblemens de terre, les incendies, les ouragans, la chûte de la foudre, les tempêtes, les naufrages, étaient tout ce qui pouvait lui arriver de plus heureux.

D'après le bilan de 1743, les Actionnaires ont dû croire que la Compagnie avait acquis, par ſon commerce, un bénéfice de 21, 761, 876 liv. Dans la vérité, elle était en perte de 19, 563, 998 liv. C'était, de la perte au gain, une erreur de 41, 325, 864 liv.

Le dividende a toujours été fixé arbitrairement, & non pas en raiſon des bénéfices. On l'a d'abord porté beaucoup trop haut, afin d'inſpirer une confiance perfide. L'Actionnaire regardait comme le produit de ſon revenu libre, ce qu'on prenait ſur ſes fonds de commerce; il voyait le gage de l'augmentation de ſon capital, dans ce qui en était réellement la diminution.

Nous avons dit que les Directeurs & Syndics avaient touché en neuf ans, pour leurs honoraires, 1, 005, 661 liv. 8 ſ. 1 d. Cette ſomme, qui devait être prélevée, à raiſon de

3 pour cent ſur le *produit net* du commerce, ſuppoſait que dans cet eſpace de temps la Compagnie avait fait un bénéfice réel de 33,522,003 liv. 18 ſ. 1 d. Or, la Compagnie, pendant ces neuf années, avait preſque toujours été en perte.

Tout était indéterminé, tout était arbitraire.

Sur l'état du mois de Mars 1769, l'hôtel de la Compagnie à Paris eſt évalué 800,000 liv. Sur l'état du mois de Juin 1769, il eſt évalué un million.

Suivant un article de ce dernier état, l'artillerie & les bâtimens de mer de l'Inde ſont évalués 596,120 liv. Suivant les états particuliers cités au ſoutien de cet article, tous ces objets ne montaient qu'à 136,000 liv.

On portait intrépidement ſur l'actif d'un bilan, le bénéfice *contingent* d'une vente qui devait ſe faire dans les deux années ſuivantes; on rangeait ce qu'on *eſpérait* avoir avec ce que l'on avait, & des *ſpéculations* étaient tenues pour *poſſeſſions*. C'était, dans le bilan de 1769, un objet ſeulement de 45,240,000 liv.

En 1764, il eſt queſtion de fixer une évaluation des bénéfices d'exportation & d'importation. Les Députés & les Adminiſtrateurs s'aſſemblent. Après bien des calculs, & avec la meilleure envie de groſſir les objets, ils arrêtent qu'il n'eſt pas poſſible d'évaluer les marchandiſes exportées d'Europe, à plus de 25 pour cent de bénéfice, & celles importées de l'Inde, à plus de 35 pour cent. La queſtion eſt de nouveau examinée, lorſqu'on demande à la Compagnie de produire ſes états; elle eſt décidée de même. Les états ſont dreſſés en conſéquence; ils ſont paraphés par les Commiſſaires. Mais, en réſultat définitif, compenſation faite de la recette & de la dépenſe pour une expédition de 12 vaiſſeaux, on trouve qu'on n'a pu établir dans la recette qu'un excédent de 385,000 l.

On craint de mettre sous les yeux des Actionnaires un résultat aussi effrayant, & en effet il est prouvé que la Compagnie des Indes de France devait se ruiner, en ne faisant qu'un bénéfice de 70 pour cent. Alors on se rassemble, on délibere de nouveau; & en Mai 1769, l'on convient, à la pluralité de huit voix contre sept, de porter le bénéfice des marchandises d'Europe à 35 pour cent, & celui des marchandises de l'Inde à 75 pour cent. A la faveur de ces deux suppositions, on parvient à se procurer un produit net de 1,760,000 livres. Il faut avouer que de pareilles opérations doivent inspirer une grande confiance !

De la mauvaise administration de la Compagnie était résulté son dépérissement, du dépérissement le recours au Gouvernement, & du recours au Gouvernement la nécessité d'en dépendre, de lui laisser le choix des Directeurs, & d'admettre dans l'administration, des Commissaires du Roi. Dans la vérité, il était assez juste qu'en fournissant à la Compagnie près de 400 millions en quarante ans, le Gouvernement eût quelqu'inspection sur l'emploi de ces millions, & quelqu'influence dans la nomination de ceux qui en disposaient. Mais dès-lors plus d'union, plus de relation même entre tous les Membres de ce grand Corps. Deux partis se forment que rien ne peut plus rapprocher : l'un dévoué au Gouvernement, l'autre plaidant pour ce qu'il appellait la liberté ; & dans chaque parti, plusieurs factions particulières se déchiraient encore entr'elles. D'un côté, la clandestinité couvre toutes les opérations : de l'autre, l'indiscrétion cherche à les pénétrer, & la rivalité à les faire échouer. De là les jalousies, la méfiance, les intrigues, les haines, qui, des Bureaux de Paris, allaient fondre jusques sur les Comptoirs de l'Inde. De là cet aveuglement, ce délire, ces efforts d'une malheureuse Compagnie conjurée contre elle-même, pour arracher des mains de la Bourdonnais les armes qui devaient la rendre triomphante, pour rendre tous ses exploits inutiles, & pour lui susciter dans Dupleix un ennemi plus terrible mille fois que les Anglais. Il est avéré aujourd'hui que les divisions funestes qui ont si long-temps éclaté entre ces deux hommes célèbres, avaient été préparées, nourries, perpétuées par ceux-là même qui devaient en être les victimes.

Au milieu de ce cahos, de cette anarchie, parmi cette lutte perpétuelle de factions l'une contre l'autre, comment eût-il été possible de s'attacher à un systême suivi, de combiner un projet sage? Nous avons vu la Compagnie tour à tour vouloir & ne vouloir plus être une Puissance dans l'Inde, tour à tour soutenir & abandonner Dupleix. Mais dans l'expédition confiée à mon père, quel tissu d'incertitudes, d'inconséquences, de contradictions!

C'en est déjà une bien grande sans doute, de choisir pour la retraite du crime, précisément le pays qui a le plus besoin d'être habité par des hommes vertueux & incorruptibles, capables de résister aux appas de la cupidité. C'en est une plus grande encore de savoir des hommes malhonnêtes qu'on a punis, parvenus à des Emplois d'où dépend son salut, & de les en laisser possesseurs. Mais leur laisser ces Emplois en connaissant leur malhonnêteté, & avouer qu'on la connaît, c'est-à-dire déclarer hautement qu'on veut confier sa gloire à des hommes sans honneur, sa fortune à des déprédateurs avérés, c'était un trait réservé à la Compagnie des Indes. Que dirait-on d'un père de famille qui, envoyant un de ses enfans visiter ses biens, lui dirait : *Allez parcourir mes terres ; réglez tout avec mes Fermiers & mes Régisseurs : il est bon que vous connaissiez à qui vous avez à faire : ce Fermier m'a volé il y a deux ans : ce Régiſſeur vient de me voler encore tout récemment : vous voyez que ce ſont des coquins fieffés ; mais n'importe, j'en ſuis content, je les garde, arrangez tout avec eux?*

Voilà cependant à la lettre le rôle que jouait l'adminiſtration de la Compagnie avec mon père. Quelques jours avant ſon départ, elle lui remet un état des Conſeillers & autres Employés civils ou militaires de Pondichéry. A côté de chaque nom était une deſcription courte & énergique du caractère & des exploits de chacun d'eux. Pluſieurs de ces notes ont été imprimées par mon père, p. 25 & 26 de ſon Mémoire. Je N°. 259
produis les pièces originales, & l'on verra que l'ineptie, la lâcheté, l'inſubordination, le brigandage étaient les principaux traits de ces différens caractères. Après avoir muni mon père de ces portraits, on ne manque pas de lui recommander *l'union & la bonne intelligence* avec chaque original. Il faut avouer que ce ſont de plaiſantes inſtructions à donner à un Général, que de lui dire : « Nous vous envoyons au milieu d'une bande » de Fripons, & il faut vous entendre avec eux. »

Mon père était donc déjà mécontent des Chefs de la Colonie, avant de les avoir vus. Il part, & il devait partir plein de méfiance & de mépris. En arrivant, il trouve tous ces Agens inſtruits de ſa miſſion, & des notes qu'on lui avait remiſes : on le haïſſait auſſi avant de l'avoir vu. Eſt-il beſoin de dire ce qui devait réſulter de ces diſpoſitions réciproques?

On l'avait chargé par ſes inſtructions de rétablir l'ordre dans les finances, & par ces mêmes inſtructions on lui recommandait de *peu ſe mêler des finances.* Il n'eſt pas aiſé de rétablir l'ordre dans une partie dont on ne ſe mêle pas. Les fonds envoyés pour la guerre ſont employés à toute autre choſe : au bout de vingt-cinq jours il n'en reſtait pas un ſol.

Après lui avoir recommandé, en 1758, de peu ſe mêler

des finances, on lui écrit, en 1759, que s'il s'en est mêlé, il a bien fait; & s'il ne s'en est pas mêlé, on lui ordonne de le faire. Il n'était plus temps. On lui recommandait de veiller à l'économie, quand il n'y avait plus rien à économiser.

Les deux factions principales subsistaient toujours à Paris. Les restes du parti Dupleix portaient M. de Bussy. Le parti de la Bourdonnais & de Godeheu était pour mon père. Le premier prévaut pendant quelques instans, fait nommer M. de Bussy au commandement en chef, des lettres particulières l'annoncent dans l'Inde: on sent combien l'insubordination devait augmenter à l'égard du Chef dont on croyait le rappel déterminé. L'autre parti, après quelques jours, reprend le dessus, mon père est continué dans son commandement, malgré ses demandes perpétuelles pour en être déchargé: on sent combien la haine devait s'irriter contre un Chef auquel on avait cru pouvoir manquer impunément.

Le Conseil de Pondichéry écrit que sans un envoi de 14
No. 7. millions, l'Inde est perdue, quelque secours d'hommes & de vaisseaux qu'on envoie. La Compagnie, de ce qu'on lui demande trop, conclut qu'il ne faut rien envoyer du tout. Le Chevalier de Luker arrive, & dit que si l'on n'envoie rien, Pondichéry est perdu. Le Marquis de Montmorenci arrive, & dit la même chose. Le Marquis de Chambois arrive, & dit la même chose. Le Trésorier Chevreau arrive, & dit la même chose, non-seulement au nom de mon père, mais au nom du Conseil & de toute la Colonie. La Compagnie arrête qu'elle enverra un million. Par réflexion elle dit qu'un million ne peut pas suffire à sauver Pondichéry, & que c'en serait un de plus de perdu: elle ne l'envoie pas, Pondichéry succombe, & la Compagnie jette les hauts cris.

Elle avait demandé à mon père des notes sur les abus & sur ceux qui les commettaient; elle les reçoit, & le premier usage qu'elle en fait est de les communiquer à ceux que ces notes accusaient.

Elle avait supplié instamment mon père de se mettre à portée de l'*éclairer* à son retour en France : il se présente avec le résultat de ses recherches, & elle lui fait insinuer par le Ministre l'avis, pour ne pas dire l'ordre, de s'absenter des assemblées; & le temps que la Compagnie aurait dû passer à entendre son Commissaire, elle le passe à lire en pleine séance des libelles affreux produits contre lui par ses subalternes récriminateurs; & MM. de Montmorency, de Casaubon, Michel, en un mot, tous ceux de ses Membres qui l'honoraient, s'élèvent en vain contre une conduite aussi absurde que scandaleuse.

Elle avait elle-même dénoncé à mon père ses coupables Agens, elle avait spécifié leurs délits, le lieu, le genre de leurs déprédations, de leurs lâchetés, &c : elle lui avait enjoint de les châtier, elle en avait elle-même châtié plusieurs. Tous ces coupables arrivent, & la Compagnie les accueille, les protege. Elle déclare qu'elle en est contente; qu'elle n'a point de comptes à demander à des gens qui ne lui en ont point rendu; qu'elle n'a pas de soupçons à former sur des gens qu'elle a dénoncés, qu'elle n'a pas de reproches à faire à des gens qu'elle a punis. Elle donne des pensions aux uns, elle sollicite des graces pour les autres. Celui qu'elle avait établi pour leur Juge, elle l'accuse d'être leur calomniateur, & n'osant pas l'attaquer ouvertement, parce qu'elle sait la défense qu'il lui opposerait, elle le poursuit dans l'ombre, elle cherche à le percer, sans qu'il puisse reconnaître la main qui le frappe.

Arrive la funeste catastrophe de 1766. Tous ceux qui en

avaient été les instrumens, se présentent avec confiance à la Compagnie, comme pour recevoir leur salaire. Chacun imagine que la mort de mon père lui devient un titre pour faire liquider les créances les plus suspectes, les plus fausses. La Compagnie alors revient à son premier langage, elle s'élève contre les malversations, elle s'écrie qu'on ne lui a rendu aucun compte. Elle justifie toutes les plaintes qu'avait fournies mon père, & qu'elle avait traité de calomnies : elle détruit toutes les calomnies qu'on avait élevées contre mon père, & qu'elle avait accueillies comme des plaintes légitimes.

Elle plaide contre M. de Bussy, de tous les ennemis de mon père le plus implacable, le plus dangereux, le plus dissimulé; qui avait commencé par inonder Paris de libelles clandestins contre lui; qui ensuite n'avait pas porté une seule accusation dans sa déposition juridique; & qui avait fini par en consigner d'horribles dans un Mémoire extrajudiciaire, répandu deux jours avant le Jugement. Elle imprime que M. de Bussy, qui lui demande 15 millions, avoue en avoir touché 30, dont il n'a rendu aucun compte. Elle imprime que M. de Bussy a interdit toute fonction au Commissaire ordonnateur de son Armée dans le Dekan; qu'il a été *Administrateur*, *Receveur*, *Trésorier, en même temps que Négociateur & Commandant*. Elle imprime deux lettres écrites par M. de Bussy, l'une au Gouverneur Dupleix, l'autre au Conseiller Moracin, après la cession des quatre Cerkars. Dans la première, M. de Bussy mandait à Dupleix : *je ne prétends me mêler en rien, ni de la régie des terres, ni de tout ce qui aura rapport à la levée ou recette des Finances ..... il est nécessaire que la Compagnie ait à l'Armée un Représentant & un autre dans les Provinces, pour en toucher les revenus*, &c. Dans la seconde, M. de Bussy mandait à Moracin : *voici ce que ces Provinces produisent*,

CINQ

CINQ MILLIONS SEPT CENTS SOIXANTE MILLE LIVRES *, *ſuivant le compte des Soubas, mais non pas ce qu'elles valent réellement, qui, gouvernées par nous, excéderont de beaucoup.... Il me faut ces 24 laks pour l'entretien de mon armée. Quant au ſurplus que le bon Gouvernement pourra produire, ainſi que tous les préſens qui vous ſeront faits, & tout ce qui vous ſera offert pour les places que vous accorderez, & que vous ne devez pas héſiter un moment de recevoir, nous les partagerons par moitié vous & moi. Quant à votre ferme de Charmal, comme le pays eſt à vous & à moi, il faudra la mettre à* LA MASSE. *Il eſt bon de vous perſuader que tous ces pays ſont à vous & à moi, quoique j'en aie fait le ſacrifice au Roi & à la Compagnie.* Et après avoir cité ces deux lettres, la Compagnie s'écrie : *voilà donc ce Guerrier, ce Commandant ſi pur, qui prétend que ſa ſeule déclaration doit juſtifier ſes recettes & ſes dépenſes! Voilà ce Bienfaiteur de la Compagnie, ce Négociateur qui ne s'eſt jamais occupé que de l'enrichir, qui crie à l'injuſtice & à l'ingratitude, qui oſe même lui reprocher qu'il a immolé pour elle & à ſon ſervice, une partie conſidérable de ſa fortune, lui qui, parti pour l'Inde avec le bien le plus modique, en eſt revenu avec une opulence qu'il lui ſerait peut-être difficile à lui-même de calculer.* Mon père n'avait rien dit de ſi fort, ſoit comme Commiſſaire du Roi dans ſes comptes, ſoit comme Particulier dans ſes plaintes, ſoit comme Accuſé dans ſa défenſe.

* 24 laks.

Pag. 48 de ſon Mémoire.

Après M. de Buſſy vient le Brigadier Landiviſiau, de tous les détracteurs de mon père le plus lâche & le plus vil, tour à tour emporté par la frénéſie, & tremblant ſous la verge, calomniant par vengeance & ſe rétractant par poltronnerie. La Compagnie plaide contre lui. Elle imprime qu'il veut lui voler 272, 786 liv. Elle imprime qu'il n'y a pas une ligne dans ſes Ecrits qui ne ſoit un menſonge, & elle avait raiſon.

Elle l'accable de preuves, & le couvre de boue. Mais elle ne dit pas un mot pour confondre l'infame Landivisiau, qui ne serve à justifier le malheureux Lally. Entrons dans quelques détails.

Landivisiau revendiquait un prétendu supplément de paie accordé aux troupes par le Gouverneur Leyrit contre les Ordonnances du Roi. La Compagnie imprime que le *Commandant pour le Roi avait réclamé contre cette condescendance abusive & que l'abus avait cessé.* Mon père veillait donc à l'exécution des Ordonnances du Roi, il réclamait donc contre les abus.

Page 36 de son Mémoire.

Landivisiau, par une espèce de démence que l'aveuglement de la cupidité peut seul faire concevoir, prétendait avoir remis Pondichéry aux Anglais; avoir soutenu lui seul à ses frais le blocus pendant dix mois; avoir fait faire & payé de sa poche jusqu'au dernier instant tous les travaux nécessaires à la défense de la place. La Compagnie imprime que *ces travaux ont été faits sous les yeux & par les ordres exprès de M. de Lally, & que les dépenses sont portées sur l'état visé du Commissaire ordonnateur.* Mon père ne voulait donc pas livrer Pondichéry, puisque, jusqu'au dernier moment, il s'est occupé des travaux pour la défense & la sûreté de cette Ville.

Pag. 14, 15, 16, 17.

Landivisiau, pour couvrir le défaut de titres à l'appui de ses créances mensongères, alléguait le prétendu despotisme du Commandant, & la subversion de toute espèce d'ordre dans les Finances. La Compagnie imprime cette réponse frappante que je transcris mot pour mot : *Il a toujours existé à Pondichéry, jusqu'au moment de sa prise, une comptabilité militaire, par laquelle ont passé & dû passer toutes les dépenses militaires. Un Commissaire ordonnateur arrêtait les décomptes &*

Page 11.

états de dépenſe. Le Général donnait des ordres pour les dépenſes extraordinaires. Le Commiſſaire ordonnateur viſait ces Ordonnances. Le Caiſſier militaire enrégiſtrait ſur ſon journal les dépenſes qui en réſultaient, payait quand il avait de l'argent, délivrait des certificats de non-paiemens quand il n'y avait point d'argent, & faiſait mention de ces certificats de non-paiemens... Le ſieur Denis exécutait & ordonnançait les créances ſous l'autorité du Conſeil, il était l'homme de la Compagnie; les Officiers de tout genre lui ont repréſenté leurs titres; M. de Lally lui-même lui a préſenté un état des dépenſes faites pendant le ſiége. Mon père avait donc rétabli l'ordre dans les Finances au lieu de le ſubvertir; il l'avait donc conſtamment obſervé; il s'était donc ſoumis lui-même à l'inſpection de ſes inférieurs; ſon exactitude, ſon déſintéreſſement, ſa délicateſſe ſont donc invinciblement conſtatés par la Compagnie elle-même.

Page 19.

Landiviſiau, dans les tranſports de ſa rage, dévoile le myſtère d'iniquité dont il avait connu autrefois tous les replis. Il reproche à la Compagnie de juſtifier mon père après l'avoir pourſuivi. *Que n'a-t-elle pas dit*, s'écrie-t-il, *pendant tout le cours du procès du Comte de Lally? Alors elle fut ſon accuſatrice; & la trahiſon, la perfidie fut un des faits dont elle lui imputa l'horreur. Aujourd'hui elle change de langage.* La Compagnie ſe hâte de rejeter ce poids d'ignominie. Elle imprime qu'*elle n'a jamais été ni dénonciatrice ni accuſatrice de M. de Lally.* Preſſée entre ſon ancienne conduite & ſes nouveaux aveux, elle répond qu'*elle ne dit rien de contraire à ce qui* PEUT *réſulter du procès*, & elle perſiſte dans ce qu'elle a dit, qui était formellement *contraire à ce qu'on* VOULAIT *faire réſulter du procès.* Elle ne ſait plus comment s'accorder avec elle-même. Le fait eſt que l'Adminiſtration était changée alors, & je dois à la plupart de ceux qui compoſaient la

Page 3 de ſon Mémoire.

Page 1 de ſa Réponſe.

nouvelle, la justice de dire que jamais ils n'eussent fait ce qu'avaient fait leurs prédécesseurs. Ainsi les vérités posées à la décharge de mon père, partaient de la conviction intime & de l'honnêteté des Particuliers : les nuages qu'on laissait subsister étaient l'effet de ce malheureux préjugé dont le joug pèse si cruellement sur les corps; qui souvent fait taire jusqu'à la probité, jusqu'à la conscience individuelle devant la prétendue nécessité de soutenir l'erreur commune, & qui a produit ce systême tout à la fois extravagant & horrible, qu'une fois le pied dans l'abyme, il est plus honteux de le retirer que de se rouler jusqu'au fond du précipice.

TERMINONS. Sans doute, le retranchement des forces promises à mon père, la longueur de la traversée, la dissipation des fonds apportés par l'Escadre, l'inactivité, le départ, la défection totale de cette Escadre ont hâté la perte de l'Inde. Mon père, je n'en doute pas, eût sauvé Pondichéry; il eût conquis Madras, comme il avait conquis S^t. David & Arcate; il eût repris Chandernagor : il fût revenu couvert de lauriers. Mais ses conquêtes eussent été stériles. Nous manquions de tout après avoir emporté le Berg-op-Zoom de l'Inde & la capitale du Carnate. Il n'est pas entré un sol dans la caisse de Pondichéry, quand nous avons fait sortir soixante-quinze millions de celle de *Nazerzingue*. La prise de Madras, en 1746, ne nous a valu que la honte du parjure pour avoir enfreint la capitulation, & celle de l'ingratitude pour avoir enfermé la Bourdonnais : les Anglais dépouillés de leur Capitale, nous offraient neuf millions pour la racheter, & continuaient tranquillement un commerce dont le nôtre n'a jamais approché. Nos triomphes même nous eussent été funestes; ils eussent entretenu l'illusion; on eût songé moins que jamais à renverser une Administration qui se fût couverte de l'éclat momentané du succès, toujours imposant pour le peuple, la majeure partie de toutes les classes. La Compagnie serait restée avec son régime; & une Compagnie qui a un tel régime devait nécessairement périr. C'est une vérité démontrée, elle est avouée, elle est mise en axiome par ceux même qui, en reconnaissant l'innocence de mon père, ont censuré sa conduite (1). Je dirai plus. Il était à souhaiter qu'une telle Compagnie pérît, qu'elle ne trompât plus la confiance publique, qu'elle n'engloutît plus les fortunes des Citoyens, qu'elle n'épuisât plus le trésor du Prince, qu'elle ne déshonorât plus la Nation, qu'elle ne chargeât plus de chaînes, qu'elle ne mît plus sous la hache les plus braves & les plus fidèles Serviteurs de cette Nation.

Ici se présente une autre question. Si malgré la sagesse originaire de son régime, la Compagnie anglaise elle-même était dégénérée & que la leçon de nos pertes n'eût pas suffi pour lui faire éviter nos excès : si cet esprit de patriotisme, de justice, d'humanité, de discernement, d'économie, de mœurs, qui l'a constamment caractérisée tant qu'elle a été circonscrite dans un territoire borné, s'était perdu dans l'ivresse de ses succès & dans l'immensité de ses possessions : si ses conquêtes avaient ruiné son commerce : si ce colosse à la tête d'or n'avait plus que des pieds d'argille : si sa tirannie soulevait ses Sujets, si sa cupidité fatiguait ses tributaires, si son ambition armait ses voisins, si la division, les haines, la révolte déchiraient ses Conseils : si les Marates avides du Bengale, Hyder-

(1) Voyez *l'Hist. Philosoph. & Polit. du Comm. des Européens dans l'Inde*, tome 2.

Aly tout-puiſſant dans le Carnate, ſi cette foule de Princes & de Peuples écraſés par une poignée d'Etrangers, apprenaient d'eux tous les jours l'art de les vaincre & n'attendaient que l'inſtant de les exterminer : ſi déjà les commencemens de cette ligue terrible avaient éclaté : ſi les efforts néceſſaires à déployer ſoit pour la combattre, ſoit pour l'empêcher de groſſir, épuiſaient la Compagnie : dès le 17 Mai 1767, elle avouait 132,091,190 liv. de dettes, ſans compter ce qu'elle cachait : ſi depuis, cette dette s'était encore immenſément accrue : ſi la Compagnie était au moment d'implorer les ſecours de l'Etat à qui juſqu'ici elle en offrait : ſi l'on pouvait l'inſcrire d'avance ſur la liſte des *CINQUANTE-SIX Compagnies de commerce maritime à privilège excluſif, formées & tombées en Europe depuis l'année 1604* : ſi ſa chûte devait remplir les vœux du Peuple anglais qui a toujours réclamé contre elle, qui regarde l'induſtrie de l'homme comme la première propriété que Dieu lui ait donnée, & tout privilège excluſif comme une violation de la Loi naturelle & comme une eſpèce de ſacrilège : ſi les droits de la liberté ſe trouvaient d'accord avec les motifs d'utilité : ſi la palme était enfin décernée à ce commerce libre & particulier qui nous vaut de St. Domingue & de nos Iſles d'Amérique des retours de cent ſeize millions, tandis que le commerce excluſif & ſociétaire de l'Inde nous en rapportait de huit & de dix dans ſes inſtans les plus brillans : ſi.... ſi.... ſi.... Mais arrêtons-nous. Laiſſons les évènemens futurs dans la nuit qui les couvre, & ne nous détournons point de notre objet pour de grandes queſtions, qui peut-être ne ſont encore que de grands problêmes. D'autres prouveront qu'il faut ou qu'il ne faut pas de Compagnie des Indes : c'eſt un vaſte champ ouvert à la diſcuſſion, & les bornes peuvent à peine s'en appercevoir. Mais qu'il ne faille

Mémoire de M. l'Abbé Morellet.

pas de Compagnie des Indes avec l'Adminiſtration, avec le régime qu'a eu celle de France, c'eſt un point précis, certain, démontré, & c'eſt ce qu'il me fallait prouver. Encore une fois j'ai eu droit de le faire, & que les reſtes de cette Compagnie, s'il en exiſte, n'imaginent pas de venir me reprocher d'avoir ſoumis à un examen téméraire ce qu'il ne m'appartenait pas d'approfondir. Qu'ils ſe portent pour ma Partie, s'ils l'oſent; qu'ils nient mes calculs, s'ils le peuvent, ou plutôt les leurs, car ce ſont eux qui me les ont fournis : mais qu'ils ne conteſtent pas ma qualité, & s'ils n'ont pas d'autre objection à me faire, qu'ils ſe taiſent devant un fils à qui ils doivent compte du ſang de ſon père.

Il eſt temps d'examiner par quels moyens on eſt parvenu à le faire répandre, de montrer que le plus coupable des hommes n'eût pas dû être jugé comme mon père innocent l'a été.

Fin de la première Partie.

PLAN DU FORT S.T DAVID ET DE SES ATTAQUES EN 1758,

Cette Place se rendit au Comte de Lally Lieutenant Général des Armées du Roy, après 16 jours de tranché ouverte.

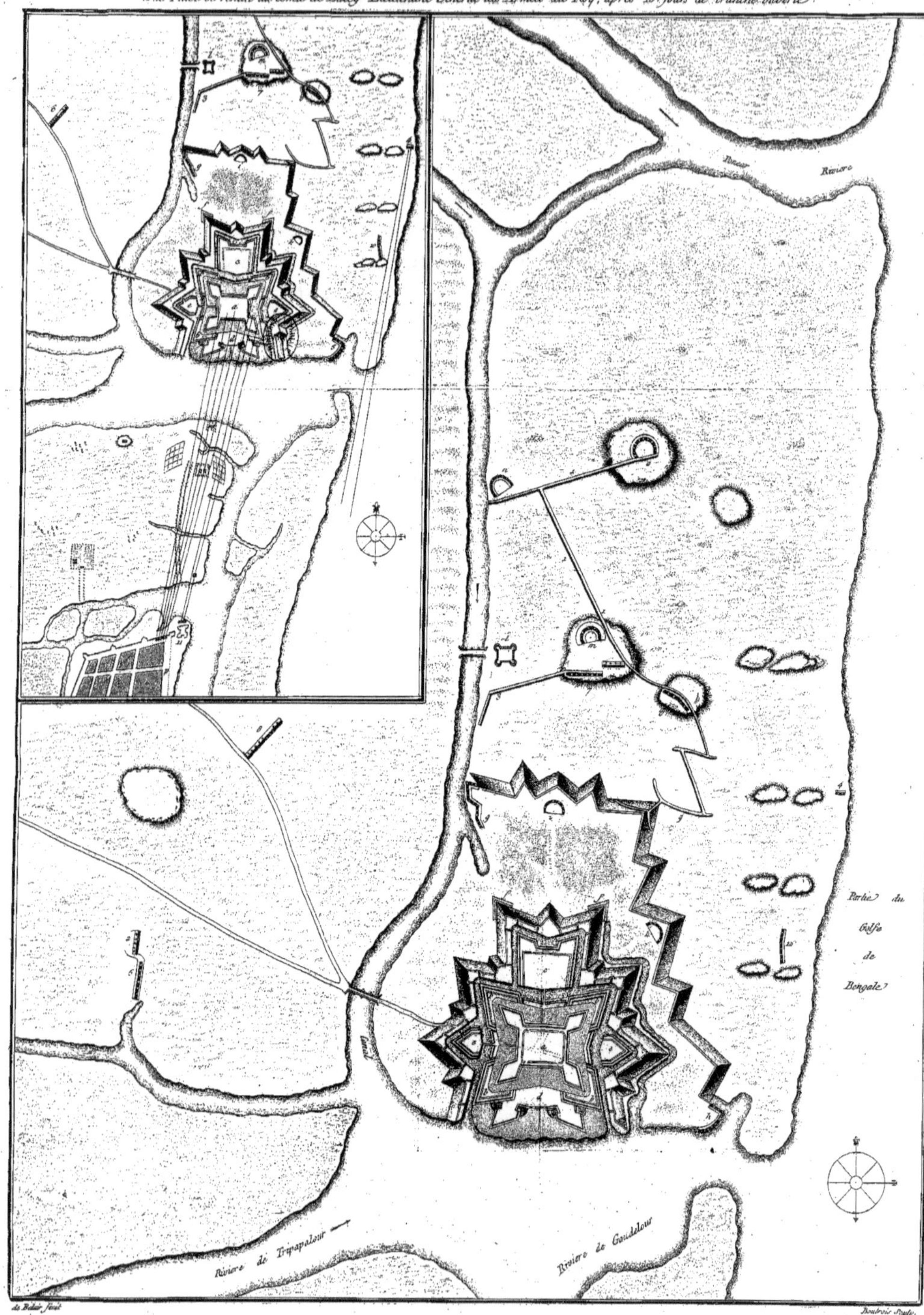

de Belair fecit. Boutrois Sculp.

PLAN du Fort S. DAVID & de ses attaques, &c.

Ouvrages de la Place.

a. Fort St. David.

b. b. b. b. Contre-gardes, entre chacune desquelles existaient trois fausses braies. Au midi le Rempart cazernaté en tenait lieu.

c. Ouvrage à corne.

d. Rempart cazernaté.

e. e. Demi-Lunes à flancs.

f. f. Lunettes.

g. Batterie brisée.

h. Batterie marine.

i. Cavalier.

k. Deuxième Cavalier.

l. Fort du pont rompu, nommé *Gatteway* par les Anglais.

m. Fort de *Thevenapatam*.

n. *Chucley-point*, Fort avancé.

o. *Patcharée-point*, ou Fort St. Georges suivant M. d'Estaing.

p. Partie de la ville de Goudelour.

Les deux Glacis, celui du Chemin-couvert extérieur qui enveloppe les Cavaliers, appuyant d'une part à la Batterie de marine, & de l'autre à la Batterie brisée sur le canal, & celui du Chemin-couvert qui enveloppe les Contre-gardes, les demi-Lunes & l'Ouvrage à corne, sont trop distincts, pour avoir besoin d'indications.

Les deux Cavaliers I. & K. furent ajoutés après l'arrivée du Chevalier de Soupire & pendant sa longue inaction ; voyez le tableau historique de la guerre de l'Inde, page 5, où mon père dit que ces deux ouvrages l'ont beaucoup retardé lors de son siége. Le Cavalier I. sur-tout fit un grand mal, étant bien plus près des travaux des Assiégeans, que le Cavalier K.

Travaux des Assiégeans.

1. 1. 1. Ouvrages commencés la nuit du 17 Mai ; le 19 ils étaient avancés jusqu'à la hauteur de *Thevenapatam*.

2. Cinq mortiers mis en Batterie à l'ouest, lors de l'ouverture de la tran-

chée; ils furent en activité en même temps que les cinq canons du Rempart de Gondelour & les deux pièces de Batterie près de la rivière de Bendapollam (1).

3. Tranchée ouverte le 20, conduisant au *Gatteway*. Les Français réparèrent le pont que le Fortin commandait.

4. Deux canons qui battaient l'entrée de la rivière de *Tripapalour*. Cette Batterie n'avait aucune communication avec les travaux du siége; elle était à couvert du Fort par deux hauteurs de sable. Le 20 on fit contre cette Batterie une sortie qui fut sans effet.

5. Batterie de 7 pièces de canon, ajoutée à celle des cinq mortiers (2); elle commença le 26 à minuit un feu constamment soutenu.

6, 7 & 8. Batterie dont les Français allumèrent les feux le 30.

6. Était dirigée contre l'angle du Bastion Nord-Ouest, & suivant M. d'Estaing contre l'Ouvrage à corne. Elle fut de trois canons & cinq mortiers, outre les deux marqués dans l'extrémité septentrionale de cette Batterie, mis en activité avant l'insulte des quatre Forts.

7. Était armée de 6 canons & 4 mortiers. Elle était, comme on peut le voir, sur la hauteur de *Thevenapatam*, vis-à-vis l'Ouvrage à corne.

8. La troisième, de 4 canons, battait en brèche le Bastion Nord-Est. Elle était secondée par celle (n°. 7) que M. d'Estaing, dans ses Mémoires, dit avoir été de 8 canons, au lieu de 6 que mettent les Auteurs anglais.

9. Ouvrages terminés le 1er. Juin, temps où mon père fit ébaucher une Batterie sur la crête de l'*avant-Chemin-couvert*.

10. Batterie *à la légère*, qui battait de revers & à ricochet, l'Ouvrage à corne.

---

(1) *Nota*. Pour exprimer ces pièces sur le Plan, il aurait fallu lui donner une grandeur démesurée; elles étaient à plus de mille toises du front méridional du Fort. Il est facile de se représenter leur position, & de la voir dans le petit Plan.

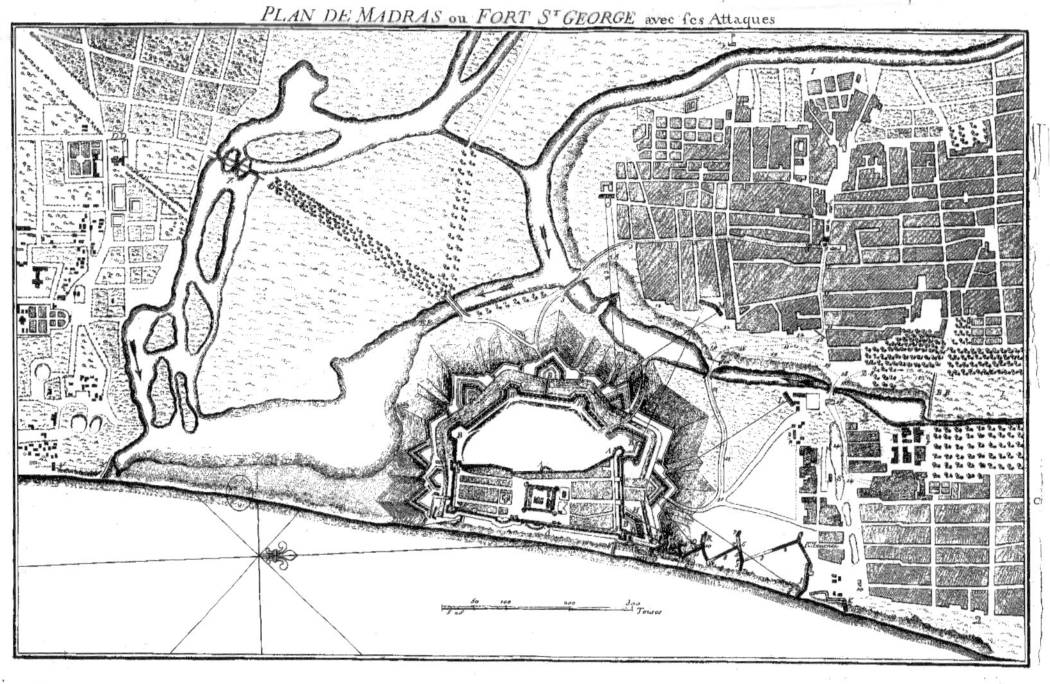
PLAN DE MADRAS ou FORT S^T GEORGE avec ses Attaques
50 100 200 300
Toises

PLAN DE MADRAS.

Combat du 14 Décembre 1758, après la prise de la Ville Noire.

1. Partie droite de la Ville Noire.
2. Partie gauche de la Ville Noire.
3. Marche des Anglais lors de leur sortie sous les ordres du Colonel Draper, avec 3 pièces de canon.
4. Régiment de Lorraine.
5. Bataillon de l'Inde.
6. Détachement de l'Inde emmené par le Brigadier Landivisiau.
7. Cavalerie.
8. Détachement de Portugais.
9. Détachement de la Marine.
10. Volontaires de Bourbon.
11. Fuite des Anglais.
12. Renfort amené aux Anglais par le Major Bureton, & entraîné dans leur fuite.
13. Capucins.
14. Marche du Chevalier de Crillon avec le Régiment de Lally.
15 & 16. Endroits où il voulait se porter pour couper la retraite aux ennemis.
17. Lieu où il a été arrêté en pleine marche par M. de Bussy.
18. Endroit où le Chevalier de Crillon a trouvé les Portugais rebroussant chemin.
19. Marche du Chevalier de Crillon & des 50 hommes du Régiment de Lally qui se sont détachés d'ardeur, avec lesquels il a pris ou tué aux ennemis une centaine d'hommes.

Siége du Fort.

On a commencé à travailler aux Batteries la nuit du 20 au 21 Décembre 1758. La Tranchée a été ouverte la nuit du 8 au 9 Janvier 1759, & évacuée la nuit du 16 au 17 Février, à l'arrivée de l'Escadre anglaise.

A. Anciennes Fortifications, telles qu'elles étaient en 1750, qui ne consistaient qu'en un simple mur.
B. Nouvelles Fortifications.
C. Bastion royal.
D. Bastion d'attaque.
E. Batterie de quatre pièces, que les ennemis avaient construite dans le Chemin-couvert, qu'ils ont ensuite détruite, lorsque notre

Tranchée fut parvenue au pied du Glacis.

F. Batterie pour défendre l'Estran.

G. Traverse qui couvrait le petit Bastion du feu de notre grande Batterie.

H. Palissades.

I. Batterie royale de 8 pièces de canon & de 4 mortiers.

K. Batterie de 3 pièces, pour battre la Rade.

L. Batterie des Tombeaux, de 4 pièces, pour battre à ricochet la demi-Lune.

M. Batterie de 4 pièces, pour couvrir la fausse attaque.

N. Batterie de 7 pièces, pour battre à ricochet le grand Bastion.

O. Batterie de Lorraine, de quatre pièces, pour battre tout le front d'attaque à ricochet.

P. Batterie de trois pièces, dont l'objet était de battre la demi-Lune; elle fut construite en même temps que la troisième parallèle.

Q. Batterie de 4 pièces contre la demi-Lune, qui fut construite lorsqu'on achevait la quatrième parallèle.

R. Batterie de 4 mortiers de 8 pouces.

S. Batterie de mortiers, qui fut faite avec ceux de la Batterie royale, que l'on remplaça par 4 pièces.

T. Batterie de Brèche, de 5 pièces, dont deux devaient battre la face du petit Bastion, sur laquelle il y avait 3 grosses pièces, & les 3 autres le Bastion en terre, pour rendre la Brèche plus praticable.

V. Batterie du Sud, de 2 pièces.

X. Effet de la Mine à la Contrescarpe.

Y. Retranchement de la Garde avancée du Jardin.

Z. Ponts coupés.

&. Poste avancé des ennemis.

AA. Boyau pour la fausse attaque.

BB. Boyau de Communication.

CC. Pagode où était le Quartier général.

DD. Jardin de la Compagnie, où nous avions un Poste de cinquante hommes.

EE. Nouveau lit que les Anglais ont fait lorsqu'ils ont agrandi leur Ville.

FF. Pont neuf.

GG. Nouvelle Batterie à laquelle on travaillait lorsque l'Escadre anglaise arriva.

HH. Ouvrage projeté deux jours avant l'arrivée de l'Escadre.

Ouvrage de chaque Nuit.

Nota. La Batterie royale & le Boyau qui y communique, ainsi que les Batteries &

ricochet de la demi-Lune & du grand Baſtion, ont été commencées la nuit du 20 au 21 Décembre, & on commença à tirer le 6 de Janvier.

On a marqué dans la Tranchée l'ouvrage de chaque nuit par des chiffres & par des hachures différentes.

1re. Nuit, du	8 au	9 Janvier.		10e. Nuit, du	17 au	18 Janvier.
2e. ——	9	10		11e. ——	18	19
3e. ——	10	11		12e. ——	19	20
4e. ——	11	12		13e. ——	20	21
5e. ——	12	13		14e. ——	21	22
6e. ——	13	14		15e. ——	22	23
7e. ——	14	15		16e. ——	23	24
8e. ——	15	16		17e. ——	24	25
9e. ——	16	17		18e. ——	25	26

Depuis le 26 Janvier juſqu'au 6 de Février, on a été occupé à la Batterie de brèche, qui, après beaucoup de travail, n'a pu tirer que quelques coups ſans fruit, des deux pièces de la gauche contre le petit Baſtion. L'on a été obligé de l'abandonner & de remettre 6 pièces à la Batterie royale, dont on avait été obligé de faire ceſſer le feu, lorſqu'on couronna le ſaillant du Chemin-couvert, crainte de tirer ſur nos propres ouvrages. Il faudrait un Journal pour raconter tous les différens évènemens du Siége; ce qui ne peut ſe faire dans une Légende.

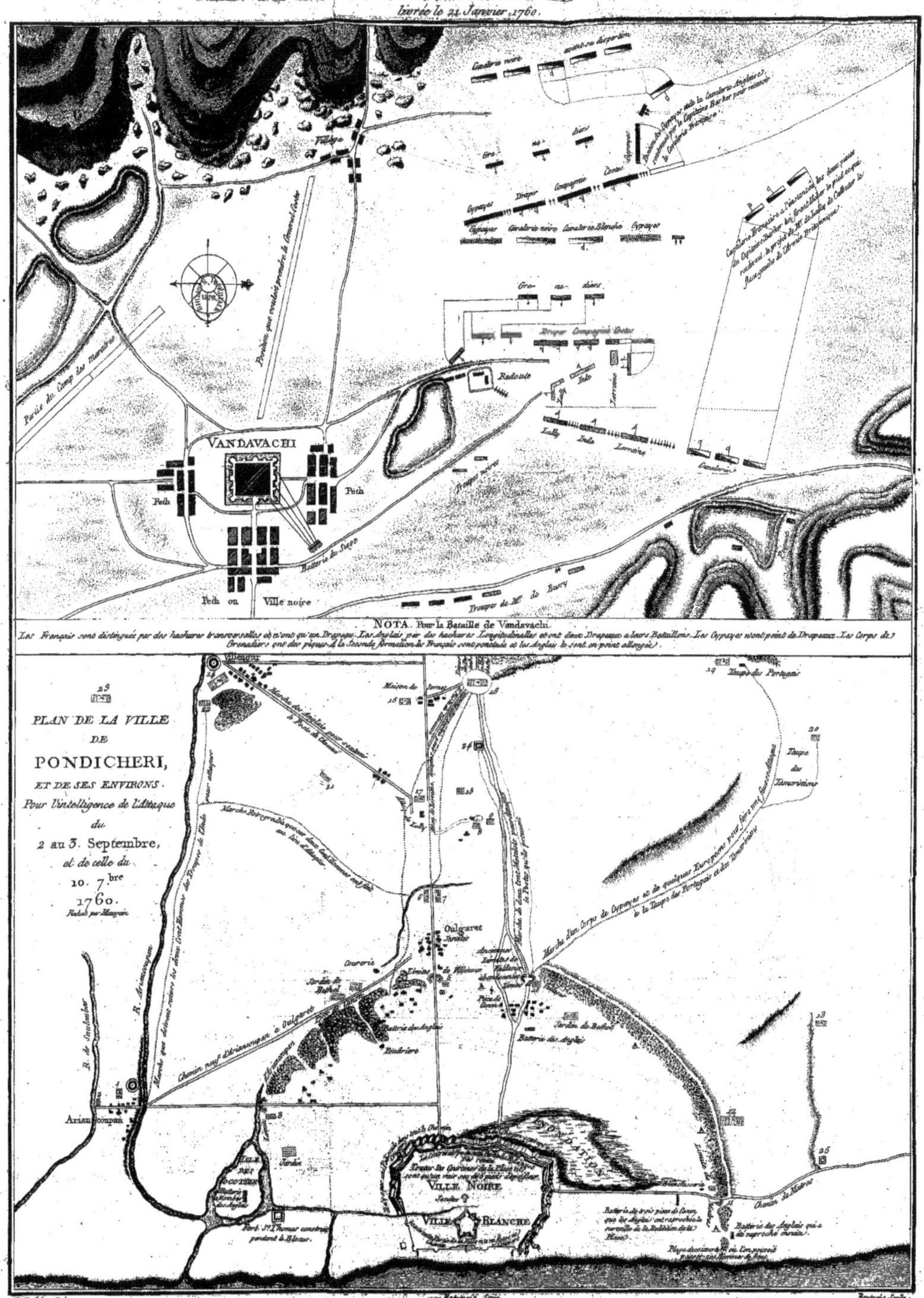
PLAN DE LA SECONDE BATAILLE DE VANDAVACHI,
livrée le 21 Janvier 1760.
VANDAVACHI
Redoute
Pedh
Pedh ou Ville noire
Batterie du Siege
NOTA. Pour la Bataille de Vandavachi.
PLAN DE LA VILLE DE PONDICHERI, ET DE SES ENVIRONS. Pour l'intelligence de l'Attaque du 2 au 3. Septembre, et de celle du 10. 7.bre 1760.
Villenour
Oulgaret
Ariancoupan
VILLE NOIRE
VILLE BLANCHE
Chemin de Madras
de Belair fecit
Boutrois Sculp.

PLAN de la seconde Bataille de Vandavachy.

Ce Plan n'a pas besoin d'explication, tout étant porté & exprimé sur le Plan même.

PLAN DE LA VILLE DE PONDICHÉRY

ET DE SES ENVIRONS,

Avec les deux attaques du 3 & du 10 Septembre 1760.

Les lettres AAA, &c. désignent les limites de Pondichéry, ou une haie de 7 à 8 toises d'épaisseur, qui environnent la Ville à une demi-lieue du corps de la Place, au milieu d'une plaine rase, ouverte en 20 endroits, & qui pouvaient être entièrement rasées dans quatre minutes. Elles occupent un espace de plus de deux lieues. Il y avait 500 hommes en avant pour les protéger. L'ennemi avait 14 à 15000 hommes pour y pénétrer. Tout le côté de la mer était ouvert, & l'on pouvait y entrer 200 hommes de front.

ATTAQUE DES FRANÇAIS

La nuit du 2 au 3 Septembre.

1. Corps de 200 hommes des Troupes de l'Inde.
2. Poste avancé.
3. Poste de 20 Invalides.
4. Clarière à l'entrée de laquelle était une pièce de canon.
5. 30 Portugais.
6. 200 hommes du Régiment de Lally.
7. 300 hommes du Régiment de Lorraine.
8. Cypaies français.
9. Corps de Portugais.
10. 200 Matelots.

11. Huit Canoniers & deux pièces de canon.

12. 1800 Cavaliers mayssouriens.

13. 700 Cypaies mayssouriens.

Ces Troupes n'y étaient plus lors des deux attaques.

14. Camp anglais de Villenour.

15. Quartier général des Anglais.

16. Camp anglais de Périmbé.

17. Poste anglais de l'avenue.

18. Corps de Cypaies anglais.

19. Poste de la Taupe des Portugais, que les Anglais abandonnerent à l'attaque du 3 Sepbre.

20. Corps de Cypaies anglais.

21. Corps de Cypaies anglais.

22. Corps de Cypaies anglais.

23. Cavalerie noire des Anglais.

24. Redoute des Anglais prise par les Français à l'attaque du 5 Septembre.

25. Redoute des Anglais après le départ des Mayssouriens.

26. Escadre anglaise qui bloquait Pondichéry depuis le 20 Mars 1760, jusqu'au 15 Janvier 1761.

ATTAQUE DES ANGLAIS

Le 10 Septembre.

Partant de Périmbé, le gros de leur Armée a marché par le grand-Chemin de l'avenue, sur Lorraine & Lally, comme l'indique la ligne de petites étoiles ***************.

Une seconde colonne s'est portée derrière le Village d'Oulgaret, à la clairière qui est dans les limites, comme l'exprime la ligne formée par des petits o o o o o o o o o o o o.

Une troisième colonne s'est portée par le grand-Chemin sur le poste des limites de Valdaour, qui a soutenu quelque temps : les autres se sont repliés un peu à la hâte, le sieur Dure, qui commandait l'Armée, s'étant laissé surprendre par ses droite & gauche. Les Français n'y ont essuyé aucune perte. Le Général anglais a eu la jambe cassée au poste de Valdaour, & y a perdu beaucoup d'hommes. La marche de la troisième colonne est désignée sur le Plan par une ligne ponctuée noire, ...

www.ingramcontent.com/pod-product-compliance
Lightning Source LLC
LaVergne TN
LVHW020611110826
845149LV00002B/441

9782013018517